U0335903

行稳致远

价值投资的底层逻辑

—— 终身黑白 · 著 ——

机械工业出版社
CHINA MACHINE PRESS

《行稳致远：价值投资的底层逻辑》是一本关于分享投资思维和投资方法的工具书。

价值投资是件知易行难的事，需要投资者通过正确的投资观、科学的方法论，以及理性的态度，构建适合自己的投资体系。本书总共七个章节，结合作者的投资经历和经验，系统梳理并总结了价值投资中的核心理念、选择企业的标准、构建投资体系的关键、洞察财务报表、典型企业的价值投资逻辑、规避投资风险，以及理性对待投资的感悟。投资只是生活的一部分，我们投资是为了让生活变得更好，让自己更加快乐。本书力求帮助投资者在价值投资之路上多一些思考和方法，少一些荆棘与挫折，最终取得理想的投资收益。

图书在版编目（CIP）数据

行稳致远：价值投资的底层逻辑/终身黑白著 .—北京：机械工业出版社，2023.4

ISBN 978-7-111-72507-7

Ⅰ.①行… Ⅱ.①终… Ⅲ.①投资—研究 Ⅳ.①F830.59

中国国家版本馆 CIP 数据核字（2023）第 010808 号

机械工业出版社（北京市百万庄大街 22 号 邮政编码 100037）
策划编辑：李 浩 责任编辑：李 浩
责任校对：史静怡 张 征 责任印制：李 昂
北京联兴盛业印刷股份有限公司印刷
2023 年 5 月第 1 版第 1 次印刷
145mm×210mm · 11.375 印张 · 3 插页 · 253 千字
标准书号：ISBN 978-7-111-72507-7
定价：88.00 元

电话服务　　　　　　　网络服务
客服电话：010-88361066 机 工 官 网：www.cmpbook.com
　　　　　010-88379833 机 工 官 博：weibo.com/cmp1952
　　　　　010-68326294 金 书 网：www.golden-book.com
封底无防伪标均为盗版 机工教育服务网：www.cmpedu.com

前 言

一个平凡的投资人

这是一本面向个人投资者的投资工具书，写作本书主要有两个原因，第一个原因是我过去几年写下过一些口碑不错的文章，经常有读者朋友留言，希望我能把文章整理出书方便阅读。第二个原因是随着年龄的增长，我开始有了一些不同的想法，从小时候盼着长大变成开始担心自己变老。当我意识到生命最终会有终点，总有一天我们都会老去的时候，就开始想要做一些有意义的事情，以期望有一天人到暮年回想此生，能有一些值得记忆的地方。最终在这两种想法的结合下决定写下本书，希望能为大家带来帮助。

市面上优秀的投资书籍并不少，如果本书再去重复他人做过的事情，我认为意义不大。所以我希望写一本不一样的投资书籍，在力所能及的范围，尽量用优美的语言结合以往的投资经验，把复杂的问题用通俗的形式分享给大家。

同时，除了投资我也期望能和大家分享一些有关人生的态度，我的观点是：对投资这件事，如果我们太过于功利，满脑子都是赚钱，每天都希望得到一个机会，反而大概率赚不到钱。一个健康的三观以及良好的心态是投资成功的必备条件。投资只是生活的一部分，我们投资是为了让生活变得更好，让自己更加快乐。我们不能本末倒置，因为赚钱的欲望太过强烈，反而影响了我们的生活，让我们失去快乐。

写一本工具书的目的是什么？我觉得是一个先行者对后来者的经验传递，要做的就是把复杂的问题简单化，让需要知识的人可以快速吸收。我对一本好书的定义，首先是读起来不累，如果一本书你根本没有读下去的欲望或者根本看不懂，那么内容再怎么丰富也没有意义。如果我们为了彰显专业，把复杂的知识用更复杂的形式表达，最后导致能看懂的人不需要这些知识，需要这些知识的人看不懂，那么这本书就失去了传递知识的意义。所以，我会尽量做到让本书简单易读，在此基础上，加上我个人的投资经历，帮助大家构建一套完整的投资体系。

投资这件事难不难？我认为有点难！投资的难，首先在于它是一个人综合认知的体现，除了基础的投资理念，还要不断更迭对这个世界的认知，同时具备一个良好的心态和正确的三观。其次大部分事情并不是做到顶尖才能带来收益，但投资这件事必须要做到顶尖的20%才能长期赚钱。在股市中，我们的对手可能是具有几十年投资经验的投资人，也可能是具有几百人规模的专业投资机构，我们一定不要抱着随便玩玩就能赚钱的心态。

这么说可能让人有些丧失信心，但我们只要愿意努力，就没有做不成的事情。今年是我全职投资的第十年，如果时光倒流到十年前，让我大胆地去想自己未来的职业，我一定想不到会是做全职投资。如果回到五年前，我一样也不会想到能有几十万人关注我，每天看我唠唠叨叨。平凡如我，有一天竟然会写一本书和大家分享自己的所思所想。所以没有什么事是做不到的，投资也一样，只要我们努力去做有意义的事，并坚持做下去，就一定会看到花开。

努力和运气哪个更重要？我想所谓的运气就是机会正好碰见了那个不停努力的你。我们总要做好准备张开双臂，才能等待幸运女神的降临。人生中比怀才不遇更悲剧的是，当机遇来临了，你却没有能力抓住它。

投资成功的人可能各有各的体系，但有一点是相同的，就是不断学习，不断更迭进化。我们做投资一定要关闭抵触的开关，用"空杯心态"去接触和思考新的知识。一个人的变化肯定不是某一天完成的，成长是一个缓慢的过程，因为一次成功，因为一次失败，因为读了一本书，或认识了一个人。点点滴滴的积累，一定会带来逐步的改变，既然走上了投资之路，也就意味着必须要不停地学习。

任何事情从 0 到 1 都是最难的，因为这个阶段的不确定因素太多，我们正在做的这件事像充满了迷雾。可能某一个小小的风浪就把我们打败了，可能某一个短期的诱惑就把我们带向了一个错误的方向。当我们努力完成了从 0 到 1 的过程后，从 1 到 N 的过程反而会轻松很多，因为这个阶段我们已经明确知道自己应该往哪个方向努力，只需要不断复制有效的方法。

做好投资的前提，是要有一个健康的三观，不急于求成，不盲目自信，我们才不会走向错误的方向。股市是一个非常考验人性的地方，1998 年 5 月，巴菲特在华盛顿大学演讲的时候说过，投资成功的决定因素是"性格"合适，而不是"聪明"。投资的时间越久我也越认可这句话，一个优秀的投资体系除了正确的投资理念，还要具备良好的心态和三观。

有的人也许很聪明，但可能失败于贪婪；有的人也许很聪明，但可能失败于自负；有的人也许很聪明，但可能失败于优柔寡断。一个人的性格很大程度上决定了我们对待一件事情的态度。通过本书，我希望陪大家走好从 0 到 1 的这一段路，陪大家构建好自己的投资体系，然后我们再逐步地优化和完善。

在开始正式阅读之前，我想送给大家四个我认为投资道路上最重要的关键词。

敬畏。我们中的大多数都是普通人，并不比别人天赋异禀。我们永远不要幻想在这个真金白银厮杀的地方，毫不努力就能战胜大多数人。投资要时刻保持敬畏之心，也要时刻保持谦逊。我经常看到有人因为投资理念不合互相指责，其实我觉得投资没有门派之分，只有赚不赚钱，能在这个市场长期生存的人，可能理念有所不同，但一定有值得我们学习的地方，我们对学习一定要带着包容的心态。

我们进入股市拿的可能是自己甚至全家多年的积蓄，在这个地方亏了就是亏了，即使骂天骂地，找到无数理由推卸责任，也没人会把钱还给我们。所以我们一定要学会敬畏，任何一笔投资都不要有侥幸心理，在每笔投资前不是幻想能够赚多少，而是先确保这笔投资即使出现最坏的结果，我们依然可以接受。

自信。有较大收益的投资往往是基于市场的分歧，如果一家企业人人都认可，人人都喜欢，那么它的价格大概率已经基本反映了其价值，甚至可能远远高于它的价值。现在互联网越来越发达，社交也越来越便利，就会让人更容易变得从众。以前投资可能不太容易知道别人的想法，就不得不独立思考，现在我们很容易看到大多数人对一家企业的意见，反而就更容易受到别人意见的影响。

在股市想要有不错的收益，很多时候都需要我们逆流而行，这个时候自信就很重要。这个自信不是谜之自信，而是建立在丰富的认知和深入研究的基础上的自信。

如果你有聪明的头脑和渊博的知识，但是不敢确信自己的想法，总是跟着大众做选择，那么你所拥有的优势也会变得毫无意义。所谓成功，是你在一些事情上超过了大多数人，如果你在意大多数人的看法，试图去迎合他们，最终你就会被淹没在大多数人当中。**你不可能既和大多数人做同样的选择，又得到和他们不一样的结果。**

诚实。 肯定有人会问，诚实和投资有什么关系？这里说的诚实，是诚实地面对自我。好像看着很简单，其实这不是一件容易的事。人是讨厌认输的，当有人和自己意见不一样的时候，就会忍不住否定对方。有时候我们甚至并没有认真思考对方的建议，只是一味地否定，不愿意倾听别人的观点。我们更愿意强化和接受对自己有利的事情和有利的观点，得到他人的认同。当有人对抗自己或当要面对错误时，大部分人都会选择逃避和抵触，这对投资其实是非常不利的。

大部分股民都会把自己失败的原因归咎于市场环境、宏观政策、管理层不作为、证监会不行，等等。面对赚钱的人，大部分股民会认为他们是有内幕消息或者是全凭运气。听到这些话时，就像他们早已经知道股市不可能赚钱，只是被逼入市，自己没有犯下任何错误。但实际上，这部分人忽略了从开户到买入，都是他们亲手操作的这个事实。我经常打这样一个比方，大环境是赛道，个人体系是赛车，每个人面对的赛道都一样，一个赛车手想取得好成绩，改进赛车才是努力的方向，而不是要求主办方按自己的想法去建赛道。

包容。和大部分事情不同，有些事情做到一定阶段只需要不断巩固以往的认知和技能，就能一直做好。我们做投资需要的是不断学习、不断更迭，因为这个世界总是在发展的。我们过去认为的新兴行业，可能已经变成了成熟的行业，我们过去认为的优秀行业，也会随着时间变成夕阳行业。我们可能因为某一刻看过一本书、看过一个观点就对一个行业产生了偏好或厌恶，但随着时间的流逝，也许现实和我们的想象早已不一样。所以，在投资上我们一定要学会包容，懂得包容才能接受不同的意见，然后不停更迭自己的认知。

股市是一个比较容易产生争论的地方，我们顺风顺水的时候总想去指点别人，我们不顺的时候又反感别人的指点，虽然我们对能力圈外的认知都是片面的，但人就是这样，指点别人是获得自信最快的方式。但一个好的投资者需要终身不断成长，因此也一定要有一颗包容的心，能理性看待别人的建议也能理性看待观点的不同，这样才有可能吸收到别人的长处。

我很喜欢一段对三观的描述："你敬畏天地，他崇尚权威，这是世界观的不同；你站在良知这一边，他站在利益那一边，这是价值观的不同；你奋斗为了理想，他奋斗为了成为人上人，这是人生观的不同。"

三观不同并无对错，但我们要分得清三观不同和三观不合的区别。你不愿意做和对方一样的选择，但尊重对方选择的权利，这是君子和而不同；你反感他的选择，他嘲笑你的人生，这就是三观不合了。大多数时候，我们选择什么并不影响对方。但我们总想要求别人活成我们自己喜欢的样子。一旦有了舍我其谁的心态，一旦觉得只有自己的观点才是唯一正确的，我们就关闭了自己成长的大门。

不接受他人的定义，但也不轻易定义他人。格局是看不见别人的坏，境界是总能看见别人的好。看人之短，则天下无一可交之人；看人之长，世间一切尽是吾师！

写 在 最 后

进入股市这些年，我的人生有了很大的改变。我的性格比较内向，不喜欢社交，导致我很难说出恭维的话，也很难做到请求别人帮忙，这些在职场或创业中都是巨大的短板。但股市是一个可以规避这些短板的地方，相比其他人我就更加珍惜投资这件事情，一路走来时刻提醒自己保持敬畏与感恩。懂得敬畏，牢记市场的残酷，不断提升自己；懂得感恩每一位帮助过我和鞭策过我的朋友。

通过投资优秀的企业，在工作外获得一份稳定的收益，这是我们增加财富最有效的方法之一。最近看到一个问题：贫穷意味着什么？无牵无挂的时候，贫穷对我们来说就是吃馒头和吃牛排的区别，只要我们开心，两者都可以。可当有了爱人，有了孩子和逐渐老去的父母，我们就必须承担起成年人的责任。

我们不要有暴富的幻想，而要有合理的规划；我们不需要和别人比较，但我们还是要努力变得比昨天的自己更好。努力的意义就是，以后的人生放眼望去，大多都是自己喜欢的人和事。投资这条路充满荆棘，需要我们认真地去面对，人生没有好走的路，但每一步都算数。

目　录

第一章

投资知易行难

第一节　投资是我们不可能逃避的事情

在我们父母年轻的时候，基本没有有效的理财手段，他们一边辛苦赚钱，一边省吃俭用，然后把攒下来的辛苦钱存入银行或藏在家里的某个角落。十几年过去了，当初省吃俭用才存下来的钱的购买力却出现了大幅下降。

现在的我们要幸福很多，股票、基金、债券、银行理财等，我们有不少理财方式的选择。在自己的工作之外做一份投资，可以带来一份额外的收益。**当然，我并不是说每个人都必须要进入股市，虽然钱很重要，但赚更多的钱并不是我们唯一的幸福来源，小欲望和小满足何尝不是一种大幸福。**但如果你想改变自己的财务等级，进入股市是一个不错的选择。

为什么这么说？生活中，我们大多数人的选择是出售时间换取报酬，工作八小时就只能获得八小时的工资。即使可以通过提升能力使得每小时的收入有所上升，但对于我们大部分普通人来说，这也是有上限的。到了一定阶段，提升能力越来越难，我们的时间就这么多，不可能被无限出售，所以想要自己的财务等级不断提升，我们就要摆脱以时间换金钱的束缚。

举个例子，前年有个教授出了付费课程，一次性把自己的知识变现了几千万元。以前他讲课也很贵，但是因为人的时间和精力总是有限的，每场演讲能容纳的听众也是有限的，所以到了一定的阶段就很难提升。在线付费课程就不一样了，只需要花费一次精力录制，无论有多少人有需求都可以满足。提升财务等级的根本，就是要找到用时间换钱以外的收入来源，因为即使我们再勤奋，一天也就 24 个小时，总归是有上限的。

如何摆脱用时间换钱的限制？我总结了一下，大致分为以下三种方法。

（1）**复制时间**。比如，你做了一套在线课程，放在网上通过别人观看赚钱。再比如，你录制了一本有声书就可以不断拿到分成，你拍摄了一幅优美的作品，收取版权费用。**这些事情都有一个特点，付出一次时间，但是可以反复赚钱**，我们可以理解为复制时间赚钱。而且这可以反复做，比如在线课程，完善好一套课程就相当于有一个老师在帮你讲课赚钱，然后你又可以准备下一套课程。

（2）**房屋的租金**。一次性投入房产，长期为我们赚取租金，这个前提是能找到租售比合适的好机会，而且需要大量的本金。

（3）**投资优秀的企业**。寻找优秀的企业，成为它的股东分享企业的成长红利，赚到钱可以投资更多企业再为你赚钱。

这其中，第一种需要我们在某个领域有超过众人的认知，也要有一定的影响力；第二种，目前在国内有好租售比的机会不多，也需要大量的本金。第三种通过收集优秀企业的股权赚钱，虽然也有知识门槛，但相对来说我们只要努力是比较容易实现的。因为大多数优秀的企业都是上市交易的，我们不用专门去托关系、找朋友、拥有大量的资金才能入股。

现在我们理财的方式变得多种多样，我想大部分人都有过投资股票或者基金的经历，至少也是听说过。在这里我不想给大家画暴富的大饼，但具有一定的投资理财能力，在工作以外获得另一份可以稳定增长的收入，是我们现代人应该具备的技能。

一、股票是什么

股票是股份公司发行的所有权凭证，是股份公司为筹集资金而发行给各个股东作为持股凭证并借以取得股息和红利的一种有价证券。股票是资本市场的长期信用工具，可以转让也可以买卖。

简单地说，我们购买了一家企业的股票，就拥有了对应份额的股权，成了这家企业的股东。本质上，这与我们在生活中和朋友合开了一家店铺没有太大区别，只是上市企业股权更分散，经营更复杂。同时因为上市企业交易更便利，也让很多人忽略了自己持有的是一家企业的股权，而单纯把它当作了开奖号码。**一旦我们理解了买股票就是买企业，我们需要做的是去关注股票代码背后真实存在的企业，从企业的经营的角度做出分析和选择。**

二、为什么说投资是我们不可逃避的事情

首先是因为通胀的存在，如果不找到一个合理的理财方式，这就意味着我们付出了时间和精力辛苦换来的收入，随着时间的推移购买力会持续下降。除此之外，我们当然也希望自己的收入越来越高。

如前文所说，我们大部分人在工作中的上升空间是有限的，到了一定的阶段收入就很难出现大幅提升。而投资收益是没有天花板的，只要掌握了有效的方法，投资就可以成为我们未来资产增长的主要方式。而且在复利的效果下，这份收入会越来越多。

举个例子，我们把 10 万元藏家里，20 年后依然是 10 万元。我们把 10 万元存到银行，按年化 3% 的利率计算，20 年后是 18 万元。我们拿出 10 万元本金做投资，按年化 15% 的收益率计算，20 年后这笔钱会变成 164 万元，30 年后可以变成 662 万元。这笔投入的资金 20 年会增长 15 倍，30 年会增长 60 多倍。相比于一边工作，一边把工资存到银行，退休后每月拿着少量的退休金，如果我们在年轻时为自己制订一个合理的理财计划，虽然不能马上暴富，但完全可以过上一个富足的退休生活。

如果我们把这个计划再优化一下，现在开始拿出 10 万元本金，第二年开始每年 1 月 1 日多投入 1 万元，然后保持 20 年 15% 的年化收益率。20 年后会拥有 265 万元，这笔钱完全可以超过大部分人从退休到百岁老人那一天，合计的退休金总额。如果这个计划进行 30 年呢，这笔钱会变成 1095 万元。对于我们大部分普通人来说，这完全不可能靠省吃俭用攒下来。

投入 10 万元然后每年追加投入 1 万元，我想大多数人都可以做到，相比单纯地靠上班然后省吃俭用攒工资，这个计划对生活的影响反而更小。一个人工作期间靠省吃俭用每月攒下 5000 元，一年攒 6 万元，20 年顶多也只能攒下 120 万元。但这 20 年间，我们都需要省吃俭用，用现在的痛苦换取未来的保障，我认为这是不值得的。

在上面这个计划中，我们每个月只需要拿出不足千元的资金，对我们的影响微乎其微，既可以不给现在的生活增加太大负担，又可以让自己退休后多一份保障。

如表 1-1 所示，第一个 100 万元收益要用 14 年，第二个 100 万元仅仅需要 4 年，第三个 100 万元用了不到 3 年，第四个 100

万元用了 2 年，这就是复利的威力。后期只要你能保持 15% 的年化收益率，几乎每年资产都能以百万元级别提升。**当然，这里面有两个关键因素，一是收益长期足够稳，二是前期多攒钱。**对于前期多攒钱，每个人的情况不同。如何做到长期获得稳定的收益，这就是本书存在的意义。

表 1-1　复利的威力

单位：元

时　间	投　入	投入后资金	投资后收益
第一年	100000	100000	115000
第二年	10000	125000	143750
第三年	10000	153750	176813
第四年	10000	186813	214834
第五年	10000	224834	258560
第六年	10000	268560	308843
第七年	10000	318843	366670
第八年	10000	376670	433170
第九年	10000	443170	509646
第十年	10000	519646	597593
第十一年	10000	607593	698732
第十二年	10000	708732	815042
第十三年	10000	825042	948798
第十四年	10000	958798	1102618
第十五年	10000	1112618	1279510
第十六年	10000	1289510	1482937
第十七年	10000	1492937	1716877
第十八年	10000	1726877	1985909
第十九年	10000	1995909	2295295
第二十年	10000	2305295	2651090

（续）

时　　间	投　　入	投入后资金	投资后收益
第二十一年	10000	2661090	3060253
第二十二年	10000	3070253	3530791
第二十三年	10000	3540791	4071910
第二十四年	10000	4081910	4694196
第二十五年	10000	4704196	5409825
第二十六年	10000	5419825	6232799
第二十七年	10000	6242799	7179219
第二十八年	10000	7189219	8267602
第二十九年	10000	8277602	9519242
第三十年	10000	9529242	10958629

三、相比自己创业，股市更合适普通人

我们拿一些闲钱去创业，不仅要耗费精力自己经营管理，还会面临管理经验不足，能选择的创业种类不多，前期投入过大等困境。放弃工作去创业怕失败了没退路，一边工作一边创业又无法兼顾两端。

相比之下，我们完全可以用很少的一部分资金先尝试做投资，等我们通过学习和实战构建了完整的投资体系，再逐步加大资金量。

我经常开玩笑说，我想开酒厂比不上贵州茅台，我想卖电器比不上美的、格力。然而通过股权投资，我们可以轻松入股那些优秀的龙头企业，成为它们的股东，分享它们的经营成果。

这和企业家即使行业衰落也要咬牙坚持不同，当企业衰落

时，我们可以随时切换到自己认可的企业上。**只要市场上还有企业在进步，只要还有企业在成长，我们就可以搭上它们成长的顺风车。**

1882 年，三位年轻的记者查尔斯·道、爱德华·琼斯和查尔斯·博格斯特莱斯创立了道琼斯公司。1889 年，道琼斯公司创立《华尔街日报》。1896 年 5 月 26 日，道第一次计算并对外公布了道琼斯工业平均数，当日指数为 40.94。道琼斯指数最先选择了美国工业企业中最重要的 12 家企业的股票。1916 年，道琼斯工业指数中的股票数目增加到 20 只，最后在 1928 年增加到 30 只，并一直延续到现在。

长期以来，入选道琼斯指数的企业往往都是一个时代的传奇。虽然最初的成分股企业基本上都已经消失或被剔除出指数，但在 2021 年道琼斯指数已经站上 34000 点的高峰。

其实，我们的投资组合就像一个指数，企业的存续和发展都有周期，即便优秀的企业大多也逃不开高速发展、成熟和衰落。但我们作为投资人具备一项优势，就是可以和优秀的企业共舞，不用陪某一家企业一起走向衰落。

投资这件事听起来简单，实际却没那么容易，如果想找到优秀的企业，并且有机会以合理的价格买入，需要我们具备对应的知识，也需要有良好的心态。**这个世界上不存在既无门槛又能赚大钱的方法。如果一件事人人都能轻易做到，一定会出现众多的参与者把这件事的收益率水平降低到很平庸的地步。**

我相信能够选择购买本书的朋友，不用我再浪费大量篇幅阐述投资的重要性。同样，我们虽然知道股市是积累财富很好的选择，但这并不意味着它毫无门槛和风险。**三毛说过一句话："梦**

想，可以天花乱坠，**而理想，是我们一步一个脚印踩出来的坎坷道路。**"任何事情我们不可能不努力就做到，希望能通过本书的知识分享，我能协助大家结合自身情况，构建符合自己特点的投资体系。

第二节　合理的收益预期

在上一节我们了解到，单纯靠出卖时间是很难不断提升自己的财务等级的。我们的时间总是有限的，同时我们的个人能力到了一定的阶段也越来越难提升，这些都会成为我们收入增长的瓶颈。

投资可以有效规避这个缺点，我们拥有了自己的投资体系后，只需要不断复制，就可以让钱去赚钱，而不是出售自己的时间赚钱。**投资的优势在于复利的积累**，拿本金 100 万元为例，假设年化收益率为 15%，赚到第一个 100 万元需要 5 年、第二个 100 万元需要 3 年、第三个 100 万元需要 2 年，第四个 100 万元只需要 1 年多，第五个 100 万元不到 1 年。随着时间的增加，每赚一个 100 万元的时间会越来越短。

虽然赚 100 万元的速度越来越快，但上面这段描述可能不会特别吸引人，首先不是所有人都拿得出 100 万元进入股市，即使拿得出，10 年后才能享受复利的威力。可能有人会想，如果我只有 10 万元本金呢，5 年才赚 10 万元，有什么意义？这一节我们就来分享合理的收益预期为什么重要。

大家来股市显然都希望获得更高的收益，能每月甚至每周都赚 15% 当然最好，谁不想快速致富呢？那么追求快速致富能不能行得通？为什么知名的投资大师往往年化收益率又不是那么惊人呢？

一、认清现实

我们大部分人要早起工作，甚至还要加班，也许周末都不能休息，每天工作又那么累，但收入不是很高，看到喜欢的东西也舍不得买，所以我们心中或多或少都对改变现状有一些期待。

一旦我们接触了股市，这里流传着很多暴富的"神话"，有很多人在讲如何每天抓一个涨停板，如何一年获得十倍收益，这些正好迎合了我们想改变现状的心态，于是就心动了。我们心中对改变现状充满了期待，所以我们也更愿意相信那些能暴富的"神话"是正确的。

另一方面的现实是，有公开业绩证明的投资记录中，国外的优秀投资人，如本杰明·格雷厄姆、沃伦·巴菲特、约翰·聂夫、彼得·林奇、大卫·史文森、乔治·索罗斯、詹姆斯·西蒙斯，他们的投资风格有所不同，但同样是做到了长期20%左右的年化收益率，就成了世界顶尖的投资人。国内也有行业统计，从业超过10年的基金经理中，在10年间能做到年化收益率15%以上，就可以排到国内前20名。

也就是说，无论看国外还是看国内数据，这个行业的标杆长期也只有20%的年化收益率，对于我们普通人，没有他们的天赋，也没有优秀的团队支持，这件事会更加不容易。

读到这里有人可能会说不对啊，我就是看到有人一年赚了好几倍。股市有**"一年三倍易，三年一倍难"**的说法。为什么这么说？因为运气好一次，抓到一只牛股是可能的。一个幸运儿的背后有成千上万失败的人，一个人随便买买就能买到一只暴涨的股票也不可能每天出现。我们先不讨论不了解的企业是否能够耐心持有，每天都买到暴涨的企业，这样的概率是微乎其微的。

同时，在股市还有一个更关键的问题，股市的收益率也没我们想象得那么高。买彩票的话，你可能真的幸运一次就解决了问题，但在股市买个翻倍股就不容易了，拿几十万元博几十万元，这样的风险收益比显然不合适。**一次幸运不足以改变命运，长期幸运又不可能，所以靠运气赚的钱，往往又会靠实力亏回去。**

这个市场上为什么总是流传着各种各样的高收益"神话"呢？

首先，即使完全不懂股市随便瞎买，也有可能买到连续上涨的股票，几亿股民每天都会有幸运儿出现实属正常。人都是有虚荣心的，好运的一次肯定更愿意告诉别人，但背后失败的很多次只是我们不知道而已。当我们要把投资当作自己的事业，就不能只考虑成为幸运儿的喜悦，还要考虑自己不是那个幸运儿时该怎么办。

其次，这个市场还有很多人不是靠投资收益赚钱的。他们更愿意宣传一些"神话"收益吸引我们入市，我们想靠投资赚钱，他们想靠我们的入群费赚钱。如果我们有 100 万元本金，不需要期待每天一个涨停，只要每月能达到 10% 的收益率，1 年之后会变成 300 多万元，5 年之后会变成 300 多亿元，10 年之后这笔资金会变成 9 万多亿元。现实中，我们可以从福布斯排行榜上看到20% 年化收益率的巴菲特，却看不到号称每天抓涨停身家达万亿元的人。抓涨停的大神们没有出现在福布斯排行榜上，却出现在互联网上，身家几万亿元却期望去赚取我们几百元、几千元的入群费。

最后，即使这些传奇故事真的存在，我们也要知道这为什么叫传奇，因为几亿人就出了一个才叫传奇，我们不能用全部的心血去押注自己就是几亿人中的第二人。

在股市，我们每一次投资决策都是拿自己的真金白银埋单，盲目交易一定会亏光本金。在股市最主要的失败原因之一，就是我们对这个市场有不合理的预期，总期望自己前二三十年的财务状况，快速在股市得到改变，从而去做一些求快但面临高风险的事情。**但我们很少去想，为什么生活中普普通通的我们，到了股市就会变得不再普通。有一句话我非常喜欢："人的一生中，最光辉的那天并不是功成名就的那天，而是敢于面对现实，从而有合理预期和合理规划的那天，让我们痛苦的往往不是生活，而是我们不合理的期待。"**

二、别等失去后才珍惜

我在公开写投资分享的这几年，经常会收到这一类问题反馈：入市初期自己是打算配置一些稳健的资产，然后把股市作为一个工作之余资产稳步升值的地方，随着接触的信息越来越多，野心也不断膨胀，操作也开始频繁激进。最终的结果是亏了不少钱，也认识到了错误，想重新选择保守的投资。但纠结的地方在于，因为前期亏得太多，选择保守回本期太长不甘心，继续高风险投资又做不到，非常纠结。

人生就是这样，我们往往失去后才懂得珍惜。刚开始期望一年能赚 10% 就满意了，等赚了 10%，又想要赚 20%、30%、50%。抑或刚开始觉得少放点钱就行，稍微尝到点甜头就会觉得有一分钱不放到股市都会不舒服。随着欲望不断膨胀，最终有一天达到自己无法承受的边缘。

股市的残酷在于，我们犯下一个错误，往往需要付出更大的努力才能弥补。10 万元亏损到 5 万元，只需要下跌 50%，但 5 万元涨回 10 万元，就需要 100% 的上涨。如果亏损 80%，就需要上涨 500% 才能回本。更重要的是，在大幅亏损之后，我们是很难做到心态平和的。再犯一两次错误，我们前半生的积蓄基本上就付之东流。在这样的巨大压力下，难免患得患失。继续快又不敢，选择慢又着急，并且即使选择了慢，也不意味着就不会犯错。**我们总是犯了大错以后才开始意识到错误，但在拥有的时候，我们却总是谜之自信。**

三、知足才能常乐

我们常常有一种错觉，自己的钱少必须要追求高收益，**但实际上股市不会因为谁钱少就让着谁，钱少选择高风险一样会亏光，钱少意味着承担风险的能力更差。**我们觉得钱少就应该追求高收益，是因为自己觉得一定要暴富。但如果我们拿着十万元本金就能年赚几十万，甚至几百万元，这件事如果这么简单，那还有人去上班吗？又或者我们有什么天赋异禀的优势，就是能超越众人呢？

我们不妨换个思路，先把投资当成一种理财的手段，别动不动就想一年十倍之类的事情。先让自己的财务状况更好一些，哪怕每年多 10% 的收益，难道不是相比过去自己的一种进步吗？你和同事工资一样，但是通过理财，每年多赚了一两万元，用这笔钱带家人旅游了一次，买了一件自己喜欢的物品，何尝不是一件幸福的事。**行动上我们争取做到最好，心态上不盲目乐观。自知且坦然，才是一个投资者最好的状态。**

在股市，我们最先想的往往是能获得多少收益，但实际上更应该考虑的是如何不损失本金。先做到不亏损，才有资格参与市场。把投资作为理财的一部分，过好现有的生活，做好现有的工作，有合理的收益预期，然后通过复利慢慢改变我们的财务等级。今天比昨天好，今年比去年好，这才是我们大部分人应该追求的人生。

有收入，还能有一些闲钱参与投资，这样的生活已经很不错了。投资只是生活的一部分，没有什么值得我们用现在的幸福生活去赌，止语是上等智慧，止心是上等律己，大部分的后悔不已都是因为一个"贪"字。一旦有了合理的收益预期，自然就不会去做高风险的事情，心态也会平和很多，这个时候投资的难度也会瞬间下降。**高胜率、可复制，稳定赚钱，才是股市的长赢之道。**

第三节　大概率思维

上一节我们学习了投资中要降低预期，不要为了不切实际的期望去做高风险的事，投资这件事需要我们反复做、长期做，我们不可能靠一次好运气解决问题。不能靠运气就只能遵循基本的概率原则，这一节我们来分享投资为什么要有大概率思维。

一、为什么概率对投资如此重要

如果一件事只需要做一次，我们可以拼运气，谁还没个运气好的时候呢，只要我们同时也能理性地接受失败的结果即可。但一件事需要长期做，我们就只能讲概率了，只能站在高概率的一边，因为没人能运气一直好。

如前文所说，靠好运气投资股市肯定不够，即使买到一只涨两三倍的股票，又莫名其妙地拿住了，也不至于解决问题。很少有人会赚一次钱后就主动退出股市见好就收。赚了钱，我们一定会认为这件事简单，一定会继续做下去。股市是一个需要我们不停做决策的地方，**只有做高概率的选择才能成功。**

有一句话说得非常好："股市是个认知变现的地方，在这里我们赚不到超出自己认知范围的钱，除非靠运气，但靠运气赚到的钱，早晚也会凭实力亏回去，这是一种必然。"在股市所赚的每一分钱，都是认知的变现，所亏掉的每一分钱，也是因为认知的缺陷，股市最大的公平在于，一个人可能会因为运气短期赚到超过认知的钱，但股市会有无数种方法，让他把这个钱还回去。

二、概率与价值投资

先讲一个故事。

美籍华人马凯文，他毕业于麻省理工学院，大学期间他和同学一起玩转美国各大赌场，合法赢得了超过 600 万美元的巨款，以至于后来各大赌场不得不对他们进行了准入限制。而他本人也在美国出了名，被称为"华裔赌圣"。后来他的这段经历被好莱坞改编成电影《决胜21点》，风靡全球。他写过一本书叫《大概率思维》，虽然这本书不是讲述投资的，但是很多理念和投资非常契合。大概率思维只做大概率的事，这也是很多投资大师成功的秘诀。

说到概率与价值投资，我们先要讲一个概念——"条件概率"。条件概率是指一件事情在另一件事情发生的条件下继续发生的概率。比如一副扑克，一个A出现以后就影响着下一个A出现的概率。除去大小王，一副牌有52张，其中有4张A，抓到A的概率是4/52。如果我们第一次就抓到了A，那么继续抓到A的概率就变成了3/51。举个极端的例子，如果你已经把51张牌全部翻了出来，而第4张A还没有出现，那么最后一张牌是A的概率就是100%。与此不同的是猜硬币游戏，硬币正反面每次出现的概率总会是50%，即便你扔上1万次仍然是50%，下一次出现的概率是不会受以前结果影响的。

回到投资上，如果我们频繁更换企业，单纯去猜哪家企业的股价可能马上会上涨，这就像猜硬币的两面，每次决策都相当于从头开始，不会因为你连错了十次，下一次成功的概率就提高。更何况在股市是从几千家企业中猜上涨的企业，显然比猜硬币更难。涨了小赚卖出，亏了割肉离场，频繁更换新企业，你对一家企业的认知就总要清零重来。这样的决策是无法提升投资成功率的。这就是为什么做短线投资可能会经常有不错的朋友圈素材，但长期统计下来赚不到多少钱，甚至还会亏损的原因。

如果我们换个方法，通过深入分析企业寻找确定性强、经营稳定的投资机会，深入去挖掘一家企业的价值，随着不断深入研究，对这家企业的价值判断会更加准确，判断成功的概率就会逐步提升，只要你对一家企业的价值判断基本正确，那么随着股价走低，投资的成功概率反而是会提升的。我们可以等待一个概率合适的时候买入。

三、如何让我们理性地站在大概率一边

即使我们知道了选择大概率的重要性，也要能够理性分清哪一边才是真实的大概率。在投资中我们需要不断地收集数据来加深对企业判断的准确性，但是我们往往在收集数据时会陷入三大认知误区：证实性偏差、选择性偏差和损失规避，最终导致数据判断失误，做出错误的选择，下面我们聊聊如何规避这三大误区。

证实性偏差：所谓证实性偏差就是指，我们每个人都有一种自然倾向——关注支持个人观点的数据，忽略与个人观点相冲突的数据。

这是人类的天性，当人们看到一组数据时，总喜欢杜撰出一种论述，以此将自己的想法进行"合理"化。**因此我们常常是已经有了对企业的喜好，再带着有色的眼镜去看数据**，实际上更加关注的是故事而非数据本身，**我们会无意识地接受与心中观点相符的事情，而忽略与之相冲突的事情。**

生活中经常会有这种现象，比如大部分人更愿意相信别人的成功是因为运气，而不是实力，这样面对自己暂时的不成功就可以归咎为运气不好，而不是不努力或能力不够。

这一点在投资中同样很常见，一旦我们持有一家企业的股

票，就会无限放大相关的好消息，同样会对坏消息嗤之以鼻，看到稍微有不同的观点出现时，我们甚至会感到愤怒并且恶语相向。同样，一家我们不看好的企业，即使它的股价上涨了，我们也会带着偏见觉得只是单纯的炒作，而不是认为自己看错了。**在投资中我们一定要警惕这种行为，更加理性地去看待问题，才能做出正确的决策。如果我们的决策依据总是出自于主观认可的数据，这很容易导致出现用拙劣证据证明拙劣想法的局面。**

选择性偏差：选择性偏差和幸存者偏差类似，就是说我们经常会基于可见到的数据做决定而忽略没有看到的数据。

最经典的案例就是第二次世界大战时期，美国军方准备加强战斗机的装甲防护，在统计机身上被打中的弹孔位置后，决定在弹孔最集中的部位进行加固，以抵抗敌方火力。这个决定看似合理，实则已经陷入偏差之中，美军只注意到了那些幸存下来的飞机，而实际上那些被摧毁的飞机才是更重要的考察样本，被摧毁飞机的受损部位才是致命的。

上面这个案例就是选择性偏差对决策的影响，我们很容易只注意看到的数据，而忽略看不到的数据。**如果我们想要做出理性的决策，就要考察所有的数据，而不能断章取义，抽取某一时期或某一部分作为样本。所谓分析企业就是尽量去了解企业信息，完善对企业的认知，不让自己走进盲人摸象的误区。**

生活中我们常看到这样的新闻，高考状元生活落魄或者小学毕业的人人生辉煌，这时就会想当然地认为学习好也不一定有出路，学习差也可以赚大钱。但实际上，正因为是小概率的事件才会上新闻，现实的情况是大部分学习优秀的人，都有更好的上升空间，大部分学习不好的人都只能做底层工作。也正因如此，偶尔的例外才会被当作新闻。但我们看到新闻后，可能就忽略了背后的大概率现象，执着于小概率的事件，认为读书无用或学习无用。

再比如，股市中每天都有不同的股票涨停，但同一个人在长达几年的时间内连续抓到涨停的概率为零。我们往往看到了每天都有涨停的股票，或者看到了一个传奇致富故事，就忽略了每天涨停的股票只是几千只股票中的小部分，传奇暴富的故事哪怕是真的也只是几亿分之一，当我们只关注了小概率的表面数据，忽略了没看到的大概率数据，就会执着于去做小概率的选择。

小概率的事情发生反而容易被人关注，但实际上背后是更多结果相反、不被关注的大概率事件。对于长期做的事情，我们必须要押注大概率才可能成功。

为了避免证实性偏差，就应该客观地考虑所有数据，而不是仅仅考虑支持个人观点的数据；为了避免选择性偏差，就需要拥有全面的数据集合，而不是看到一个局部数据就妄下定论。

读到这里我们知道了有时人们获取数据和搜集信息时，会陷入认知误区，从而导致无法得到精准内容，所以我们在分析企业或收集相关数据的过程中，需要坚持以下三个原则。

（1）**信息搜集应该基于客观事实。** 决策的质量取决于输入的数据，**如果起始输入数据不好或者本身就是带着偏见的选择，那么就不可能得到正确的判断。** 有时候我们就是这样，明明是分析一家新企业，但心中对这类企业有喜好或偏见，搜集信息的时候就会着重搜索符合自己观点的信息。

（2）**信息应该以简单的方式呈现**，使其变得更加容易理解，把信息复杂化的过程可能就是添加自己偏见的过程。

（3）真正的信息搜集不是搜集容易得到的，而是搜集对分析有用的，也就是说它必须有价值，而不是易得到。

我建议大家买入一只股票前先写交易报告，此时我们不知道这笔投资最终的结果，是比较容易客观写下买入逻辑和思考的。等这笔交易结束后，我们可以重读这份客观的交易报告，看看当时有没有思维漏洞，以此来补足自己的短板。**如果我们投资决策前不做记录，投资结束后再做总结，就会很容易出现两个状况：在这笔投资成功的时候，我们会忽略偶然性，无限放大自己决策的重要性；在这笔投资失败的时候，我们潜意识更愿意把错误的原因归咎于自身以外的事物，从而无法理性看待这笔交易的过程，失去改进的机会。**

损失规避：损失规避指的是潜在损失对于人们的影响高于同等价值的收益，换句话说，人们不喜欢损失。行为金融学家丹尼尔·卡尼曼做过这样一组实验。

第一个实验：被实验团体先行持有 1000 单位的现金，在此基础上做出选择。A：50% 的概率将持有的现金增加为 2000 单位。B：100% 的概率将持有的现金增加为 1500 单位。此实验中，被实验团体的 16% 选择了 A，84% 选择了 B。

第二个实验：同实验团体先行持有 2000 单位的现金。在此基础上做出选择。C：50% 的概率损失 1000 单位现金。D：100% 的概率损失 500 单位现金。此实验中，同实验团体的 69% 选择了 C，31% 选择了 D。

我们可以看到的结果是，当面对钱增加的选择时，大部分人会选择稳定地得到 1500 元。但在面对损失的时候，更多人却愿意为了减少损失去搏一搏。这在投资中会导致两种情况。

第一种情况：买了一家非常低估企业的股票，稍微涨一点，就马上选择卖出，这个时候大部分人考虑的不是企业还很低估，而是要尽快保住这点收益。

第二种情况：看错了一家企业，虽然已经发现了自己的决策失误，但还是不愿意卖出，因为马上卖出意味着100%接受亏损，死扛意味着还有小概率的机会减少亏损。

这两种情况怎么解决呢？

第一种情况的解决方法：我们要理解投资的波动性，投资中要具有长期视角。无论多么优秀的企业，我们要想在它身上获得超额收益，都要经历股价波动的阶段。对于优秀且低估的企业稍微上涨就落袋为安的行为，看似规避了风险但也放弃了从优质企业获得长期收益的机会，真正可以为我们带来超额收益的是长期持有优秀企业的股票，而不是试图规避所有短期的下跌。

第二种情况的解决方案：避免掉入幸存者偏差的陷阱，已经发现看错了企业，可能会有人因为不卖出减少了损失，但这是小概率的事情，更大的概率是发现错了不卖出最后损失更多。同时我们为了安慰自己，给自己的搏一搏找个理由，又很容易陷入证实性偏差。忽略当前的坏消息，只关注支持个人观点的数据，比如发现自己看错后，会在潜意识中找很多理由来告诉自己这家企业并不高估，自己并没有看错，然后犯下更大的错误。

四、理解波动性和具有长期视角

既然价值投资这么好，选择大概率如此重要，为什么得不到大多数人的认可呢？

（1）价值投资是一件慢慢变富的事情，需要靠复利的积累逐步提升我们的财富等级。但这个市场大部分参与者期望的都是快速暴富，如果用很长的时间去做一笔投资，这期间还要花费精力去深入了解企业，自然很难成为多数人的选择。

（2）价值投资在短期内也经常收到负反馈，这也导致很多人因为短期的负反馈放弃了这条投资路。价值投资顾名思义是基于企业的价值，就像你进货做买卖，同样质量的商品，一定是进价越低越容易赚钱，但一件人人哄抢的商品，想以很低的价格买入是不可能的，所以想买得便宜往往就要去找当前被人冷落的企业。但市场情绪的转变又是个缓慢的过程，造成的结果就是即使你以便宜的价格购买到了一家企业，依然可能继续面对下跌的情况，结果很可能是虽然基于价值但是短期看依然亏损，也让很多人误以为这个方法不可能赚钱，最终选择了放弃。

能让我们坚持选择大概率的前提是**理解波动性**。无论商业领域或是做投资，即使概率对我们有利，也常常会获得负面的结果。这个道理很简单，即使一件事情成功的概率是80%，我们也无法完全避免不想看到的20%出现。

因此，理解波动性是一条不折不扣的真理，所谓波动性就是指短期或某一次的结果可能出现在小概率的一方，而理解波动性就意味着"不以一时成败论英雄"。可能你买了一家低估且业绩优秀的企业，但并不意味着下个交易日股价就会上涨，在短期内你可能得到负反馈，这家企业的股价可能反而是下跌的。

投资中除了做大概率的事，我们还要记住以下两条。

第一条：不要上杠杆，不让自己在负反馈期间被迫离场。

第二条：有足够的耐心，即使你是正确的，在负反馈期间也

需要有足够的耐心等待。

我们打个比方，两个人玩抛硬币的游戏，如果正面朝上甲给乙 1.1 元钱；如果背面朝上那么乙要给甲 1 元钱，按照数学常识，正面和背面朝上的概率各为 50%，乙显然会成为最后的赢家。然而，现实的情况可能是，背面连续朝上 10 次，乙就失去耐心选择退出游戏了。但如果乙相信概率继续玩下去，就一定会赢得这场游戏。

现实中只要不是 100% 概率的事情就会有波动性，**能够理解波动性的人会从中收获颇丰，而进入一时负面波动区就急着退出的人，则成了波动性的牺牲品。**

在股市我们往往是这样，买入一家企业的股票就期待它每天上涨，几天不涨就焦躁不安选择卖出。如果是入市三五年的老股民翻翻自己以往的持仓记录，一定会发现自己曾经持有过不少优质的企业，但都没有赚到对应的收益，因为我们缺乏耐心，很多时候即使选到了一个大概率获胜的投资机会，也可能因为短期的负反馈放弃。

学会应对波动性是一件非常重要的事情。无论是投资体系还是选择的企业，即使我们的选择是正确的，短期也可能得到负面结果。大部分人亏钱，都是因为太在意短期的波动性，几天不涨就换股，投资体系一个月不顺就想换方法，从而造成频繁更换投资体系和企业，最终在盲目试错中亏光本金。我们要知道，**时间越短越难预测，预测越多越易出错。**

如图 1-1 所示，图中的直线表示企业的业绩，曲线代表市场的情绪。即使企业的业绩是不断增长的，市场的情绪也会像钟摆一样不断在兴奋和恐慌之间波动。我们需要去寻找那些业绩不断提升的优秀企业，忽略且不执着于预测短期的市场情绪。

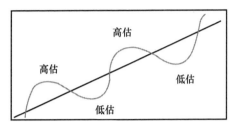

图 1-1　企业的业绩与市场的情绪

　　在投资中的很多煎熬和焦虑都是波动性带来的后果，也是暂时的。**应对波动性的最佳方式就是坚持正确的策略，重视和保持长期视角。虽然上市企业的股价每天都在变化，但我们买入企业的基本面实际上并不会如此频繁变动。**

　　如果我们坚信自己的投资策略是有效的，那么就坚定执行，不要因为短期的负面反馈就轻易改变自己的投资体系。我们要想将优势兑现，就需要对大概率的事有足够的耐心。

　　举个生活中的例子，我以前做过几年电商，也投放平台的广告，大部分情况下平均 20 个点击转换一次购买，这个转化率我是基本满意的。但现实中这个转化率不是均匀分布的，有时候前 70 次点击都没成交，但可能从 70 次以后连续成交了 5 单。其实也相当于不到 20 次点击就转化了一单。如果没有长期视角，可能就会在 50 次都没效果的时候得出结论，这个宣传途径是没意义的，从而放弃了一个不错的宣传渠道。

　　我们投资中做到三年翻一倍，甚至五年翻一倍，总体下来收益都是非常不错的。可是在实际的执行中，我们即便买到了优秀的企业，这笔投资的收益也不会是平均到三年或五年中的每一天给我们，很多时候可能是前两年半都是默默无为的等待，最后半年才是收获。如果我们不坚信自己的分析，没有长期视角，完全有可能持有了平淡的前一两年却在丰收的前夜选择了放弃。**持续做正确的事，保持乐观，坚信会获得回报，那么最后才有可能真的得到回报。**

需要长期不断做决策的事情，结果一定会落到大概率的一边，理解大概率思维就是我们股市盈利的根本，希望能够通过本节内容帮助大家充分理解大概率思维和规避一些思维误区。

第四节 投资分歧出现的原因

我们在股市最直接的获利方式就是买入企业股票后股价提升。无论用什么方法，大家的这个目标是一致的，但在具体的操作上可能有很多朋友处于比较迷茫的状态，这一节我们就来聊聊关于这方面的对策。

一、股价上涨的原因

这件事还是要回到根本，股价上涨因为什么？我们来看一个简单的公式，总市值＝市盈率×净利润，如果我们买入后企业的总市值能不断提升，那么买入的这份资产就更值钱了，在股本不变的情况下，总市值上涨股价自然也是上涨的，最后股价达到一个我们满意的水平，就可以择机获利了结。

当我们看到这个公式后，其实思路就清晰了，总市值上涨要么市盈率提升，要么净利润提升，要么两者一起提升。市盈率变化主要来自投资者情绪的变化，净利润变化主要来自企业的经营。

二、投资的方向选择

看了上面这个公式后我们可以了解到，除了单纯打探消息随机抽奖外，股市大致有两个主要的发展方向。

（1）基于预测业绩的价值投资派。选择这条路的人，认为情绪的波动是无法被预测的，因此专心寻找业绩可以稳定增长的企业，然后等待业绩提升带动股价提升。

（2）基于预测情绪的趋势投资派。选择这条路的人，认为情绪的波动是可以被预测的。比如一个新闻会让大家对某个行业兴奋，某个技术指标达成，大家都觉得这家企业会涨，因此大部分人选择买入而不是卖出。

在这里先不给大家预设方向，无论信哪条，我们先要在这两个大方向上做出选择。**选了一个方向试过不合适，于是坚定地走另一个方向，这种尝试对我们来说也是有意义的。**好过一顿瞎买后，对的时候不知道自己对在哪，没办法总结经验，错的时候不知道自己错在哪，没办法吸取教训。

基于价值或情绪这两个方向的着重点不同，在投资体系上是有很多矛盾的地方的，不做出选择会发现自己很多思考是互相对立的。比如，基于情绪可能需要严格止损，跌多了就需要卖出；基于价值的话，只要基本面没变，跌得越多越是好的机会。基于情绪买了一个月都不涨，可能就算不上一个好的决策。但是基于价值，买了一年不涨也是常有的事。

基于情绪可能要更关注当前的热点行业，因为当前被关注企业的市盈率有可能快速提升。但是基于价值，可能就要关注一些当前被冷落的行业，因为这样才能买得便宜。

我们得先有一个方向，才能不断完善自己的投资体系。不然今天看了一篇文章，觉得止损对，明天看了一个视频，觉得应该越跌越买。最后可能拿着高估的题材股，选择的是越跌越买的方法，结果自然不会好。

三、我们要了解自己的性格

这两条路怎么选呢？价值和趋势往往互相有很大的偏见，但实际上很多时候也没深入地了解过对方，我觉得真的感兴趣的人可以少拿一部分资金自己试试，否则每当不顺的时候你就会有一种莫名的错觉，认为如果选了另一条路一定会更好，因此也不能坚定地走下去。

我先说说我的选择过程，我的选择是什么呢？

我初入市时和大多数人一样，选择了预测情绪。就是去找那些大家会关注，可能马上要上涨的企业。虽然大致知道企业是干啥的，但根本没深入看过一篇财报或研报，更没有特别深入思考商业模式。初入市的时候啥都不懂，毕竟市盈率提升马上就能带来股价上涨，这显然是见效最快的，也最吸引人。但是我很快就放弃了。

能赚钱的方法，一定需要一个前提，就是自己真的相信。但基于情绪这件事和我的性格相差太大，我一直想不通它的逻辑。我试过基于消息投资，有些消息确实是利好，但往往第二天一早我还没挂单就已经封涨停了。还有一些时候，都莫名出现好几个涨停了，我才知道消息。对于我这种不敢去追高的性格，显然行不通。

我曾经也试过用技术指标，且专门报了课程学黄金分割线。总结下来是，有时候灵，有时候不灵。这就麻烦了，因为我们每次买入前，也不知道这个方法这次灵不灵，因此就不敢下重注。这次对了赚几千元，下次错了亏几千元，最终感觉和买足彩差不多，乐趣虽有，效果有限。但是不得不说，这种即时反馈的预测，确实很有趣，因为它能满足人好赌的天性。

但要认真做投资的话，我们显然还是要找到有效且符合自己性格的方法。经过了一段时间的尝试，我发现自己是没办法完全信任听消息和技术分析这两种方法的。自己潜意识中就不信的东西，买个三五千元，完全没啥用，买个三五十万元，吓得半夜睡不着。

说到底，至少我的性格是不适合预测短期走势的。我个人的性格是，风险偏好低，做事有点慢，不够果断，甚至有些缺乏自信。因为缺乏自信，这让我觉得很难和机构专业团队拼快速反应能力以及消息获取能力。

我性格中的另一些特点就比较适合基于价值投资，耐心足，暴富欲望比较低，因此不着急赚快钱。最重要的是，因为我之前一直在自己创业，所以我打心里认可通过学习商业知识和了解企业的经营发展，从而去分析企业的产品是否被需要、生意有没有护城河、行业竞争关系如何等经营相关的信息，最后去判断企业未来的业绩，这种逻辑是行得通的。于是我就走向了另一端，在企业市值上涨公式中，侧重于寻找未来业绩能够增长的企业。

我常说体系得符合性格，因为人的性格是很难被改变的，我们投资走哪条路，实际上性格早已经决定了。成年人是不可能被说服的，尤其投资这件事，人教人是教不会的，甚至看书也很难改变。因为当一个人对一件事嗤之以鼻的时候，是不会去看他否定的知识的，看到了也会马上忽略。**最终选择了价值投资的，要么是天生性格就合适的，要么是经历了一次较大损失而顿悟的。**

四、做了选择，就变得纯粹

当我们选择了一条路，就等于放弃了另一条路。怕的是嘴上说着价值投资，背诵着各种语录，心里又不那么纯粹，什么都想要，所以当我们选择了价值投资，我觉得至少要明白以下几个道理。

（1）选择了基于企业长期发展投资，就不要在意企业经营以外的消息。当我们选择了基于价值投资，情绪带来的市盈率变化就仅仅是一种意外之喜了。只要这个消息对企业长期经营没影响，我们就不必为此付出太多的精力。

比如，我经常收到这样的提问，是不是要加息了，是不是要缩表了，为啥不先空仓，等加息缩表完成之后再买。如果回顾历史，缩表或加息短期对股市确实有影响，钱少了会影响部分资产的定价。但将时间稍微拉长一点，优秀企业的经营并不受此影响。并且即便是在股市整体下行的时候，也有不少企业的股价是上涨的。

既然我们没有选择去赚情绪的钱，就完全没必要为短期的情绪变化去清空仓位。既然我们选择了基于企业长期业绩投资，那

么所有不影响企业长期业绩的消息，忽略就好。我们只要专注一点，不断地去提高对持有企业的认知，确保它未来还能赚更多的钱。

（2）企业的业绩增长一定会推高股价，但不会是马上。 除非遇到全面牛市，大部分时候市场总是关注一部分企业，也会忽略另一部分企业，既然我们选择了基于价值投资，放弃了预测情绪，也就意味着持仓被冷落是经常要发生的事情。**很多人把价值投资理解为就是长期持有，实际上并不是。**

价值投资大多时间要长持，我们看重的是企业的质量和买得便宜，为了买得便宜往往是在企业不被关注的时候去买，这些企业得到关注也需要一个过程。我经常听到有投资者抱怨，某某基金说做时间的朋友，但是为啥很多持仓几个月就卖了？这事很简单，人家本来是想慢慢持有等待三年一倍价值发现的，但是一堆人冲进去一年三倍就完成了，标的从低估变高估，人家自然就卖出了。**所以，价值投资不是必须长持，而是往往需要长持。**

（3）选择了价值投资就要理解投资业绩的波动性。 巴菲特在致股东的信中说："虽然我认为五年是一个更加合适的时间段，但是退一步说，我觉得三年绝对是评判投资绩效的最短周期。"我们可能会按周、按月、按年做投资总结，给自己一个回顾。但是千万别让这种回顾成为自己投资的束缚，我们个人投资者最大的优势之一就是不用为短期业绩去冒险。不要到最后反而为了周总结、月总结，或者年度总结好看，放弃了自己的优势。

（4）既然我们选择了价值，深度比广度更重要。 虽然我们相信企业的业绩通过深入分析能被大致预测，但显然这不是一件容易的事，所以深度一定比广度更重要。很多投资大师都告诫过我们一句类似的话："**投资不需要对世界上大部分公司都很了解，只需要每一年能找到一两个真能看懂的机会就好。**"对于我们大部分人来说，不是获取的信息不够，而是要减少干扰，要专注去看懂那三五家企业，而不是频繁发现新企业。

（5）要尽量买得便宜。我们把情绪的钱当作意外之喜，但也不能让它成为我们的负担。在估值过高的时候买，可能预测业绩增长20%并没有错，但如果同时因为人们的喜好转变，企业的市盈率降低了30%，最终股价还是没办法上涨。我们也要理解，对企业业绩的估算只是一个模糊的区间，而且我们也会在此犯错，我们要尽量买得便宜，才能有足够的容错空间，也就是安全边际。

（6）为什么有那么多选择标准。后面的章节会详细分析企业的选择标准，这里简单说说需要选择标准的原因，无论是行业变化少，有护城河，还是行业经过充分竞争，维持现有收入不用高投入等，这些选择标准都是为了降低我们的判断难度，提高判断的准确性。等确定性高的时候再去买，这可能会让我们错过一些好机会。但我们要理解，当我们选择了预测业绩就是要基于稳定，也就更需要注重确定性，自然也就要放弃一些低概率的选择。

第五节 底线思维

如果要问投资中最重要的事是什么，我想大部分人的回答都会是——寻找股价上涨的企业。相比之下，还有一些更重要的事情往往被我们忽略，那就是如何面对可能的下跌和分析逻辑出错，在投资中这两件事我们也是不可能逃避的。

这个市场不会只是上涨，几乎每年我们都会经历一段市场下跌的时期，下跌过后大多数股票还会创新高，但我们享受未来股价新高的前提，是在下跌中有合理应对的方法。

同时，投资是对企业未来发展的判断，既然是对未来的判断，就会有不确定性。投资的难点在于它不是有标准公式的计算题，而是一个人总体认知的体现。未来到来之前一切皆有可能，我们的认知也会有缺陷，所以自然也有可能判断错误。我们耳熟能详的投资大师们也都有看错企业的时候，之所以他们能长期在股市获得不错的收益，不是不会犯错，而是对犯错有合理的应对方法。所以，一个完整的投资体系必须要包含如何应对下跌和看错，这才是我们最先要考虑的部分。**我们不可能永远认知正确，也不可能买入后就一直上涨。**

对坏结果有了应对的方法，我们才能够长期留在市场，也才能有机会迎接好结果的出现。一次下跌或一次看错就让我们彻底离场，那么以后这个市场再好，股价涨得再高，也和我们没有关系了。前面的章节中我们说过大概率思维，这一节我们聊聊投资中的另一个思维模型——底线思维。

投资中寻找大概率的好结果，是为了不断扩大资产规模，对小概率的坏结果做好准备，为的是保留参与股市的资格，它们同样重要。

我们为什么要为小概率的坏结果做准备？

假设你明天要去登山，目的地下雨的概率是10%，那你还要不要带雨衣或雨伞呢？我们来把可能出现的结果进行排序。

没带雨衣或雨伞且没下雨，最佳。

带了雨衣或雨伞但没下雨，次之。为坏结果做了准备，因为运气好没用到。看似白做了准备，实则进退有据。

带了雨衣或雨伞且下雨，排第三。虽然运气不好，但为坏结果做了准备。

没带雨衣或雨伞但下雨了，最坏。运气不好，也没有准备。

从上面的结果可以看出，不带雨衣或雨伞可能得到最佳的结果，也可能得到最差的结果，这需要我们拼运气。这个选择的潜在逻辑是希望靠运气来规避负面影响。第二个和第三个方案为坏结果做了准备，看似多付出了一些，但也让自己可以从容应对这两种情况。

上面这个案例带或不带雨衣或雨伞，取决于我们对待风险的态度。取决于一个人是追求最佳的结果，还是期望规避最坏的结果。生活中，这是一道选择题，在投资中却不是，因为我们必须要做到规避最坏的结果。

为什么这么说呢？我们要不要为小概率的坏结果做准备，这其中还有一个关键点就是——**小概率的坏结果出现时，我们能不能承受**。比如，你身强力壮，满身肌肉，淋雨对你毫无影响，完全可以不带伞，坏结果不出现你轻装受益，坏结果出现了你也无所谓。但如果你身体虚弱，淋一次雨可能就要大病一场，那么哪怕你因为要带雨伞或雨衣多耗费体力，或者少装一些其他物品，也必须要为这个坏结果做好准备，因为坏结果一旦出现你承受不起。

这件事的逻辑不难，做任何事情之前，我们先对最坏的结果做个设想。**如果这个最坏的结果是你无法承受的，那么哪怕出现概率极小也要提前做好准备。**

回到投资上，我们为什么要有底线思维，为什么要为小概率的坏结果做准备？首先是因为投资靠拼运气毫无胜率，这件事如果只做一次，拼一拼运气是有可能赢的，但投资这件事参与时间长，决策次数多，再小概率的坏结果我们也会遇见。**所以，想靠运气规避坏结果这条路是完全行不通的。**

同时，我们也是无法承受投资的坏结果的，我们每一次投资决策都要用自己的真金白银埋单，钱总是有限的，不可能对小概率的坏结果无动于衷。既然这件事不可能拼运气，我们又无法接受小概率的坏结果，所以如何应对就是我们必须考虑的。

底线思维是在股市生存的根本，活着是活得更好的前提，不被迫离场才有可能在股市不断赚钱。一个完整的投资体系不仅仅是寻找更好的机会，还要有应对坏结果的方法。投资是一件复杂的事情，企业的经营会受很多因素影响，我们完全有可能看错，当我们有了应对的方法，才能让投资成功变得寻常。

追求大概率确保胜率，同时防止小概率出现的致命打击，这才是投资长盈的根本。那么在投资体系中我们如何应对坏结果，如何面对下跌和看错呢？在本书的第二章中我会和大家具体分享。

第六节　越不懂越自信

投资这件事很奇怪，有入市一两年就做得非常好的，也有入市十几年依然在苦苦挣扎不能获利的，是什么原因造成这种情况的呢？我们先来了解一个心理学效应——**黑暗球场效应**。

什么叫黑暗球场效应呢？

如果我们练习投篮，即便是没有专业的人指导，我们自己对着篮筐反复练习，时间久了投篮命中率总能提高一些。但是，如果我们在一个黑暗的球场中或者蒙住双眼练习呢？什么都看不见，投出去的球，自己也不知道进没进或者离篮筐有多远，所以就没办法知道自己应该改善什么。是力量大了，还是角度不对？就算我们再练上几年，也很难进步。

投资为什么很难进步？

第一个原因是我们没有一个标准的投资体系。这就像在黑暗的球场练投篮，不但看不到篮筐而且没有标准动作。有时一个错误的决策可能带来不错的收益，有时一个正确的决策短期内带来的却是亏损，我们也不知道自己的选择和结果的关联性，这也就使得我们一直在不断地更换投资体系。今天选择了价值投资，可是买了也会跌，于是忍不住诱惑换个短线战法，但依然感觉时灵时不灵，一直在试错中浪费时间。实际上，任何投资方法都不会时时刻刻都是表现最优秀的，市场有适合一个体系的阶段，也会有不适合这个体系的阶段，如前面我们说过，投资一定要理解波动性。

第二个原因是我们即使选择了正确的道路，也容易犯一个错误，就是不愿意承担责任。人都是有自恋倾向的，当我们犯错的时候为了维护自己完美的形象，就会在潜意识中选择逃避责任，把自己失败的责任归咎于政策、企业，或者是看了某人的分享。**最终为了维护自己的形象把失败归咎于一些虚假的原因，就相当于蒙着眼睛投篮，得到的都是无效反馈，自然也无法进步。**所以，我们在股市中能不能诚实面对自己，坦然面对错误，这很关键。

我们要想长期赚钱，既要有自己的投资体系，也要能诚实面对自己，这两点很重要。除此之外，我们还要有一颗不断学习的心。股市是认知的变现，而人往往在认知越局限的时候越固执，用一句简单的话总结就是"越不懂，越自信"。有一个重要的心理学效应——邓宁-克鲁格效应，可能这个词我们没听过，但这个道理我们肯定早有体会。

我之前正好在万维钢老师的"精英日课"上看过一篇相关故事，给大家做个分享。

大家听没听说过柠檬汁可以做隐形墨水？这是真的。就是用柠檬汁写在白纸上的字，干了以后就看不见。然后用吹风机一加热，字迹就能显现出来，这是因为柠檬的酸性腐蚀了纸张。

因为这个原理还引发过一段趣事，1995 年在美国有个叫麦克阿瑟·惠勒的中年男子，单枪匹马抢了两家银行。银行的人没"难为"他，要钱给钱。可奇怪的是，一般抢银行的人都戴个头套或者面具什么的，怕自己被发现，但惠勒不仅没有采取任何伪装措施，甚至还对着监控摄像头笑了笑，抢完银行就愉快地回家了。

结果可想而知，当天晚上警察就抓住了他，并且出示了监控录像带的证据。惠勒感到异常震惊，高呼："不对啊，我已经在脸上抹了柠檬汁啊！柠檬汁不是可以隐形吗？你们为什么看得到我。"后来大家才反应过来，也许他听人说过柠檬汁可以隐形这个知识，但他显然误解了"隐形"的意思。麦克阿瑟·惠勒的行为之所以如此愚蠢，就是因为"越不懂，越自信"，他并没有真正理解柠檬汁隐形的这个知识，所以他才如此自信，敢用这个方法去抢银行。

我之前一直很难理解，为什么有人去网上买几十元的抓涨停指标。后来我明白这也没什么复杂的，就是有人真的相信这么做能赚钱。但如果认知再提高一点就会知道，就算有这种指标，店家也不会因为几十元就把它分享给你。要是每天能抓一个涨停板，即使拿出几万元，不出几个月就上亿元资产了，我们很难想象一个上亿身家的人开淘宝店去卖抓涨停指标。

在生活中，我很少告诉别人自己是做股票投资的，因为大部分人听到你是买股票的都会把你划入赌徒行列，至少觉得你是不务正业，我想大部分股民都有这个困扰。他们为什么会不假思索地就把投资股票和赌博画上等号？也是因为"越不懂，越自信"，因为他们不懂股票的背后是一家家真实的企业，在他们的认知里，那就只是一个抽奖号码，因此他们把股票和刮彩票甚至赌博画上了等号。

上面几个例子告诉我们，人在一知半解的时候往往是最自信的，回到上面这个故事，抢劫犯惠勒的愚蠢惊动了康奈尔大学的一位心理学家戴维·邓宁，随后他跟自己的研究生贾斯汀·克鲁格搞了一项研究。

邓宁和克鲁格招募了一批美国的大学生，首先戴维·邓宁的团队对这些人在幽默感、逻辑推理和语法这三个项目上的能力进行了考核评测。然后团队成员按考核成绩把这批大学生分为了四组，让四组学生自己评测心目中的自己。最终的结果是：在考核中得分最低的一组，他们在自我评价时，认为自己超过了60%的人。相反，考核得分最高的第四组，自我评价时反而低估了自己的能力。只有在幽默这一项上低分组对自己的高估不那么明显，这可能是因为他们对自己幽默不幽默还是比较清楚的。毕竟你讲的笑话别人从来没笑过，再怎么自信也会发现自己不够幽默，并且幽默也不是一个人必备的优势，但即便如此，低分组的人还是大大高估了自己的幽默感。

这个结论就很明显，能力差的人，自我评估能力也差，这就造成了能力越低越无法理性看待自己，变得谜之自信。这就是"邓宁-克鲁格效应"。

如图 1-2 所示，**人其实是很难被文字和语言说服的**，一知半解的时候我们根本不知道自己不知道，让我们顿悟的往往是经历一次重大的挫折，迎来一次信心的低谷，这个时候反而会正视自己，才有可能走上成功的路。

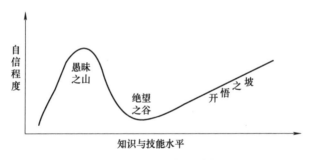

图 1-2　邓宁-克鲁格效应

为什么说有可能呢？因为经历了低谷，会有一部分人认清了自我开始改变，但依然还会有人觉得，我之所以输得这么惨，不是因为我不行，是因为这条路不行，换一条路继续谜之自信。如果我们去问 100 个投资失败的人，80%都会归咎于自己以外的原因，因为 A 股几十年不涨，政策、制度不行，A 股不适合个人投资，等等。

邓宁-克鲁格效应是我们普遍的心理状态，但为什么这个效应直到1999年才被重视？因为对于大部分人而言，做着朝九晚五千篇一律的工作，自我评估能力强一些或差一些没什么区别，日子照常在过。生活中自我评估能力差也不会带来什么太大的影响，我平时爱打羽毛球，会发现在场下的人往往爱给场上的人指挥，但自己上了场，刚才对别人的那些要求自己往往也做不到。

股市是一个少部分人才能获胜的地方。在股市因为自我评估能力差而高估自己的人，会把失败的原因归咎于自身以外的事物，会忽略所有投资者面对的都是一样环境的事实，会忽略是自己进行的买入和卖出操作。在股市，只有赚钱和亏钱两种模式，没有一个低收益的岗位留给自我评估能力差的人，我们一定要防止自己进入"越不懂，越自信"的状态。

第七节　价值投资的四大难点

当我们对价值投资有了一定的了解，会发现关于这件事的知识和理论都不算复杂，那么为什么很少有人能做好价值投资呢？我认为主要是以下几个原因。

一、我们很难坚定不移地做这件事

背口号是很简单的："价值投资不在乎短期波动""买股票就是买企业""复利就像滚雪球，时间越久效果越强"。可真的持仓一段时间不涨后，我们的心态就不一样了，这个时候就开始在自我怀疑、重建信心、自我否定、通过阅读给自己打气之间循环变换，反复折磨下难免选择放弃。

我认为：做好价值投资最重要的是能心甘情愿地做三年，从而让自己对这个方法建立信心。

我对很多人的建议是：如果你对价值投资的信念经常动摇，就拿出一部分不影响家庭生活的资产，严格地按价值投资的选择标准构建一个 3~5 只优秀企业的组合，然后该上班上班，该娱乐娱乐，不要去看这个账户，给它三年时间。只要你是严格按照本书分享的选股标准选择，然后在较低的估值时买入，我相信时间一定会给你一个不错的回报，这个回报不仅仅是收益，更重要的是对正确道路有了更加坚定的信心。

二、我们无法控制自己的情绪

有时候，一些企业在低估的时候反而有一段时间无人关注，既不涨也不跌，一横盘就是大半年。慢慢地，我们从充满热情，变得有些焦急，最后莫名对企业有了厌恶。价值投资的第二难，就是我们很难摆脱情绪的干扰。有时候同样一家企业，因为一段时间的股价变化，我们就莫名多出了一份爱或者一份恨，但这个爱或者恨在很多时候又和基本面无关。这个事应该如何改变呢？我们不要把改变命运这件事完全和股市联系在一起，一旦我们有太大的期待，心态就很难理性了。

压力往往来自太想要，痛苦往往来自太较真。无论是压力还是痛苦，其实都是源于我们要求事物的发展必须符合我们的预期。一旦我们太想要，选择了孤注一掷，我们就必须成功，所以后市发展稍有波动，我们就会有很大压力。一旦我们太较真，就

会期望人和事都按我们的心意，一旦别人和我们想的不一样，我们就会痛苦。

所以，投资时我们要懂得放平心态，做最大的努力，做最小的期待，先把它当作工作外的理财手段。**没有了过分的期待，就不会有极度的失落，自然也不会产生愤怒的情绪。**

三、真心认可股价无法预测

人们选择价值投资，是因为他们认为股价走势无法预测，但企业的经营和大致的业绩通过分析是可以被模糊地估算的。**相反，不能坚定走价值投资这条路，是因为对预测股价走势这件事还有期待。**

经常有朋友问我："为什么不等跌到底，或者股价企稳了再买呢？"这个答案很简单，因为我判断不了什么时候是底。后面的章节对此会有详细介绍。除了认为股价无法预测外，我个人也比较喜欢在下跌趋势中逐步买股票，因为在一片看空观点中做出的买入决策反而会更理性。

当我们真心认可了股价走势是无法预测的，我们就不会再为每天的走势浪费精力，也不再会因为短期的下跌产生负面情绪。**对于价值投资来说，股价不能预测只能利用**。正是因为股价无法预测，所以我从来不上杠杆，因为我们认为的便宜，可能在市场的唾弃下还会便宜更多。只要我们对企业的价值判断没错，原本期待赚的钱一定会赚到，但如果加了杠杆，哪怕判断是正确的，也会因为一段时间的波动被踢出局。

四、不能理解任何方法都有优缺点

投资有很多选项：有人注重成长，有人注重价值；有人分批买，有人一次买；有人左侧，有人右侧。不同的方法都有人成功使用，**成功大概率是因为，首先选择了符合自己性格的方法，其次理解了任何选择都会有弱势的时期，因此不会总是这山望着那山高，从而坚定地在一种方法上建立优势。**

比如，选择了左侧买，付出的是长期的煎熬。选择了右侧买，就会增加自己的买入成本。选择了安全第一，可能会错过一些机会，降低买入标准就会承担更多风险。我们不可能什么都得到，又什么都不失去。

可是完美往往又是大多数人追求的，这也使得很多投资者明明走上了正确的路，又因为不能接受体系的缺点转而去试其他的路。一晃很多年过去了，依然停留在试错阶段。

资本市场总是充满诱惑，但我们也得有应对的能力。我们最终能赚到的钱，一定是源自自己的投资体系和能力圈，选择一个投资体系并理解它的优势，同时也要懂得承担它的缺点。

第八节　构建投资体系的 16 个要素

前七节我们从为什么要投资，合理的收益预期，成功基于只做大概率的事，理解波动性保持长期视角和底线思维等方面，讲述了投资体系的基本思想理念。我想做的是让大家对投资有一个理性的认知。

本节是第一章的最后一节，我希望把我的其他投资思想做一个总结，这其中有一些不仅仅适用于投资，同时也适用于人生。了解了我的思考方式，方便大家下一章与我一起构建投资体系。

我认为投资成功，心态和性格是关键因素。性格合适并且有一个良好的心态外加学习一定的知识，足以获得一份不错的投资收益。但如果我们只是拥有知识，没有良好的心态和合适的性格，其实很难做好投资这件事。每个人的投资体系都会有不同的地方，但是它们都要建立在正确的三观和心态上，这才是我们投资大厦最重要的根基。

一、对自身的定位要准确

做任何事情之前，我认为一定要先清楚对自己的定位，明白自己的优势和劣势，尽量发挥自己的优势，回避自己的劣势。杨绛先生说过这样一段话："无论人生上到哪一层台阶，阶下有人仰望你，阶上亦有人在俯视你，**你抬头自卑，低头自得，唯有平视，才能看见真正的自己。**"

我们人类很容易被外界情绪感染，大多数时候也很容易高估自己，如果我们只是朝九晚五地工作，可能影响并不大，**但在投资上如果不能正视自己，造成的结果就是，经常期望赚自己能力以外的钱。**

那我们有哪些优势和劣势呢？从大方向来说，个人投资者的优势是没有业绩压力，不用去和别人比赛，我们完全可以慢慢布局一些低估的企业，不用想着时时刻刻战胜别人，不用为了短期业绩去干一些高风险的事，这其实可以大大降低我们的投资难度。

我们的劣势是获取信息的渠道较少，没有专业的团队，我们想和机构拼获取消息的速度、深度以及对消息的反应能力是很难的，在自己劣势的方面战胜别人自然不是一件容易的事。做短线，我们的对手可能每天盯着多块屏幕，拥有十几年的从业经验，有专业的团队分析宏观消息和新闻，甚至还有我们得不到的消息，至少他们能更早获得一些消息。

我的投资体系是不做短线，无论炒题材、追热点是否可行，作为个人投资者，我的精力是有限的，也没能力比别人更快、更准确地获得信息。我更喜欢在别人唾弃的企业中找机会，因为不用和别人比拼业绩，有时间等市场认知转变，而不是为了年底排名去执着于寻找当前热点。**时间越短越难预测，预测越多越易出错。**

我们在漫长的投资生涯中不犯错也是不可能的，所以我的投资体系的出发点，就是自己一定会犯错。**那么怎么尽量减少犯错的影响呢？**

（1）适当分散，让自己不至于犯一次大错就彻底离场。

（2）尽量买得便宜，留下足够宽的安全边际，**做任何一笔交易前先去想最坏的结果，在最坏的结果可以接受的情况下才考虑可能带来的收益。**当然，追求买得足够便宜时，一定会错过很多机会，但我认为这不重要，我们个人投资者的资金量大多都是6~8位数，其实也并不需要那么多机会，每一两年能找到一个极度低估的机会足矣。**真正的成熟不是盲目的自认为完美，而是能直面自己的缺憾，每个人都有自己的缺点，在投资中扬长避短就好。**

二、保持一个好心态

我们常听到一句话："心态崩了！"一个人在心态失衡的情况下，是很难做出理性决策的。对于保持好心态，有以下四点建议。

（1）别把投资当成一场比赛。无论什么投资体系，都不可能适合所有时期的市场环境，自己快的时候不要得意忘形，别人快的时候不要轻易诋毁。

（2）不把所有资产集中在一个行业或一家企业。一旦我们将所有资产都集中在一个行业或一家企业，首先会感到压力巨大，此时决策失误的概率也会大大提高。当我们大部分身家都压在一只股票上，财富都和企业捆绑到了一起，就很容易被蒙蔽双眼，听不得反对意见，忽略企业不好的消息。有时候即使看对了，一家优秀的企业一两年不涨也是常有的情况，这个时候是很难熬的，看着指数不停地涨自己却不赚钱，就很容易开始抱怨、焦虑。所以，我的投资体系中，一般都是 3~5 只主要持仓股，并且分散在不同行业。

（3）我一般是左侧逐步建仓，价格到了可以接受的范围就会先买一些，如果股价继续下跌，给了更大的空间，我会选择加大仓位。为什么分批买，为的是让自己进退有据，涨了赚钱，跌了赚股票，当然这是在自己对企业商业模式判断准确的前提下。如果我们看好一家企业，想等到一个极端低的价格才开始买，一旦它提前上涨，这个时候就会非常影响心态，即使它依然便宜，也会不甘心，最终可能导致错过。

（4）对于一些短期涨幅过大的企业，我会适当降低一些仓位。当一家企业股价的涨幅远远超过业绩的涨幅时，这笔投资的赔率就会下降，适当降低一些仓位也是应该的。我认为，为了能保持好心态，哪怕是降低一些收益也是值得的，因为人真的很难在心态失衡的情况下做出好的决策。

三、明白自己选择的概率

小概率的事可以靠运气对一次两次，但一件事情长期做，一定会面对大概率的结果。我们一定要坚定选择大概率成功的机会去投资。我们去追70倍、80倍甚至上百倍的市盈率却没什么业绩增长的企业，去买那些根本看不懂逻辑的股票，每天在热点和题材中追涨杀跌，可能有一次幸运，但是不可能一直幸运。**股市的残酷在于，幸运一次往往不够，幸运一生又不可能。**

四、分清错过和做错

错过没什么可怕的，这个市场中有几十个行业、几千家企业，我们不可能做到对每家企业都了如指掌，我们觉得高估它又涨了，觉得它不是好的商业模式却越来越优秀，这都很正常。

这个市场有人赚趋势的钱，有人赚价值的钱，我们不可能全都赚了，即使赚价值的钱，也一定有我们看不懂的价值。投资中错过了很多机会无非是少赚钱甚至不赚钱，但是反复做错就会迫使我们离开这个市场。

五、在自己的能力圈内投资

投资有点像考试，需要不断地决策，不断地判断，只有持续做对才能持续得分赚钱。但投资也有和考试不一样的地方，我给它取名为"自助考试"，就像我们吃自助餐一样，可以去选自己喜欢的题来做。

我们只要足够理性，永远只选自己会做的题，就可以战胜市场，哪怕只是定投沪深 300 指数也可以获得不错的收益。**大多数人在股市失败都是因为贪婪，总想从自己的能力圈以外找机会，总想从自己不会的题目上得分。**芒格说："**得到一件东西的最好方式，就是让自己配得上它。**"

六、可复制的才是有意义的

为什么要在自己的能力圈内投资，为什么要有自己的投资体系？因为可复制的才是有意义的，股市的赔率实际上并没有我们想象的高。只靠运气和打探消息投资，真的蒙对了，一次来个翻倍无非几万元变十几万元。

如果方法不可复制，最终对对错错，赚的这些钱还是要亏回去，流水不争先，争的是滔滔不绝。我们只有坚持在自己能力圈内投资，有稳定的投资体系，保证一个较高的胜率，才能慢慢累积复利。**一个投资者成熟的标志，就是放弃了通过靠随机性获得胜利的幻想，开始选择用一个稳定的投资体系反复在能力圈内复制胜利。**

七、避免毫无意义的尝试

打探消息或者问别人能不能买，这样投资，对了下次很难复制，错了也没办法吸取教训。投资这事的难点在于，短期经常得不到正确的反馈，有时候一个错误的决策短期赚钱了，有时候一个正确的决策反而带来了短期损失。**如果投资的决策不是出自个人的思考，就很容易被短期的成绩蒙蔽双眼，最终走向错误的路。**

投资体系是不可能一下就建成的，别人口中的经验和方法，如果自己不实践很难知道是否适合。投资前期犯错并不可怕，我们不能因为怕犯错就放弃自己思考，自己决策，只有自己努力去做，才能在正确中总结经验，在错误中吸取教训，最后构建出一套符合自己的投资体系。

八、不做不合理的事，但要学会接受不合理

市场总有不理性的时候，正因为市场不是时刻理性的，理性的投资者才有捡便宜的机会。有时候因为市场的不理性，也会出现优秀的企业不涨，平庸企业的股价反而表现优秀的情况，这个时候**不做不合理的事，但要学会接受不合理的存在**，我们既然享受了市场不理性时捡便宜的机会，就要理解市场不理性带来的局部高估。

九、懂得逆向思维，不要期望从一致看好中寻找机会

一家企业人人都看好，意味着这个市场中绝大多数人都买入

了这家企业，这个时候企业的定价往往是超过价值的。相反，绝大多数人对一家企业充满分歧，甚至一致看空的时候，反而有可能成为我们的好机会。一家企业人人都觉得平庸，市场也会给它平庸的定价，但我们发现它其实还有可以利用的地方，在这个时候去买，最差的结果无非是以平庸的定价买了平庸的企业，不会亏大钱；相反，当市场对一家企业热情高涨，给了它很高的估值，透支了很多年的业绩时再去买，往往就成了接盘侠。

从众是我们人类的天性，一家企业人人都说好我们也会附和，也会兴奋，别人都说平庸的企业我们也嗤之以鼻。在一个70%的人都亏钱的地方，跟随大多数人做选择，自然也很容易获得和大多数人一样的结果。

对于投资，格雷厄姆说：**"第一正确思考，第二独立思考！"**巴菲特说：**"别人恐惧我贪婪，别人贪婪我恐惧。"**芒格说：**"反过来想，总是反过来想。"**

十、任何交易之前，先考虑最差的情况

我们在股市遭遇不能承受的大错，被迫离场甚至欠下债务，往往都是因为决策时只想到了好的结果，却没去考虑对应的风险自己能否接受。哪怕只有5%的概率面对坏结果，我们也要考虑自己面对坏结果时的承受能力，防止小概率的坏结果出现造成被动的局面。**我们应先保证这笔交易最坏的结果出现时能承受，再去考虑潜在可能得到的收益。我们往往是下跌后才问怎么办，实际上这应该是买入前考虑的问题。**

十一、学会聆听不同的意见

面对一个投资机会时，相同的观点顶多是给我们打气助威，不同的观点才能给我们带来更多思考，帮我们找到这笔交易的漏洞。 如果关于一家被大众一致唾弃的企业，所有看空的观点你都能有理有据地反驳，这反而大概率是个好机会。这也是我为什么喜欢在下跌时买入的原因之一。

在下跌中乐观不是一件容易的事，因为大部分人都恐惧的时候，乐观的人往往被当成"傻子"。如果股价暴跌时我们还认可一家企业，愿意花真金白银去买，这至少比股价上涨时的认可决策更加理性。

一家股价大幅下跌人人唾弃企业的大部分风险都会展示在我们面前，跌了那么久下跌的原因路人皆知，我们在这个时候面对负面观点时，更容易看清企业找到主因，也更容易衡量利弊。

十二、学会承担责任

如果我们永远把交易错误的原因归咎于市场、公司、政策，或者不该听某某人的意见，那么我们就永远都不可能成长。

大环境是赛道，个人投资体系是赛车，每个人面对的赛道都一样。一支车队想取得好成绩，改进赛车性能才是努力的方向，而不是要求主办方按自己的想法去建赛道。

无论这个市场好与不好，是否有缺陷，都会有人持续从这个市场赚钱，如果觉得这个市场完全就是个骗局或者无药可救，最好的选择是离开，而不是一边谩骂一边沉迷其中。

十三、我们永远赚不到认知以外的钱

我开始写分享以后收到最多的提问就是："老师，某某股票可以买吗？"实际上，当我们把决策权交给别人的时候，这笔交易就很难成功了，面对再好的企业，如果自己看不懂逻辑也很难从它身上赚到大钱。涨了十倍的茅台中间也有无数下跌的时候，大部分企业的经营业绩也不会一路增长，如果不是真心认可，不可能做到无视短期涨跌耐心持有多年。**我们只是因为别人喜欢而买入的话，最后的结果一定是涨一点担心回撤拿不住，跌一点担心别人的意见不可靠。**

十四、难走的路往往越走越好走，好走的路往往越走越艰难

付出和收获一定是成正比的，这个世界上没有既简单又能赚大钱的方法。如果有，因为过于简单，也会有无数新进入的参与者把收益拉低。

想在股市赚钱，必须付出与之对应的努力，如果投资简单到只靠打听消息，随便看看 K 线，追追热点就能做到，就不会有70%的参与者都亏钱了。别人选择了安逸，我们选择了奋斗，就必须要比别人更努力，不能一边期望将来比选择安逸的人过得更好，现在又想和选择安逸的人一样舒服。

一旦我们选择了投资这条路，不断学习这件事是不可能逃避的。美国心理学家威廉·詹姆斯说："播下一个行为，收获一种

习惯；播下一种习惯，收获一种性格；播下一种性格，收获一种命运。"我们总得付出点什么才能得到更好的。

十五、这不是一条捷径

短期暴富这条路在股市是完全行不通的，因为其赔率不支持，不足以幸运一次就解决问题。那么我们只能走降低风险和收益预期，投资高概率，用合理规划和长期正确来解决问题这条路。

我们不能盲目觉得自己前 30 年人生积淀的生活现状，在进入股市后分分钟就能被改变，这是一条必须脚踏实地一步步认真走好的路。**先走好脚下的每一步，不要为了 100 公里外的美景忽略脚下的风险。投资这件事之所以难，是因为很多人愿意用 6 年时间寻找直接上六年级的方法，却不愿意从一年级开始耐心学 6 年。**

十六、投资是为了生活更好，不是为了拿现在的生活搏一把

这是思想篇的最后一条，也是我最想说的话，每当我们想搏一搏和孤注一掷的时候，请理性一些。

如果我们拿了三五万元想要搏一搏，这也没意义，几年几百倍的收益是有传说，但也仅仅是传说。为什么是传说，因为即使是真的，14 亿人也就出了几个，稀有到极致才叫传说。与其奢望自己是天选之子，不如做一个稳定的规划。

如果你拿几十万或几百万元想要搏一搏，请先想想现在的生

活，有收入、有积蓄，有爱你的家人和朋友，**切莫因为一时的贪婪毁了现在的美好生活**。小人物，小欲望，小满足何尝不是大幸福呢。

我们不要总是忽略当下的幸福，直到失去才后悔莫及。海伦·凯勒在《假如给我三天光明》中写过这样一段话："**也许人类的悲哀便在于此，已经拥有的不珍惜，对得不到的却渴望至极。**"

至此，第一章的内容就结束了，希望大家对我的投资思想有了充分的了解。下一章开始我们会学习实战中的投资理念，我会协助大家一起改变认知，学习投资体系，最终成为一名合格的投资者。

第二章

选择企业的标准

第一节　不建议抄作业

在本章开始的第一节，我们先来聊聊为什么不建议抄作业，而是要构建属于自己的投资体系。大多新股民进入股市都会选择抄作业或打探消息，这两种方法看似可以轻松跳过学习阶段，但实则是一条很难走通的路。

一、没有体系，很难坚持

入市初期很多人的想法都一样，期望靠抄作业或打探消息来解决投资的问题。这其中有一个主要的原因是，很多人入市前并没有做好知识储备，我们生活中做绝大多数的事情都是先学习知识然后进入实战的。比如要先学了驾照才能去马路上开车，要先学会某个专业才能找到匹配专业的工作。但投资这件事是个例外，很多人就是一时冲动进入股市，但相关的知识了解不多，这个时候我们能选的就只能是抄作业或听消息。**实际上，我们跳过了解企业和构建投资体系，单纯地去抄作业是很难成功投资的。**

投资这件事为什么难，原因是它没有一个标准的解答方式，我们做出判断后也没办法马上得出判断是否正确的结论。这个市场上的参与者有各种各样的交易体系和赚钱方法，如果我们不理解其交易计划和体系，单纯靠抄一个标的是很难赚到钱的。

比如，一个很在意浮亏的投资者，却抄了一位左侧交易者的作业。一个左侧交易者，他的体系就是在下跌中逐步买入。抄作业的人在没有深入了解的情况下可能选择了一次性买入，就会伴随漫长的煎熬时期。然后在漫长的下跌中，从相信对方变成怀疑对方，最后选择亏损卖出。

相反，一个期望和优秀企业一起成长的投资者，如果抄了一位趋势交易者的作业，人家有严格的止盈和止损策略，抄作业的人却没有同样的准备，止损的时候不甘心，止盈的时候舍不得，即使投资同一只股票也会得到不同的结局。**同样一只股票，具有不同投资体系的人操作方法也不一样，如果我们只抄了一个代码就期望赚钱，其实是很难的。**

当我们买入自己没有深入了解的企业后就会发现，涨的时候怕回撤拿不住，跌的时候心中没底不敢拿。赚钱的时候不知道为什么赚，亏钱的时候也不知道为什么亏，完全没办法总结经验和教训。这件事就像是在买彩票，随机选取相信一个人的建议，然后等待开奖看结果。最后好像什么都干了，为股市付出了时间和精力，也感受了焦虑和等待，但好像又什么都没干，今年对比一下去年或前年，在投资认知上并没什么改变。

这是因为我们一直没有合理的规划，而是把希望寄托在别人的身上。**投资需要我们有明确的目标和规划，而不是很多天真的想法。**我们把赚钱寄希望于打探消息或随机抄作业这种不确定的事情上，很难得到一个长期的好结果。

二、抄作业的误区

大多数人抄作业都是这样的：A 的组合里抄一只股，B 的组合里抄一只股，C 的组合里再抄一只股。好像是抄了三个人的作业，但实际上每次选择都加入了自己的主观判断，这时候抄的已经不是某某人的作业，而是构建了一个自己喜好的组合。

三、我们无法跳过自我认知做选择

我们选择抄作业是因为对自己的认知和判断不自信，所以选择去相信别人。在这个市场中，同一家企业既有人看好也有人看空，不同类型的投资体系中也都有知名投资人。

我整理本书的时候正值中概股下跌，面对下跌，桥水基金、新加坡主权基金都在加仓中概股；几乎在同一时间，高瓴在减持中概股，并且清仓了阿里巴巴和哔哩哔哩。都是专业机构，都是业内大佬，看法却不一样，这个时候无论我们是看好中概股还是看空中概股，都能找到强有力的支持，看这么多知名的投资机构都加仓中概股了，又或者看更了解中国的高瓴都清仓了。

正面和反面的观点都有，且都是顶尖的专业人士，我们到底抄谁的作业，其实在深层次还是体现了个人的认知和喜好。最后，我们还是没办法跳过提高个人认知、让选择更精准这条路。

四、 这个市场很多投资体系都可能赚钱， 但没有体系绝对赚不到钱

抄作业是一件让我们很舒服的事情，亏钱的时候我们可以把责任推给别人，赚钱的时候我们可以享受虚荣，但它也是一件没办法让我们建立优势的事情。投资这件事长期只有不到20%的人赚钱，如何成为赚钱的20%，就是不断地建立自身优势超过别人。

如果我们有投资体系，比如我们入市五年坚持价值投资，比别人多学了五年的知识，多总结了五年的经验教训，优势自然就出来了。可如果这五年我们都在抄作业，没有深入思考过任何一笔交易，自然也就没办法在一笔交易结束后总结经验和教训，因此也很难成长并建立自己的优势。

投资不要害怕试错，试错就是成功的一部分，爱迪生发明电灯过程中，灯芯材料试验失败了几千次。记者问他："你都已经失败这么多次了，还要继续吗？"爱迪生回答说："不，我没有失败，我是成功了几千次。我成功地排除了几千种不适合做灯芯的材料，所以我离找到合适材料更近一步了。"

如果我们每次交易都知道自己为什么这么做，哪怕最终的结果是失败的，也排除了一种不适合自己的方法，慢慢就会找到符合自己性格的方向，然后不断优化，让自己的投资成功率越来越高。但如果我们每次都是随机选择投资标的，错误就会变得毫无意义。如果我们想认真做这件事，第一步就是要建立自己的投资体系，这样才可以不断改进和优化，在一个方向上不断建立优势，从而战胜市场上大多投资者，成为少部分长期可以赚钱的人。

第二节　选择价值投资

在股市最直接有效的赚钱方式就是把钱换成股票，然后等股价上涨，再用股票换回更多的钱。这个逻辑不难理解，难的是我们如何找到将来更值钱的股票。

我们都知道，总市值＝净利润×市盈率，一家企业市值上升变得更值钱，就源自三种情况：要么市盈率上升，要么净利润上升，要么两者一起上升。于是这个市场出现了两个主要派别，主要期望净利润上涨从而提高企业市值的价值派，以及主要期望市盈率上涨从而提高市值的趋势派或技术派。

那么，我们到底选哪条道路呢？做任何事情之前，我们首先要做的是理性认识自己，分清自己的优势和劣势，在自己的优势范围做事情，获胜的概率自然会提高。

无论是技术分析还是趋势投资，首先需要我们有大量的时间，因为趋势和形态的变化都是非常频繁的，需要有时间不断关注消息和政策，但是大部分个人投资者都不是全职投资，投资的同时我们还有本职工作，不可能时时刻刻关注股价走势，时时刻刻去分析各种突发消息，这一点上我们肯定不如专业机构。

即使我们有时间，实际上预测短期走势也是很难的事情，股市的短期走势是不可能规避消息影响的。做一个假设，有人看到白酒股的形态非常完美，收盘前选择了买入，但是晚上某主流媒体发布了一篇白酒有害身体健康的文章，第二天白酒股可能就下跌了。长期看，这个消息对股价有什么影响吗？其实影响并不大，但是短期它就会让部分投资者恐慌，造成股价下跌。

所以想在短期预测上战胜机构，至少需要三个要素。

（1）总能第一时间知道这些消息。

（2）有精力不断收集消息。

（3）对消息影响的判断总是正确的。

个人投资者至少在前两项是比较难做到战胜机构的。个人投资者获取信息的渠道较少，也没有专业的团队支持，去和专业机构比消息的获取速度以及消息的反应能力显然是不容易的，想在劣势的地方战胜别人，这件事的成功概率自然不高。

我们买的一只只股票，背后实际是一家家真实企业的股权，买了这家企业的部分股权，就拥有了这家企业的一部分。在大部分情况下，这些企业的基本面是不会每天都发生频繁变化的。但是人们的情绪却总会波动，因为一个新闻、某个小道消息，或者单纯因为企业股价的上涨下跌产生的连锁反应，因为股市的交易便捷，这些情绪变化也会传导到股价上。**期望通过技术形态或消息面的变化找到即将上涨的股票，本质是把股票当作了交易的筹码，想去预测别人的情绪，这显然是一件确定性不高的事情。**大众的情绪本身就会互相影响，个人投资者的纪律性也是劣势，同时短期股价的走势也会受到各种各样消息的影响，我们无法预测短期的消息又怎么可能预测短期股价？即使消息是可以被预测的，在这方面我们也不可能比机构更有优势。

相反，我们个人投资者也有自己的优势，我们没有业绩压力，不用和别人争排名，不用时时刻刻都要战胜同行，所以也不用为了短期业绩做一些高风险的事。我们完全可以慢慢布局一些被低估的企业，这其实可以大大降低我们的投资难度。

综合上面的优势和劣势对比，理性投资者已经有了明确的选择，相比预测情绪和突发消息，以及去和机构比消息反应速度和消息获取能力，不如把重点放在去寻找那些业绩可以稳定增长的企业上，这显然对我们个人投资者更现实一些。

我们去了解一家企业的产品是否被需要，未来是否有空间，企业是否具有护城河，理性客观地去评估企业的内在价值，去寻找那些未来可以赚更多钱，以及估值不高的企业。同时，我们要注重可能面临的风险，然后在风险可以承受的范围内去选择投资标的，把市盈率提升当作意外之喜。

这方面我们就不展开论述了，我相信选择购买本书的朋友，心中已经有了基于价值的选择。投资的方法有很多种，最主要的是能适合自己，扬长避短是成功的关键，先想明白自己的优劣势，然后做出合理预期，找到适合自己的方法，最后在正确的道路上努力，一步步建立自身优势，这才能让自己成为一名合格的投资者。

第三节　企业的六大护城河

我们有了明确的投资方向后，下一步就来一起构建自己的投资体系。构建投资体系的第一步是了解护城河。企业的护城河为什么如此重要？一家企业如果没有护城河，即使它的商业模式非常优秀，也会因为不断有竞争者进入，导致昙花一现。

一个生意大家都能轻易地去做，自然会变成一个平庸的生意，我们生活中也经常遇见这样的情况，一个城市中出现了一家生意不错的店铺，随后就会出现很多模仿的店铺，最终导致大家相互竞争、顾客减少或者毛利率下降，把一个好生意变成了平庸的生意。所以巴菲特说：**"投资的关键在于确定一家公司的竞争优势，更重要的是，确定这种优势是可以持续存在的。"**高毅资产 CEO 邱国鹭也做过类似的总结，优秀企业的标准是：**你做的事情别人做不了，你做的事情可以重复做。**

所以，我们如何选择一家优秀的企业呢？一是生意模式要好，二是生意模式要具备宽广的护城河。护城河的作用是把竞争者拒之门外，这样才能让企业做的事情可以重复做，不断为股东赚取超额利润。以下我归纳了六大常见的护城河。

一、品牌优势护城河

这是我们最常见的一种护城河，如何判断公司是否具有品牌优势护城河呢？最主要的标准就是品牌能否给企业带来定价能力，相对于竞争对手，公司的产品能获得多少溢价。比如，汽车中的软硬件配置，BBA 就要比国产汽车贵很多；又比如，同样的服饰即便质量一样，知名品牌的价格也要高不少，这就是品牌为企业带来的优势。

我们也不能简单因为企业有品牌优势，就盲目地做出买入决策，我们还要考虑企业的品牌优势有没有被其他方面蚕食。比如，有的企业虽然因为品牌优势带来了产品溢价，但可能它有更高的成本，比如有一个臃肿低效的团队，又比如虽然企业有品牌优势，但是行业竞争激烈，企业为了维持自己的品牌知名度，投入了过于高昂的宣传费用。**一个真正的品牌护城河，必须拥有高定价权，并且这一优势不会被高成本抵消。**

二、行业准入护城河

有些行业会有政府规定的准入门槛，这也算是一种护城河，行业准入门槛帮企业建立了竞争优势。最直观的是金融行业，要相关牌照才可以去做。但行业准入护城河也有一些负面影响，大部分有准入门槛的行业可能都会存在价格管制，或在需要的时候做出适度让利，所以我们要注意准入门槛这类护城河是否存在不利的抵消因素，比如很多公共事业企业。

同时，我们也要注意未来监管的发展趋势，行业准入护城河有时候也是一把双刃剑，这类护城河的吊桥不掌握在企业手中，一旦政策决定开放这个行业，护城河就会瞬间消失。

三、成本优势护城河

有些公司有低于同行的成本优势，这可能来源于企业的工艺优势、地理位置、规模效应、管理能力等。比如，一些能源及原材料行业，有些公司的能源地质储备质量远远高于同行，所以它们的开采成本和生产成本都更低。这种优势虽然对手知道，但也无法复制。

对于成本优势护城河需要注意的是，企业低成本的能力是否容易被模仿，比如 2020 年永辉超市的股价在高位的时候我写过一篇分析文章，当时我对永辉超市的几个担忧之一是行业格局太分散，永辉超市又没有特别明显的优势可以确保它抢占更多的市场份额。但很多读者认为，永辉的优势来自采购链。实际上，这就属于很容易被别人模仿的优势，如果它真的有效，别人深入研究一下愿意投钱就能做到。本书后面的分析案例中也会对此具体说明。

四、转换成本护城河

转换成本的优势就是如果客户从本企业换到其他企业，会付出大量金钱或承担很高的风险。

比如，金融行业的很多公司使用的软件都比较落后且收费较高，那么它们为什么不更换另一家公司呢，就是因为转换成本太高。这么庞大的金融体系，如果整体更换软件，能否稳定兼容以往的数据，转换过程中数据是否安全，其中都存在巨大的风险，一旦发生错误，它们很难承受后果。

又比如微信，其实想做一款和微信类似的软件是很容易的，难的是，复制用户在微信上建立的关系网。通信软件主要的功能是和别人联系，如果用户换到另一个即时通信软件，就意味着要说服他的朋友一起迁移。但这事执行起来难度很大，一下说服几十个朋友并不容易，更难的是朋友们还有他们的朋友，朋友的朋友也有朋友。所以除非有新一代的载体出现，不然在手机端想替代微信几乎是一件不可能的事情。

五、网络效应护城河

网络效应护城河的优势体现在用户越多该产品越具优势，用雪球创始人方三文老师的话来说："越多人用越好用，越好用越多人用。"我们对于**网络效应护城河要注意的并不是规模大就具有网络效应护城河，而是需要关注企业网络规模扩大后顾客是可以受益的。**

比如网上银行，无论是 1000 万人用还是 2000 万人用，只要服务器稳定，银行不破产，顾客本身感受不到明显的差别，这就很难形成网络效应护城河。另一种情况是网络购物，顾客越多商家越多，商家越多产品越丰富。又或者短视频平台，内容越多，用户越多，用户越多创作者的变现能力越强，就会有更多人来参与创作，为用户提供更多的精彩内容，用户能直观地感受到网络效应不断扩大带来的益处，这样才会形成网络效应护城河。

六、有效规模护城河

我们从名字上难以直观判断有效规模护城河的含义，简单来说就是该行业目前正好处于一个均衡状态，现有企业可以过得美滋滋，但有新竞争者进入，大家就很难赚钱。新的进入者又要有大量的资本投入，但进入后又会使这个行业无法赚钱，所以只要市场参与者足够理智，新竞争者就不会进入这个行业。

当然，有效规模护城河不算非常稳定，因为难免有被利益冲昏头脑的资本进入，我们要考虑进入这个行业的成本有多高，以及新进入者要回收成本需要获得多少市场份额。进入成本高，需要的市场份额也高，有效规模护城河才会足够宽广。

除了以上这些常见的护城河，护城河的种类还有很多，比如专利权带来的护城河，比如领先的技术等，一节的文章不足以涵盖所有的护城河，但可以为我们提供思路，选择优秀企业的第一步，就是寻找到那些有独特竞争优势的企业，然后确保它的生意模式不会被轻易颠覆，我们才有深入研究的意义。要记住巴菲特的那句话：**"投资的关键在于确定这家公司的竞争优势。"** 一家企业具有别人无法模仿的竞争优势，才能做到"它做的事情别人做不了，它做的事情可以重复做"。这样的企业才能为股东带来源源不断的回报。

我们找到了具有护城河的企业后也并不意味着高枕无忧。首先，以过高的价格买入了一家企业的股票，即使它非常优秀，我们也可能需要等待很长的时间让业绩化解高估值。其次，我们买入后也不能放松对企业的观察，比如一些企业虽然有很宽的护城河，但自身经营管理出现了问题，最后不是被外敌消灭，而是毁灭于自身。又或者一些行业出现了替代产品，敌人并没有进入其城堡，而是在其他地方建立了一座更具竞争力的城堡。

第四节　如何选择优秀的企业

选择企业的方法有很多种，有人看趋势，有人看图形，有人听消息，也有人基于企业价值。我个人选择的是基于价值寻找优秀的企业，然后和企业一起成长。

投资的初期，如果你有些犹豫很正常，任何人接触一个新鲜事物都会有认知迷茫期，这个时候我的建议是：你有想试的方法就去试一下，觉得趋势好或者题材好，拿一部分可以承受损失的钱试试。如果有好结果，也许真的天赋适合，找到了真正适合自己的路；如果试了不行，虽然损失了一些金钱，但其他的幻想都破灭了，才能心甘情愿地走回价值这条路。

人其实是很难被说服的，人教人教不会，事教人往往一次就够了，因为人的真正成长，都是痛苦驱动的。有想法但是没去做，就会一直患得患失，一路上都走得犹犹豫豫，最后哪样也做不好。价值投资这条路还是挺需要一颗坚定的心的，因为想买得便宜，我们往往需要在市场不关注一家企业的时候出手，但市场的喜好转变，往往又是一个漫长的过程。这一节我与大家分享如何选股，我们直击内心才能选到正确的方向。

一、想要的是什么，要赚哪一份钱

在构建自己的选股标准之前，我们首先应该思考的是自己想要什么。先得有自己的目标，想明白自己要赚哪一份钱，才能据此去构建自己的选股标准。为什么我们需要选股标准，因为有标准我们才能不断优化和升级，选到那些我们认可的企业。**如果我们投资只是随机抽取标的，那么这就变成了一件拼运气的事情，显然大部分人的运气并没有那么好，至少不可能一直都好。**

不知道大家有没有体验过那种心里没底的感觉，入市初期我体验过。我个人属于风险偏好比较低的人，所以在开始投资后不久，我的方向就定在选一些稳定增长且估值不高的企业上。但是刚入市的前一两年显然定力还不足，看着热点行业不断上涨，心里也开始不平衡。偶尔也会忍不住冲动，去买一些当下热点的企业。可是真的买了才会发现，现实和自己想象的完全不一样。涨的时候还行，自信满满，但问题是任何企业的股价都不可能一买就涨，或者买后从不下跌，每次下跌心里都会想：这是咋了？趋势结束了？是不是要开始大跌了？焦虑到不行。

经过几次的试验，我充分地认识到一个问题，**买不了解的企业我是不可能赚到钱的。**除非只买一点，把仓位控制在完全不在乎的比例，可是这种亏了不在乎的仓位，赚了也没啥感觉。杨天南老师写过一篇文章"股市涨了，你家的问题解决了吗?"，只买一点解决了焦虑的问题，但实际上没解决赚钱的问题，更何况完全靠猜，胜率也没那么高，单笔分开看可能会有一些不错的战绩，长期下来还不一定能赚钱。

我们去重仓持有不了解的企业，肯定无法控制心态，因为心中没底。**人最强烈的恐惧就是对未知的恐惧，因为没办法防备。**结果大概率是，运气好的时候买了直接涨，涨一两天稍微跌一跌，心里想的就是反正白捡的，落袋为安吧。运气不好的时候，买后直接跌，那就更别说了，每天都会想：我要不瞎买能白亏这些钱吗？几次折磨后，也就拿不住了。

一个投资者成熟的标志是什么？就是放弃了通过靠随机性获得胜利的幻想，开始选择用一个稳定的投资体系，反复在能力圈内复制胜利。同时我们要意识到，有标准后就一定会排除掉一些企业，赔率和概率是无法共存的。这时候我们又回到最初的问题，想要的是什么？先回答出这个问题，才是我们投资之路的开始。

以我为例，我对生活现状非常满意，没有急于改变现状的需求，所以在保持生活稳定的基础上，如果资产每年有 10%～15% 的提升就非常满意了。因此，**我的选股标准一定是重视概率，而不是赔率，去选择那些成熟但依然有增长空间的企业。**当然，这只是我的选择，如果你就想拿出一部分积蓄追求赔率而不是追求概率，对了自然更好，错了也能坦然接受，这也没什么不可以。如本节开头所讲，去试试没什么，试过了走不通才能踏实走正确的路。

总之，我们要想明白的是：要赚的是哪一份钱？我们可能得到和承担的风险是什么？**投资可怕的不是选择了高赔率，而是选择了高赔率、高回报、高风险，但是只想到了高回报，没考虑高风险来临时自己能不能接受。**

二、能否回答出以下五个问题

之前有人问我："**怎么才能了解一家企业，如何做到下跌不恐慌？**"我的回答是："**能完全想通它的商业模式，并且发自内心地认可这种商业模式会越来越好。**"

何为企业的商业模式，说白了就是想清楚：企业靠什么赚钱？

企业生产的商品或服务的消费群体是哪些人？

在这个基础上我们继续思考：企业的产品或服务有没有独特的优势？

行业是否还有增长空间？其他企业为什么不来抢这门生意？

虽然这看起来仅仅是五个问题，但能够完美地回答这些问题，需要收集大量的资料和思考，当我们把这些问题都解答清楚，实际上也就弄明白了一家企业。**分析企业没那么难，就是多维度思考企业发展的问题，从不同角度去观察企业的优势和劣势，从而避免自己进入盲人摸象的窘境。**

弄明白了企业靠什么赚钱，自然也就想明白了这钱好不好赚。弄明白了企业的消费群体，也就想明白了企业需求的稳定性。有的企业直接面对下游普通消费者，只要企业的产品不出现质量问题，很难发生顾客群体突然减少的情况。但有的企业可能是别人供应链上的一环，下游面对的是其他企业，尤其下游客户还非常集中，自身产品又没有明显优势，我们就需要格外谨慎。这种企业可能随时被替换，业绩就会大幅下滑。

弄明白了企业的产品或服务有没有独特的优势，其他企业为

什么不来抢这门生意，我们也就搞明白了企业的护城河所在；弄明白了行业还有没有增长空间，我们也就弄明白了这门生意的未来前景。 对于自己的持仓或者一家企业我们是否真的了解，取决于我们是否能够认认真真、白纸黑字写下这些问题的答案。

不同行业的赚钱难度肯定是有区别的，有的行业天生好命可以稳定赚钱，有的行业举步维艰，稍微赚点钱还要投入研发、更新设备等，那我们应该选择什么样的行业呢？站在追求概率的角度上，我的选择有如下五条标准。

（1）**简单变化少。** 一个频繁变化的行业，领先者容易被别人弯道超车。企业可能构建了宽广的护城河，但是因为行业变化太快，后来者可能完全没想靠进入城堡来打败它，而是在其他地方建立了一座替代它的城堡。

（2）**维持现有收入不需要持续高投入。** 如果赚了钱又需要不断地投入，比如要高额的研发投入，不停改进厂房和设备等，自然谈不上是一门好生意，看似赚了不少钱，但钱又花给了别人。比如，我以前开过一段时间台球厅，最大的感受就是单看一个阶段的收入还行，但是每隔一两年就要重新装修，每隔几个月就要更新桌布，最后赚的那些钱，大部分都给了装修队和桌布厂家，自己能留下的现金流很少。

这里需要注意，我们防止的是选择那些**维持现有收入需要持续高投入的企业，** 如果企业的不断投入能持续带来更多的利润，这种投入是正常的。

（3）**净利润都是真金白银。** 在我眼中，这一条是重中之重，企业的本质就是赚钱。关于企业的现金流分析，我们会在后面的章节进行专门的财报分析。巴菲特在致股东的信中有一个对好企业模式的定义：**好的企业，就是指那些可以产生大量现金的企业。**

（4）**有护城河。**本章第三节我们已经讲过护城河，在此就不再重复了，**无论多好的商业模式，没有阻挡新进入者的能力，也只能是昙花一现。有护城河的生意不一定是好生意，但没有护城河的生意一定会变得不好。**

（5）**未来很难变糟。**至少在我们可以思考到的范围内，这门生意依然需求旺盛，我们很难在夕阳行业找到一家好的企业。如段永平所说，**寻找那些拥有长长的坡、厚厚的雪的企业，这样的企业不但眼前有厚厚的雪来扩大自己，而且未来还有长长的坡让这件事情可持续。**

三、分析企业处于哪种生存格局

什么样的行业格局最好呢？行业格局决定了企业未来发展的确定性。

（1）**行业需求还有增长空间，且格局非常分散。**这种格局争议巨大，在风险偏好较高的投资者眼中，这显然是一个非常高赔率的投资机会。比如一些新兴行业，行业需求大且往往都有政策扶持，企业所占的市场份额也不多，未来企业既可以受益于市场占有率提升，又会受益于行业本身的需求提升，并且这样的企业因为前景广阔，市场一般也会给予较高的估值。

在追求确定性的投资者眼中，这样的投资机会看似潜力巨大，实则充满了风险。这类企业属于赔率超高但概率有限，看似前景远大但是淘汰率也高。一个新兴行业确实发展空间巨大，往往政策面也会有很多扶持，但也因为这些原因会不断吸引新的进入者。同时，新兴行业技术变革往往很快，已经提前进入的企业的护城河也不算稳定，稍有不慎可能就会被行业淘汰。最后可能是行业确实发展得不错，但我们选的那家企业没有跟上行业的步伐。

我个人一般不会投资这类企业，这又回到了问题一，想要的是什么？我的选择更注重确定性。

（2）行业需求还有增长空间，格局基本集中。 这是我最喜欢的一种，也是我投资组合配置的主要选择。行业还有空间，格局方面已经经历过充分竞争，确立了几家龙头，可以同时享受行业进一步集中和行业整体需求增长的收益。

（3）行业需求停滞，有大量的集中空间。 这种情况往往会出现困境反转的投资机会。一个以往发展不错，有众多参与者的行业，短期陷入了发展瓶颈，这个时候一些体弱多病、规模小的企业逐渐被淘汰，有独特竞争优势的龙头企业反而受益于行业集中度大幅提升。

我们要注意的是，这种集中度提升往往也伴随着行业阵痛，同时集中也不是一天两天能完成的，而是以年计的漫长过程，所以我们投资这类企业时需要极强的耐心。比如在 2016—2020 年，海螺水泥的股价和业绩都上涨了四倍。这期间，水泥总的需求量并没有太大提升，但是受益于环保和行业困境，淘汰了大量中小企业，海螺水泥的业绩和股价都实现了大幅增长。

（4）需求停滞，且行业集中度已高。 这种情况下，企业既无法因为行业需求增长实现业绩增长，又没办法因为集中度提高实现增长。这类企业的投资难度不低，有的企业病急乱投医，完全脱离原本业务，啥火就去做啥，我肯定不会考虑这种企业。另外一种企业依托现有主业，围绕以往的主业进行拓展，成功的概率就要大很多。

这类企业不如已经建立优势且行业还有空间的企业确定性强，即使我投资这类企业也会控制在一个较低的仓位。

（5）需求下降。 除了需求增长和需求停滞，当然还会有需求下降的行业。这时候我们要考虑需求下降是暂时的还是永久的，如果只是暂时困境造成的。比如，因为疫情导致航班、旅游、演艺需求暂时下降，这时候有长期的耐心在恐慌中慢慢布局，反而是一种好机会。另外，有一些行业已经成为夕阳行业，那就需要我们格外谨慎。

以上就是企业生存格局常见的五种类型，我们投资的企业基本上都可以从这五种组合中找到其对应的影子。关于行业格局，其实我们就考虑三个维度，需求端、供给端以及我们所选企业的竞争优势。

需求端分为增长、停滞和下降，供给端考虑是否还有集中空间，格局是否稳定。同时，我们要选择那些在行业中具有竞争优势的企业，这样的企业才能在行业增长和集中度提升的过程中抢占更多的份额。

最后还要注意的一点是，企业的生存格局不会是永远不变的，我们需要用动态的眼光来观察。《资本回报》一书把企业分为四个阶段。

第一个阶段：新进入者受潜在高回报的吸引，大家非常乐观。

第二个阶段：因为高回报引起更多资本进入，然后竞争加剧，回报跌落，股价表现也落后于市场。

第三个阶段：因为回报减少，对该行业的投资回落，行业开始加剧整合，投资者表现出悲观的情绪。

在最悲观的时候，也会逐步迎来第四个阶段：供给侧改革，回报再次上升，股价表现好于市场。

高回报吸引资本，低回报排斥资本，资本影响着行业的竞争格局，行业的竞争格局又决定了对资本的吸引力。看了这个循环，我们也更容易理解巴菲特护城河理念的重要性，一家拥有护城河的企业，至少会有效减缓因为资本进入降低企业回报率的速度。同时也要知道，我们不能以某一刻的情况一直定义一家企业，这时候我们可以回答第三个问题了，自己的持仓属于哪种生存格局？

四、企业高 ROE 的来源是什么

我们不是单纯寻找高 ROE（净资产收益率）的企业，ROE 高只是一个初选，我们还要理解企业高 ROE 背后的来源，是来自更高的净利率，还是来自杠杆，甚至企业分红多少也会影响 ROE。

我们选择一家企业，对照本节的问题写出详细的答案之后，就会发现自己已经非常了解这家企业了。当深入了解了一家企业后，这家企业能不能成为自己的投资选择之一，也就不再是什么问题了。

第五节　五力模型：商业模式分析方法

这一节给大家分享一个非常有名的商业模式分析方法——波

特的"五力模型"。五力模型最早出现在哈佛商学院教授迈克尔·E. 波特 1980 年发表在《哈佛商业评论》的文章中。后来被评为自《哈佛商业评论》创刊以来，十大最具影响力的论文之一。他认为，行业中存在着决定竞争规模和程度的五种力量，这五种力量综合起来影响着产业的吸引力以及现有企业的竞争战略决策。

五种力量分别为：行业内现有竞争者的竞争能力，潜在竞争者进入的能力，潜在替代品的威胁，供应商的议价能力，购买者的议价能力（见图 2-1）。

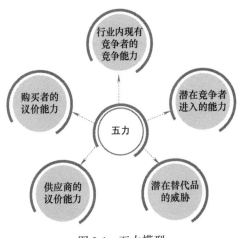

图 2-1　五力模型

虽然这个模型是几十年前提出的，但至今依然被广泛运用于商业分析，很多国内外的投资书籍中也都讲过这个分析模型。我们可以把这个模型当成自己持仓的考卷之一，在五种力量上都具备优势的企业，往往都具有不错的商业模式，下面我们依次来介绍一下。

一、行业内现有竞争者的竞争能力

如果这个行业的竞争非常激烈，行业内公司的盈利能力就会相对较弱。如果我们发现自己投资企业所处行业的参与者众多，可以进一步思考，比如产品有没有差异化，企业有没有品牌优势等。

量化指标上也可以参考毛利率、净利率、净资产收益率、存货周转率、应收周转率等。如果我们持有的企业所处行业参与者众多，产品又没有差异化，同时也没有品牌优势，各项指标也没有领先对手，就要格外谨慎，这样的企业往往面临激烈竞争。在企业的品牌、产品、生产工艺都没有优势的情况下，它们很难从众多竞争者中突出重围，成为最后的赢家。不仅如此，这样的行业往往会有价格战，企业可能还面临着需要增加广告支出宣传自己，需要更高的服务标准等。

如果我们站在消费者的角度，可以坐享渔翁之利，付出更低的价格享受更好的产品，但不是投资的好选择。投资中，我们要尽量选行业经过充分竞争的企业，这样的企业不会面临以上困扰，会有足够的确定性。

如何观察行业的竞争程度呢？产业经济学中有这样一个初步观察的方法，如果行业规模前四的企业合计市场占有率小于40%，那么这个行业就属于竞争型行业，如果小于20%就属于高度竞争行业。

当然，我们也不能简单地以数字来判断，比如一个行业中的龙头企业有明显的别人无法模仿的优势，行业分散反而意味着未来可以有大量的集中度提升空间，为企业带来增长，集中的过程可能偶有阵痛，但整体空间巨大。同样，有些行业需求量特别大，现有企业都拥有大量的机会，无须因为争夺客源大打价格战，我们也不需要对此过度担心。**总之，分析企业时我们不能把它当作数学题，还要结合实际情况来思考。**

二、潜在竞争者进入的能力

我们需要考虑企业所在行业有没有潜在竞争者进入的危险。**在五力模型中，我认为最重要的就是潜在竞争者进入的能力。**潜在竞争者进入的能力，反映了行业的进入壁垒。如果行业的进入壁垒很低，经常会有竞争者进入，也就意味着其他四个变量会经常改变，这样的行业我们其实是很难观察的。

所有资金都在寻找有利可图的投资机会，对于一个没有进入壁垒保护的行业，哪怕一度因为市场需求使得一家企业获得了非同寻常的高回报，那么随后蜂拥而至的对手也会不断压低企业的回报率。然后，原本行业内的企业，首先会出现销量下降，导致单个产品分摊的固定成本增加。其次，因为更多企业进入，来自供给端的供应增加，销售价格也会下降，行业的高回报率就会逐渐消失。对于没有进入壁垒保护的行业，企业唯一的选择就是尽量提升自己的运营效率，通过获得更低的成本来增加竞争力。

进入壁垒的存在，意味着现有行业内的企业能够做到潜在新进入者无法做到的事情。

三、潜在替代品的威胁

这个很好理解，有些企业破产不是自己的产品没做好，而是出现了跨时代的替代产品，大家最熟知的胶卷，它不是被同类产品打败的，而是败于数码相机的出现。而数码相机逐步走向衰落，又是因为智能手机的拍照能力越来越强所致。又比如，当我们习惯于上网看新闻的时候，报纸、杂志就遭受了重大的打击。很多企业都不是被同行打倒了，而是被替代了。当我们投资一家企业时，不断观察其是否有被其他产品替代的风险是非常重要的。

四、供应商的议价能力

企业对供应商有没有话语权，也非常重要。如果企业对供应商没有议价能力，那么就会出现行业景气时被供应商侵占过多利润，行业低谷时自己承担更多风险。我们需要观察企业需要的原材料是否有多种选择余地，供应商的话语权更强，还是我们所选的企业话语权更强。比如，白酒行业的供应商是生产高粱和小麦的，供应商的议价能力非常低，不会因为茅台卖得好，高粱和小麦的价格就大幅上涨。

五、购买者的议价能力

购买者的议价能力强，就会运用其影响力把价格压低，什么样的企业容易在买家议价中变成劣势方呢？这里面有四个观察点。

（1）观察公司产品。如果产品差异化低，购买者就更具有议价能力。这个差异化不光指产品本身，也包括品牌差异化，比如企业的品牌能给消费者提供不一样的感受，如满足虚荣心，增加信任度等，这也算是一种差异化。

（2）观察产品是否是必需品。同类替代产品越多，购买者的议价能力就越强。

（3）观察产品的转换成本。产品被替代和转换的成本越低，购买者的议价能力就越强。

（4）观察企业客户群体的集中度。有些企业主要是给一两个大客户供货，自己的产品又没有差异化和技术壁垒，那么不仅议价能力很弱，而且一旦被替代往往就是灭顶之灾。苹果产业链上的一些企业，就经常出现这种情况。相反，企业客户群体规模越小，越没有有效组织，企业的议价能力就越强。

以上就是波特的"五力模型"中的五个要素，这是一个非常有效的企业分析方法，虽然我们不能盲目地说不满足这五条的就一定是坏企业，但能够同时满足这五条的大概率是非常优秀的企业。

我们简单拿价值投资者都比较感兴趣的白酒举个例子。

（1）行业内现有竞争者的竞争能力。行业基本上属于差异化竞争，有不同口味、不同价位，以及自己的品牌喜好度，基本属于一超多强的局面，行业集中度在不断提升。

（2）潜在竞争者进入的能力。白酒行业目前已经不审批新企业、高端白酒酒窖不是有钱马上就能有的，品牌知名度也很难迅速形成。

(3) 潜在替代品的威胁。白酒在中国有上千年的历史，很难被轻易替代。

(4) 供应商的议价能力。供应商是生产高粱和小麦等农作物的，基本没有议价能力。

(5) 购买者的议价能力。高端白酒面对经销商基本上都是先款后货。零售端产品的价格也能逐步提高，高端白酒有很高的品牌溢价。

我们可以看到，高端白酒在五力模型中基本上每一项都非常完美。大家也可以按以上分析方法给自己的持仓企业做个评测。对企业的分析，就是从不同角度去不断印证企业的商业模式，多一份思考模型，就多一份胜率。

第六节 分红的关键点

如果我们持有股票的企业业绩稳定、分红丰厚，股价却连创新低，那么只靠分红可以获得合理收益吗？虽然分红，但也除权，这样的分红有什么意义？这一节，我们就来讲解分红的问题。

一、是不是分红的企业就好

我个人比较喜欢稳定分红且分红比例较高的企业，这样的企业至少有两个优点。

1. 生意模式大概率不错

稳定分红的企业维持现有经营收入一般不需要持续的高投入，且行业地位一般比较高，不会有大量的应收账款和坏账，这种企业的生意模式往往都不会太差。进一步观察，如果企业通过经营活动带来的现金流，不仅可以分红，还能用剩下的部分逐步扩张，那自然就更完美了。

先说维持现有经营需要高投入的。我以前开过台球厅，开台球厅其实算不上一个好的生意模式，起码在我所在的这种小地方是这样，球桌上的桌布几个月要换一次，店面两年左右要装修一次。看似收入还可以，但是设备要不断维护和升级，这就属于维持现有经营需要持续高投入的行业。因此大部分赚到的钱都很难成为自己的现金流，而且这钱花出去，也并不能让自己在未来能赚更多的钱，只是为了维持当下的赚钱能力。

所以大部分小城市的娱乐场所，最后赚的往往是"接盘侠"的钱。开两年店铺，多少赚点钱，然后等另外一个没想明白这个生意、非常想进入的人，把你的店买走。

那什么是维持现有经营收入不需要持续的高投入呢？比如我开网店，每天能接待 100 个顾客的时候，需要 2 个客服和 2 台电脑，这就不需要频繁更新设备，维持现有经营收入不需要持续的高投入，赚到的钱大部分都能转化成自由现金流。后来生意好了，每天要接待 200 个顾客，需要 4 个客服和 4 台电脑，这个时候虽然会花一些钱，但这些投入是可以让自己在未来赚更多的钱的。生意模式肯定是有好有坏的，虽然不能简单地以分红判断一家企业的好坏，但企业一直有闲钱分红，生意模式大概率是不错的。

2. 大大排除了造假的可能

一家常年有现金稳定分红的企业，造假的概率是很低的，**企业分红比例较高且分红稳定，是最简单有效能证明企业在赚真钱的方法，毕竟账面数字可以造假，分红是需要真金白银的。** 相比用各种排雷技巧去和专业财务团队斗智斗勇，企业每年赚了钱，大部分又能分给股东，这足以说明企业的收入大概率是真实的。

往往我们买到暴雷的企业，是因为太注重报表上的利润数字，而不重视企业的现金流，太重视未来的故事，而忽略了当下的风险。如果我们观察一下已经暴雷的企业，基本都有一个特点，分红极少，毕竟美化的数字是没办法分给别人的。

这也不是说，不分红的企业就一定不好。 是否分红只是企业留存现金使用的一种选择，不是非要怎么做，而是要有合理性。比如企业在高速发展期，需要大量的资金扩张，现在不分红，为的是将来发展得更好，未来能赚更多的钱，这就是合理的。但有些行业设备技术更新快，为了不被淘汰，就要不断升级设备，这个钱花出去不是为了未来赚更多的钱，而是为了维持赚当下的这点钱，自然算不上好的生意模式。这个时候我们就要区别对待，企业没分红的钱到底做了什么，是否对企业将来发展有益。

比如企业留存了大量的现金，既没有使用的地方，也不愿分给股东，又没有给出合理的理由，自然是一个扣分项。又比如没分给股东的钱，企业用来盲目扩张，去做一些自己不擅长的生意，那自然也不算好的选择。

最后还要注意一点，企业过去业绩稳定、分红稳定，只能证明其过去好，这个世界是在不断发展的，我们要去思考企业的供给端在未来是否还能稳定，需求端是否依然强劲。

比如，白酒行业供给端是比较稳定的，尤其是高端白酒，品牌打造不是一天两天能做出来的，虽然需求端的总量在下降，但是高端白酒的需求量是上升的。我们参考了它过去的分红好、业绩好、各种财务数据好是有意义的。如果它过去数据优秀，未来行业还有提升空间，供给端又没有新进入者进入的可能，只要管理层不犯大的错误，这种优秀是可以持续的，甚至可以说，企业哪怕走了一两年弯路也是有很大修正机会的，其容错度很高。

如果企业的供需关系已经发生改变，我们参考过去数据的意义就不大了。极端一点，在数码相机普及有一定趋势时去买胶卷企业的股票，过去可能分红优秀、业绩稳定，但是未来市场空间下降，过去的优秀就没太大意义了。所以我们不能单纯地以过去分红好，或者当下这一年分红好，就作为买入一家企业的标准。

二、分红要除权，分红的意义在哪里

首先，我们要明白除权只是为了交易图形连贯的技术处理方式，它对企业本身的价值并没有实际影响。其次，我们也可以换个思路。企业分红就像一只母鸡在孕育一个鸡蛋，时间到了蛋下出来了，虽然鸡的体重也下降了，但并不代表鸡没有创造价值。

母鸡把这枚鸡蛋的使用权交给了我们，然后又开始孕育下一枚鸡蛋，我们既可以让鸡蛋孵化创造更多价值，也可以吃了它享受生活。

持续分红的企业就像一只优秀的母鸡在持续创造价值，正常下蛋的母鸡至少证明了它的身体是大概率健康的。除此之外，还给我们创造了另外一种获得收益的途径。

说一个颠覆认知的观点，**如果我们的策略是分红再投，企业的股价在分红除权后不上涨，甚至下跌，长期看只要企业有能力保持分红，反而获得的收益更高**，但这种好事很难发生，为什么呢？我曾用泸州老窖的真实案例做过一个推演，数据太长就不贴数据图了，描述一下过程。

泸州老窖1994年5月9日上市，上市开盘价格为9元，全年最高价为21.2元，全年最低价为5.7元。如果老王是一名价值投资者，既不会看K线，也不会择时，只是看好中高端白酒行业未来10年甚至20年的发展。于是在1994年9月7日这一天，老王拿出积蓄在泸州老窖股价20元时买入1万股，花费20万元（如果觉得1994年20万元太多，也可以缩减为2万元或2000元，原理一样）。

万万没想到，买入后股价就开始暴跌，短短一个月跌到了13元，最低的时候甚至浮亏70%。老王既没有在大行情的时候逃顶，也没有在低估时加仓，完全没做任何趋势判断，无论是2008年大熊市，还是2015年5178高点，无论是塑化剂，还是限制三公消费，这位"股坛植物人"都没有反应。只是每次分红时选择再投，这个"不思进取"的老王，最终会得到什么样的结果呢？

这件事的结果就是，最终截至 2019 年 12 月 9 日，他的 20 万元会变成 1774 万元，25 年的年化收益率为 19.44%。这期间的所有分红送股和股价波动都是完全按照实际情况换算的。

如果他买入后股价一直下跌，每半年下跌 5%，还是按实际情况分红，这种情况又如何呢？收益更是惊人，光 2018 年收到分红就有 3900 万元。**这个不难理解，如果企业分红稳定，股价下跌，相当于同样的分红可以买入企业更多股票，更多股票又能拿到更多分红，然后股价继续下跌，又能买更多的股票，按这个循环下来，反而是更加受益的。**

再用 2022 年 8 月份的格力电器做个例子：2020 年格力电器分红两次，合计每股分红为 4 元，2021 年格力电器分红两次，合计每股分红为 3 元。如果以当前 30.52 元的价格买了 2 万股，保持每年每股分红 3 元，分红 10 年，每次分红除权后股价也不上涨，会是什么结果。

结果是，当下花费 60 万元，8 年后，每年分红近 30 万元。如果继续多投 1 年，甚至每年分红就能得到近 60 万元。这个结果大家能接受么，对我来说肯定能接受，现在花 60 万元，10 年后退休每年领 60 万元。但这其实只是一种幻想。

(1) 如果业绩好，股价不可能 10 年不涨。 如果分红过后股价一直下跌，相当于同样的分红可以买到更多的股票，但这是理想状态，如果企业一直维持赚钱，短期可能一两年不受待见，但是较长的五年以上的周期都分红，且除权后股价一直不涨，这是基本不可能的。

(2) 企业未来发展以及分红政策有很多不确定性。 有很多人用很多企业举过类似上面泸州老窖的例子，这确实证明了不靠股价上涨，只要稳定分红是可以获得丰厚回报的。

这里有个思维漏洞，用过去的例子是有幸存者偏差的，站在当下看过去，确确实实能找到很多这样的例子。而站在当下看未来，不确定性就变得大了起来，首先是要确保企业未来10年甚至更久能持续赚钱，其次还要确保企业分红政策一直稳定。

比如格力这个案例，我的希望是以稳为主，做好空调然后稳定分红，10年后我拿着稳定的分红享受人生，但格力也可能为了增长去搞多元化，屡战屡败，把钱都浪费了。

（3）即便以上都成立，也需要巨大的耐心。回溯看8年、10年甚至20年好像很短，而现实中可能一两年企业股价不涨，我们的心态就已经崩溃了。到这里我们应该明白了上面的两个关于分红的问题。

问题一：持有企业业绩稳定，分红丰厚，股价却连创新低，那么我们只靠分红可以获得合理收益吗？答案是可以的，而且如果分红稳定且股价下跌，选择分红再投，长期下来我们甚至可以获得更高的收益。但这首先需要我们有足够的耐心；其次要对企业未来的判断足够准确，不是说过去分红稳定、业绩稳定的企业，未来10年甚至更久就也能分红稳定。

问题二：虽然分红，但也除权，这样的分红有啥意义？首先分红是分析企业的一个观察角度，稳定分红的企业商业模式大概率不会太差，也大概率排除了造假的可能；其次如果我们有长持的耐心，并且策略是分红再投，其实分红后不上涨反而效果更好。

归根结底，最基础的选股标准都离不开我们对企业商业模式的分析和不断的观察，我们至少要确保当下分红稳定、业绩稳定的企业，未来 10 年供需格局不会有巨大变化。分红是一个不错的观察维度，但也仅仅是一个观察维度。没有一个神奇指标，可以让我们简单地从市场里赚钱，企业选择是一个多维度的思考。

第二章

构建符合自己的投资体系

第一节　彼得·林奇的投资理念

前两章我们学习了价值投资的基础理念以及选择企业的标准，本章的第一节我想以彼得·林奇的一个投资案例告诉大家一个道理。价值投资就是买企业，这种大的方向要正确，但在一些细节上我们完全可以根据自身的情况来做一些调整，相对集中还是适当分散，更注重概率还是更注重赔率，我们要让投资体系符合自己的性格，让自己做到持股不焦虑，这样才能陪伴企业一起成长。

一个更注重概率的人和一个更注重赔率的人，在企业分析的侧重点上会不一样，对应的体系也会有很多差别，所以我们首先要知道很多投资中的争执是没意义的，想要的不一样，关注的点自然也不一样。**其次，我们要知道不能依靠某一句话去教条地投资，一个选择的背后需要一套完整连贯的投资体系配合。**

国内的投资者可能对巴菲特了解更多，但实际上投资业绩不错的大师还有很多，这一节我们来聊一聊另外一位优秀的投资大师——彼得·林奇。通过这一节内容，我希望可以帮助大家进一步加深对投资体系选择的思考。

在 1977—1990 年的 13 年间，彼得·林奇管理的富达旗下基金获得了年化收益率 29.3% 的惊人成绩，基金的规模从最初的2000 万美元扩大到 140 亿美元。这也让彼得·林奇成了业界最优秀的投资人之一。

彼得·林奇有一句名言：**"如果一名业余投资者能够用心对公司做一点研究，那么他就可以很容易地超过华尔街的专家们。"**

这句话猛地一看好像是鸡汤，但实际上如果我们了解了彼得·林奇的投资体系，就会知道这句话并非毫无缘由。彼得·林奇坚持常识投资法，他认为这种投资方法不需要高深的数学基础和复杂的金融知识；只需要我们通过关注周围的世界，注意自己的购物情况，注意自己生活和工作中接触的信息，就足以做好投资。

彼得·林奇痴迷于那些生活中随处可见，拥有良好销售业绩的公司。投资这些企业不需要特别复杂的专业知识，只需要足够细心，相比那些我们生活中无法接触到的行业，普通投资者也更容易理解这些行业。

相比巴菲特，彼得·林奇更加注重高成长，他的投资生涯中也有非常多经典的投资案例。简单来说，在概率和赔率的选择上，彼得·林奇更偏向于赔率。

我们来分享一个彼得·林奇的投资案例。

1978 年在一次不经意的谈话中，彼得·林奇听到联合汽车旅馆的副总裁的抱怨："La Quinta 汽车旅馆！它们已经在休斯敦和达拉斯打败我们了！"敏锐的商业洞察力让彼得·林奇对这家从得克萨斯州起家的汽车旅馆连锁公司有了一丝兴趣。**从竞争对手那里发现好公司，这是彼得·林奇擅长的方法。他认为，能让竞争对手感到不安的公司肯定会有独特的优势。**

当然，也不能因为这么简单的原因，就盲目去投资一家企业。在随后的几个月，彼得·林奇每次出门都刻意去住这家旅馆，他会刻意多去观察一下房间的设施，检验床的坚固程度，到游泳池看看水池是否清洁，使劲地拉拉窗帘，用力拧拧毛巾。经过长期的观察，他很满意地发现 La Quinta 的设施竟然一点也不比假日酒店差。同时他又发现 La Quinta 相比传统的汽车旅馆去掉了礼堂、会议室、餐厅等利润低且成本高的业务，而是在旅馆隔壁开了一家 24 小时快餐店。在经营策略上也有不同，大部分汽车旅馆都开在高速公路附近以方便旅客停车住宿。而 La Quinta 另辟蹊径定位于服务商务客户，把旅馆选址设在了客户进行商业活动比较频繁的区域，方便顾客进行商业活动。并且与一些连锁商店大举债务扩张的模式不同，La Quinta 在保持一定扩张速度的同时也很注重财务健康，负债并不多。

从上面的介绍来看，这家公司的基本面确实不错，但这笔投资也不是看似那么顺利。因为当时经济低迷，大家都不看好汽车旅馆业务。不仅如此，La Quinta 的一名重要股东当时还在抛售自己持有的股票。当时的情况是除了彼得·林奇几乎所有人都不看好这笔投资，我们逆向投资时买个几十万元都压力巨大，更何况彼得·林奇管理的是几千万美元的基金。

彼得·林奇通过自己的调研发现，La Quinta 着重于商务人群，减少了和其他汽车旅馆的竞争，同时因为着重于服务商务人群，也去掉了礼堂、会议室、餐厅等利润低、成本高的业务。省下来的部分成本又被用于提升房屋设施，这让他们的房屋设施远远高于行业平均水平。这为企业无形中创造了很多竞争优势，他们的模式已经在不同地方反复印证，并得到了成功，暂时的经济低迷不足以打败这个模式。当时 La Quinta 的一位高管又着急卖出股票，使得彼得·林奇还能以打折的价格买入。随后，彼得·林奇买入了这家企业大量的股票，并且在 10 年的时间中获得了超过 11 倍的收益。

通过这笔投资，我们不难看出彼得·林奇的三个特点。

(1) 善于观察生活。可能是因为一则新闻，也可能是在超市中看到的某个热销商品，就为他提供了一个潜在的研究对象。

（2）**耐心调查**。彼得·林奇不会因为担心错过一个可能潜在的机会，就盲目去投资，即使他对一家企业初有好感，也会花大量的时间去调研、去分析，然后再决定是否买入。真的是一个好的投资机会，其实购买价格贵5%还是便宜5%影响并不大，对我们实际有影响的是对这家公司的判断是否正确。而我们普通投资者往往因为担心错过，就盲目投资，先买了再说。

（3）**独立思考**。当时美国经济低迷加上这个行业竞争激烈，大部分人都不看好这个行业，甚至公司高管都在打折出售自己持有的股票。但他能够做到坚信自我的判断。我们事后看任何一笔投资好像都很简单，但如果换位思考一下，一家企业所有人都不看好，甚至公司的高管都在折价减持，我们还能做到独立思考，坚持自己的判断吗？

对股票投资者而言，买到翻倍牛股是每个人梦寐以求的事情，遇到一家不断高速增长的企业确实可以让投资者兴奋，但我们也需要注意两个方面。

首先，长期的统计结果表明，能连续保持超高增长的企业不多。经过连续数年的超高增长后，企业往往都会进入一个修整状态。这其中最主要的原因是经济的整体增速是一定的，一家公司前期规模小，一个行业刚开始发展，可以做到远远高于平均增速的增长，50%甚至100%的增长都有可能。但是一家企业长期保持50%甚至更高增速的概率很低，哪怕行业空间巨大，需求的增长也是需要下游市场消化的，一个产品的需求每年都能以50%以上的超高增速增加，并且长期保持很不容易。

其次，过高的利润率也会吸引其他资本进入加剧竞争，哪怕

是一个空间巨大的行业，也一定会出现业绩波动。因此，我们需要注意三个方面。

1）买高成长的企业也不能忽视对护城河的观察，只有具备护城河，不怕别人竞争的企业，才有资格保持超高增速。

2）不要对高成长的企业有过于乐观的预期，并为此付出过高的溢价。

3）对于十年十倍，我们想要的是十倍，但前提是能拿够十年。这十年间，企业可能是高增长两三年，行业消化产能两三年，然后再高增长两三年，而且没有一家企业可以十年间都没有负面消息。最重要的是，对成长不能是靠简单拍脑门寻找规律，因为企业过去两年业绩有 50%的增长，就盲目地认为未来就能一直保持 50%的增长，企业的增长预期需要我们认真地去观察调研。我们需要寻找真正的成长来源，以此来做出理性的判断，并且排除那些依靠会计手法和恶性竞争带来的低质量成长。

企业成长来源基本分为销量上升、价格上升、新的产品或服务、并购其他公司几个部分。

（1）销量能否上升和价格能否上升。这两项是比较容易观察的，我们弄清了行业的格局和消费群体，大致是能做出准确判断的。这里面最重要的是销量上升，即使再优秀的商品，做到频繁提价也不是那么容易的。当然，如果既能实现销量上升，公司产品又具备一定的提价权，那肯定是最优的选择，最明显的例子就是过去几年的高端白酒。

（2）新的产品或服务。这个确定性就要稍差一些，因为新的产品毕竟没有经过市场的充分验证，有些企业本身的主打产品销量不错，但推出的新品屡屡受挫。

(3) 靠并购其他公司。这个风险和不确定性又要进一步加大，实力超群又愿意转让的企业肯定不多，大部分并购其实都是相互取暖，两家企业都遇见了瓶颈，期望于结合到一起能打开局面。而且这也不是一个持续可用的方法。

那么什么样的行业容易出现高成长的企业呢？彼得·林奇很少碰不懂的行业，但是他也并不排斥新兴行业。**如果你要涉及这些行业，请确保你是真的懂，这是彼得·林奇给投资者们的忠告。**对于大部分新兴行业或科技行业，我们和业内人士的认知会有巨大的鸿沟，所以彼得·林奇更倾向于生活中普通人可以接触到的企业，科技行业不是不能触碰，而是要有充足的准备，不能仅仅因为科技听起来更高级就盲目地去投资。

《投资巨擘的圭臬》这本书分享了美国的一项数据，该数据统计了1982—2000年成长最快的500家企业，总结出了以下特点。高成长的企业在行业结构的五个观察维度：资本密度、广告密度、企业平均规模、行业所处的发展阶段、市场需求规模上存在以下特点。

(1) 资本密度。一些资本密集型行业，如航空业和大型采掘业，不容易出现持续高成长的企业。为什么这么说呢？因为这样的企业每次增长都需要大量的资本投入，这就意味着企业保持增长需要投入的资金会不断地增多，很少有行业能持续满足这么高的投入。

比如，一家企业今年业绩是10亿元，想靠增产增长10%的利润，也就是增加1亿元。在资本密集行业，这可能需要十几亿元的投入。当这家企业的业绩增长到50亿元的时候，想靠增产增加10%的利润，也就是增加5亿元，就得投入上百亿元。这样的企业不但经营风险大，而且增长需要投入的资金也越来越多，越来越难以满足。因此，资本密集度越高的企业往往是很难保持长期高增长的。

（2）广告密度。广告密集型行业同样不容易出现高成长企业，因为这些行业已经有了少数的"统治者"，它们会利用密集的广告抢占顾客心智。在这样的行业中，已经领先的龙头企业选择用密集的广告形成护城河，意味着企业其他方面的护城河优势其实并不那么大。同时，领先的龙头企业需要花费大量的广告费阻挡进入者，给自己的增长增加了负担。对于刚刚进入的企业，又因为现有龙头企业大量的广告宣传已经占领消费者的心智，也很难快速抢占份额实现超高增长。比较明显的案例就是乳制品行业，伊利每年要投放百亿元的营销费用来阻挡竞争者进入。

（3）企业平均规模。如果一个行业内企业的平均规模较小，那么容易找到成长型的投资对象。

（4）行业所处的发展阶段。一个行业所处的生命周期决定了企业的成长空间，处于行业发展前期的企业，显然更容易获得高速增长。

看完企业平均规模和行业所处的生命周期这两点，我们再回想一下之前我们说分散的行业格局，意味着企业自身的规模还不够强大，护城河优势还不够明显，同时竞争者众多，导致投资风险偏高。同时，新兴行业虽然增长空间巨大，但是行业变革也多，有更多不稳定因素，所以我倾向于选择已经经过充分竞争，形成了稳定格局的行业，这个选择更符合巴菲特的理念。读到这里，大家会发现彼得·林奇选择高成长企业的观点，和我之前的选股理念在有些地方是互相矛盾的。

这时候我们构建投资体系的思路应该就更加明晰了，没有唯一正确的标准，构建属于自己的投资体系才是最重要的，一个完整的投资体系不是一两句经典名言的背诵，而是在选择标准、风险控制、买入和卖出等方面的一个完整规划。很多时候，不同投资者的争执，其实源于本身投资道路选择的不同。比如，成熟的行业确定性足够，但是成长空间较小；相反，买格局分散的企业可能看似成长空间大，就要放弃一部分对确定性的追求。**概率和赔率不可能两者兼得，结合个人的性格偏好和风险承受能力才最重要。**

（5）市场需求规模。一个行业的总体需求决定了企业的增长空间，不仅需求空间要大，而且还要能稳定增长。一些行业为什么会产生周期性？就是因为它们的需求波动太大。所以，我们不仅要考虑整体需求规模，更要考虑需求的稳定性，尤其对新兴行业，我们要考虑需求巅峰到来的时间。新兴行业往往有这么一个特征，前期因为市场空白需求特别大，众多参与者都在疯狂扩张抢占份额，因此导致需求巅峰来得特别快，之后即使依然可以保持不错的需求，但也会经历一个产能过剩的时期。

投资新兴行业时，我们不能忽略需求巅峰到来的时间节点，这个行业的需求周期可能很长，可一旦过了需求巅峰，这个时候因为需求不断增加带来的增长空间就没有了，但产能是按满足巅峰时需求建设的，大概率会进入互相厮杀（打价格战）的阶段。直到淘汰一部分企业，龙头企业再度受益于行业集中度提升带来的增长。

上面我们学习了高成长企业选择的五个观察维度，本节的内容和前文其实有很多相通的地方，比如都要深入研究找到企业的竞争优势，需要独立思考，并在一个合理的价格买入。但也有很多不同的地方，之前我分享的选股体系更注重概率，而这一节的选择更偏向赔率。其实我们可以看到，两种选股思路关注的点是差不多的，只是注重概率时，就要放弃一些赔率的选项；同样注重了赔率，就得放弃一些概率作为补偿。

更注重成长性还是更注重确定性，都需要我们观察企业，关注的点也差不多，区别是对度的把握不同，这个没有对错之分，取决于每个人的风险偏好。希望这一节的内容可以帮助大家以辩证的思维去考虑问题，不教条才能更好地构建属于自己的投资体系。

每个人的性格、天赋、本金和能够承受的风险都不一样，适合别人的并不一定适合自己。**对于投资体系，我认为要遵循一点：从价值出发。**但有一些方面，如偏集中还是偏分散、左侧还是右侧、更偏向赔率还是更偏向概率、一次买还是分批买等，可以适当做出一些调整。

最终，我们要达到的目的是持股舒适、心态上不焦虑，哪怕为此放弃一些收益，我觉得也是值得的。我们必须承认的是完美的人是少数，大部分人或多或少都会有一些性格缺陷，用体系弥补自己的缺陷，让投资这件事不焦虑，这很重要。

第二节　选择集中还是分散

选择集中还是分散是一个经常引起争议的话题，也很容易出现两种极端。第一种是非常集中，把所有资产都押注在一家企业上；第二种是非常分散，十来万元买几十只股票。我认为这两种方式都是不可取的，下面来说具体原因。

对于非常分散的投资体系，比如十万元买二三十只股票，我们首先要考虑一个问题，为什么要投资股票而不是指数基金。我们投资股票是为了获得超过指数的收益，但持仓特别分散，实际上就相当于配置了一只全行业的指数基金。我们都听过一句话："越像一个人，就越难超越一个人。"如果我们把很少的资金分散到几十只股票上，那么还不如直接买沪深 300 这样的宽基指数基金更安全。我们个人投资者同时持有几十只股票，精力是完全不够深入研究这些企业的，最终也很难从这些企业上赚到钱。

大部分人持仓非常分散，其实也并不是为了降低风险，主要源自两个原因。一是没有稳定的分析体系，对自己的选择心里没谱，所以每家企业都不敢多买，这家买 3000 元，那家买 5000 元，最后 10 万元买了几十只股票；二是总怕错过机会，看了篇文章怕错过买一点，刷了个视频觉得好买一点，甚至吃饭时听别人聊了两句，听新闻说了一家企业也怕错过，买来买去最后越买越多。

如果想靠极度分散降低风险，不如直接投资宽基指数基金，我们的精力根本不足以同时深入了解几十家企业，在没有深入了解企业的情况下，股价稍有波动就拿不住，最后很难赚到钱。相反，如果我们每次在沪深 300 指数估值偏低的时候逐步定投，到达历史估值中位数以上逐步减仓，其实也能获得一份不错的收益。

过度分散的收益可能还不如指数基金，因此很多人又走向了另一个极端，选择全仓押注一家企业，这样只要买到一只牛股就能让资产大幅提升。大多数人都听过这句话：把鸡蛋放在一个篮子里，并小心看好这个篮子。这么看来，绝对集中既可能获得超高的收益，又可以集中精力去观察企业，应该是个很完美的选择。

但选择绝对集中有个前提，就是投资这件事像看鸡蛋一样简单，只要全力以赴就能100%不犯错误。实际上，我们投资时不犯错是不可能的，即使是企业家本身都无法完全准确判断自家企业未来的发展，更何况作为局外人的我们。最重要的是，即使我们对企业的判断无比正确，在投资中也无法完全避免黑天鹅事件的发生，因此我们必须对小概率坏结果做准备。

假设，我们的投资成功率很高，分析10家企业才可能出现1次大错。如果长期平均持有5家企业，结果如下：

第一个周期持有了5家企业全部看对，一年下来平均收益率为20%，100万元变成120万元。

第二个周期持有的5家企业，看对4家各赚了20%，看错1家亏了80%。结果是120万元平均持有5家企业，每家持仓24万元，对的这4家赚了19.2万元，错的这1家损失19.2万元。整体看，第二个周期没赚钱。或者反过来，第一个周期持有的5家中有1家看错，第二个周期全看对，结果也是一样的。

每次看对都只赚20%，看错亏80%比较极端。即便如此，长期看，我们的收益虽然会有波动，但整体还是向上的。

如果集中持股呢？100万元起步，前9次都对（每次赚20%）变成516万元，然后犯了1次大错亏80%，就变成103万元。**结果是，可能对了很多次，最终犯1次大错就回到原点。**

长期集中投资一家企业并且获得不错的收益，只有以下两种情况。

（1）你的分析能力特别强，从来不犯错，并且运气也很好，从来不遇见黑天鹅。

（2）你是一个懂得见好就收的人，连续对几次就收手不做投资了。

现实的情况往往是以下三种。

（1）在股市赚点钱就懂得见好就收的人少之又少，大部分人一定是越赚越自信，越赚越大胆，直到犯了一次大错，人醒悟了，钱没了。

（2）真实的投资中，不会是刚好对 9 次，错 1 次，也可能成功率确实 90%，但错的正好是第一次，第一次就让自己的 100 万元变 20 万元，以后对的很多次也只是为了回本而已。

（3）大部分人的成功率也达不到 90% 这么高。

集中持有一家企业，看似效率最高，实际上根本没对可能的坏结果做任何准备。偶尔发生一次小概率的坏结果，就会把自己打入深渊。

我认为，绝对集中和非常分散都是不可取的，太过于分散不如直接投资指数基金，完全集中押注一家企业犯一次大错就会导致前功尽弃。**那么我的建议是，个人投资根据资金情况把持仓股分散到 3~10 只比较合理。偶尔一次犯错不至于对自己造成致命打击，整体也能保持不错的收益水平。**

第三节　左侧买还是右侧买

说完了集中和分散，我们再来讲应该左侧买还是右侧买。简单地说一下左侧和右侧的区别，左侧基本就是下跌途中买入，右侧投资倾向于确认上涨趋势再买入。

我是左侧交易者，因为我觉得作为价值投资者，不应该考虑趋势的问题，当前价格符合自己的收益预期就可以买入了。为什么我要在下跌中去买，而不是和大多数股民期望的一样，去寻找买入后就马上上涨的企业？

一、不到上涨的时候买

大部分人可能对投资的追求都是一买就上涨，毕竟我们投资是为了赚钱，买了还跌看起来就是一个失败的决策。其实我也希望可以一买就涨，这样的投资显然是最有效率的。

这有一个前提，我们可以预测股价的走势，能确认自己看到的上涨是可以持续的。我之所以选择了价值投资，就是因为我认为股价的短期波动是很难被预测的。为什么不到上涨的时候再买？答案很简单，因为无法准确预测市场，不知道什么时候要涨。

图 3-1 是我截取了一家企业的股价走势图。我们可以看到，A 点之前股价先经历了连续下跌，之后创了短期新高，连续上涨

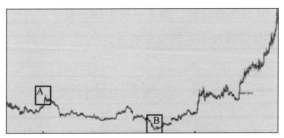

图 3-1　股价走势图

了一个月后，大家觉得趋势已经成立了，忍不住冲进去，然后迎来的却是持续下跌并创新低。我们再看 B 点，连续下跌很长时间，正常的分析怎么也得止跌后再横盘一段日子吧，结果直接 V 形反转，股价一路上涨了好几倍。

本书前面的内容已经介绍过，相比通过 K 线预测未来，我更相信经过深入研究去了解一家企业的经营模式以及行业竞争格局等情况得出的分析会更准确一些。如果一家企业经过分析后认为其价值为每股 10 元，股价跌到了 5 元，且在这个价格买入后，潜在收益令人满意，我就会去买，即使它还有可能再跌到 3 元。

上面这个情况中，跌到了 5 元是现实已经发生的，会不会再跌到 3 元是未知，那么未来有几种可能。

（1）选择等待，最终确实跌到了 3 元，用更便宜的价格买到了同样的股权。

（2）从 5 元开始买，然后上涨，虽然持仓不多，但部分资产赚到了 5~10 元这部分收益。

（3）从 5 元开始买，但确实跌到了 3 元，由于是逐步买，最后成本是 4 元，虽然没买到最便宜的价格，但是也实现了较低的成本。

（4）一味地去等 3 元，然而 5 元之后开始上涨，连 5 元也错过了，因为 5 元没有买不甘心 6 元买，最后彻底错过一个机会。

以上选择中，（1）的结果是最优的，但有可能承受（4）的结果。（2）和（3）看似不如（1），但至少不会完全错过一家优秀的企业。

所以我选择了（2）和（3），当一家企业我看懂了其价值，且当前价格的潜在收益令我满意的时候，我就会逐步去买，而不是一味地等更便宜的价格出现。

其实无论成本是 3 元、4 元还是 5 元，只要我们对企业价值为 10 元的判断是正确的，就是一笔成功的投资。我们要不要只是为了多占一点便宜，就去承担错过一个机会的风险呢？我认为不值得，好的投资机会其实并不多，为了一朵花最后错过一片森林，这显然不值得。

二、 如果对企业价值的判断是正确的， 可能的浮亏会不会带来实际伤害

这是我投资观点的根基。我们好像都特别惧怕浮亏，好像买入下跌就会受到巨大的伤害。那么我们先思考一个问题，如果对企业股票价值为 10 元的判断是正确的，股价跌到 5 元时买了，然后股价继续下跌到 3 元，最终股价回到 10 元，会不会对本来期望赚取的 5~10 元的收益有什么影响？答案是否定的，只要我们对企业价值的判断是正确的，股价未来还会不会下跌，并不影响赚 5~10 元的这部分收益，除非因为用了杠杆下跌爆仓了。

三、股权思维

除了以上两个原因，我选择在下跌中买也是因为股权思维，我没有把今天的买入当成明天的开奖号码。在股权思维下，我们可以明白大部分企业的基本面是不会每天频繁变化的，专注分析企业的价值，有闲钱就去收集一些便宜企业的股权，这才是我们应该做的事情。

四、下跌买入的好处

到这里，我们总结一下为什么选在下跌途中买入。

（1）因为本质上我们没办法高准确率地判断短期股价的走势。

（2）如果我们对企业的价值判断是正确的，浮亏并不会带来实际伤害。

（3）不愿意一味地等待可能的便宜，从而错过一个好的投资机会。

（4）在股权思维下，不在意短期的波动。

五、求快是每个人的欲望，求稳是我们应该具备的理性

这里我说的稳不是说股价不会出现回撤，而是愿意坚持做自己能力范围内的事。我们不应为了一时的快，或者因为眼红别人，就盲目去做自己能力范围之外的事情。无论什么投资方法，内容无非就那些，坚持一两年完全能够学得会，只是每次一下跌，抑或在市场不适合自己的风格时，我们就觉得这次不一样了。然后换来换去，不断改变，发现几年过去了自己依然没找到一个稳定的方法。敢于在下跌中坚持自己的判断，其实是我们投资能力全方位的体现。

六、最后提醒

我并不是说所有企业都值得越跌越买，前提是真的了解企业

的价值，知道自己的等待是值得的。 银行三年定期 3% 的年利息，很多人也能做到耐心等待，在股市，我们做不到拥有同样的耐心，不愿意等待，是因为很多时候我们并没有深入去了解企业，不知道买入资产的价值，也许耐心地等待了三年，得到的不是应有的收益而是本金打折。所以这一切的前提是，我们真的认可企业，其商业逻辑也完全能看懂。

第四节　我很少买周期企业

在我个人的投资生涯中很少买周期企业，除非我能特别领先于市场发现这个机会，周期企业基本都有一个特点，产品或服务没有差异化，猪肉、钢铁、海运等，产品价格完全取决于供需关系。投资这样的企业有两个难点：第一个难点在于企业自身是很难控制供需关系的，产业调整和宏观条件出现变化，可能供需关系马上就不一样了。

今天吃酱油的人明天依然会吃酱油，这种需求至少不会出现断崖式的变化，也不会行业一好做马上就进入几百家类似的新企业。对于消费品，大部分顾客还是看品牌的，一个新品牌慢慢深入人心，是一个缓慢的过程，所以这样的行业哪怕企业经营出现了波动，我们也是有充足时间观察的。

周期企业基本都有以下特点，产品完全没差异化，同时要么需求端会频繁变化，要么供给端会频繁变化。除此之外，还有一个简单辨别周期企业的方法，就是过往的每股收益会有明显的巨大波动。

比如，虽然猪肉的需求是基本稳定的，但是难点在于供应不稳定，供应端没有太高的门槛，一旦这个市场好做马上就会有很多人来做，几个月之后出栏的猪大增，消费者需求没变但供应量大幅上升，其价格自然就会大幅下滑。因为价格下滑，很多养猪的企业和个人退出，行业又会迎来景气周期。

除了需求不变供应频繁变化，还有一种周期企业正好相反，供应基本稳定，但是需求总有巨大波动，比如航运和一些原材料企业。

投资周期企业的难点在于很难观察，很多人认为周期企业只要业绩还在就不用担心。但实际上，周期企业股价的变化往往是提前于业绩表现的。股价基本反映着企业的预期，当一个周期行业已经景气了很长一段时间，也基本意味着不景气周期即将到来，所以理性的投资者往往都会提前撤离，最后剩下的可能是在最景气周期顶点还没意识到周期的变化，被消息面和看似的低估吸引来的投资者。我们回顾一下周期企业的股价，其实和业绩并不是完全同步的，往往是基本面上有进入景气周期的趋势，股价就提前于业绩开始表现，同时还在景气周期，股价可能就开始连创新低了。

我们投资周期企业时，在大的逻辑上要遵循的原则是：在低迷的时候买，在欢呼之声中卖；高市盈率低市净率时买入，低市盈率高市净率时卖出。

这只是大的逻辑，把握买入点并没有这么容易。如果我们在行业刚进入低迷期时就选择买入，可能也会煎熬很多年。

我们也不是不能投资周期企业，只是买周期企业需要我们有更强的分析能力和果断的决策能力，能在景气周期来临之前发现机会，给自己足够的安全垫，同时又能在景气周期顶点，在一片大好声中和优秀的业绩下，做出离场的决定。

第五节　我很少买热点企业

投资中，我们是很容易被股价走势影响判断的，当我们看到一家持续上涨的企业，莫名会多一份好感，并且上涨的企业往往也伴随着一些有益的消息，因此人们也更愿意去追逐那些涨了好几倍，且看似热门的企业。

实际上，当一家企业短期的股价涨幅远远超过了业绩的提升时，也就意味着它已经透支了未来很多年的业绩，这个时候买入也许还能获得一些收益，但从交易的整体来看，也承受着巨大的风险。一旦市场对这家企业的热情散退，估值开始向常态回归，就意味着投资者要承受巨大的跌幅。甚至有一些短期暴涨的企业完全是概念炒作，如果我们追高买入这样的企业，一旦成了击鼓传花的最后一棒，意味着很多年都没机会看到股价再回巅峰。

在这些炒作的企业中，将来会不会有企业成长为优秀的企业呢？我坚信一定有，但要注意以下两点。

（1）这些热点题材里最后能成功成长为优秀企业的少之又少，并且参与炒作的资金也完全没想着陪伴企业成长，往往是短期炒作过后资金就会离场，然后股价出现大幅下跌。

（2）那些达到100倍市盈率甚至200倍市盈率估值，业绩增长却只有20%~30%的企业，已经透支了未来很多很多年的业绩，即使其保持这个业绩增速也要很多年才能弥补这个高估值。

当我们看到那些估值已经非常高，且伴随着很多好消息，但经过深入分析发现业绩提升远远不足以弥补当前估值的企业时，一定要保持理性，不能有侥幸心理，这个市场一次次地告诉我们同一个道理，无论多么热点的行业，最终估值都会回归常态。

做投资时，我们尽量不要去人多的地方，非要去也要保持高度谨慎。市场永远都是喜新厌旧的，新产业、新热点总是可以吸引投资者，大家对这类新兴企业的期待值也比较高，加上大部分新兴行业政策扶持也比较多，所以也容易给这类企业很高的估值，往往其股价短期表现比较好。但当股价短期涨了好几倍，市盈率已大幅提升时，我们要知道这就已经大概率不是个好机会了，因为没有一家企业可以无限透支未来的业绩，一家企业每年业绩翻倍去匹配几百倍市盈率的概率微乎其微。高估值也代表着高期待，其业绩稍有不及预期就会进入残酷的杀估值阶段。

很多曾经红极一时的热门行业，消息面大家乐观，政策面也会有一些扶持，但最终这些行业里的大部分企业依然被淘汰。因为热门行业同时也会引来众多的资本关注，往往造成行业格局分散，企业自身生存能力差，行业的淘汰率极高。这些行业中的几十家企业里也许能走出来那么一两家优秀的企业，甚至大部分的新兴行业中最后成长起来的企业，都不是最早的那批参与者了。投资这些行业，显然是一件成功率很低的事情。

我们尽量要选择所处行业经过充分竞争，格局非常稳定的企业。两三家龙头企业就占据了行业中绝大部分的市场份额，这个时候我们只要研究企业产品的供需关系就好。相反，面对一个极度分散的行业时，我们不仅要花大量的时间分析行业的格局，一旦行业景气度有所下降，可能还会迎来价格战等恶性竞争，不确定性就会大幅上升。巴菲特说：**"在一个竞争激烈的行业，你必须和竞争对手保持同步，无论这样做多么愚蠢。然而在一个竞争**

激烈的行业，往往对手都会拿出价格战这样类似互相伤害的策略。"

为什么新兴热点总是一地鸡毛，还是有人乐此不疲地参与？因为我们总相信一句话：这次不同了。20世纪全球十大顶尖基金经理人之一约翰·邓普顿说过，"这次不同了"（This time，it's different）是英语中最昂贵的一句话。人性的弱点就是总喜欢把短期的事情长期化，乐观起来就是"黄金十年"，遇见困难又觉得从此再也看不到光明了。

第六节　困境企业能不能买

我的持仓组合中会少量配置一些处于困境的企业来增加组合的弹性，前提是我认为企业的困境大概率是可以解决的。但这并不是价值投资的必要选择，看个人的喜好就可以。

一、不是所有困境企业都能去买

买困境企业最终的目的还是希望企业回归常态，甚至是在行业经历困境后，供给端的改善让企业的赚钱能力更强，然后作为投资者赚取企业重回增长和市场预期改变估值提升的钱。所以不是所有困境企业都能去买，要选那些虽然遇到困境，但不是绝境，调理调理还能发展的企业才行。同时在市场预期上，我们要在极度悲观情绪过度且反映了问题的时候出手。大家已经把它当作垃圾定价，人人唾弃，这样我们未来才能赚到预期转变的钱。当然，这种好的机会肯定不多，所以这需要投资者有足够的忍耐力，就像猎豹捕猎一样，很久的等待就为了几十秒的出击。**美好的事物、完美的机会都离不开等这个字，有耐心是一个投资者最大的竞争优势。**

人们的乐观和悲观往往都会过度，这是人的天性，当我们发现大部分人都认为一家企业毫无价值与垃圾相等时，我们可以在理性客观且独立思考的情况下去看看这家企业是否还有机会走出困境。

二、买困境企业最重要的是做好心态上的调整

买困境企业是很容易被人误解的投资方式，企业有困境还要去买，难免有人会觉得我们掉入低市盈率陷阱了，又或者认为我们是看股价跌得多了去博反弹等。这个时候我们想从别人那里获得认可是不容易的，所以要有独立的思考能力。同时，困境企业往往需要很长的时间来解决问题，短时间无法证明自己的判断正确，这时候可能就会焦虑，在强大的心理负担下，最终可能选择放弃。

买了困境企业之后，要学会的就是远离人群，不要被别人的情绪干扰，因为一家企业在困境期时，我们能看到的大多外界信息都是超过现状的恐慌，这个时候首先需要的是独立思考，其次是为小概率的坏结果做好准备，最后耐心地等待企业解决问题。

三、市场对于困境企业看似非常苛刻，实则非常宽容

一家企业遇到困境的时候，几乎网上所有的文章、新闻都是

负面内容，看似市场对企业十分苛刻。比如曾经的白酒，人们在说年轻人不喝白酒，买高端白酒就是交"智商税"。再比如曾经的分众传媒，人们在说电梯里根本没人抬头，大家都在看手机。这样的负面言论伴随着当时下跌的股价，也更容易让人信服，所以大部分人很快都会一致认为这些困境企业一文不值。实际上，市场对困境企业往往又很宽容，当这些困境企业业绩稍微有些起色，股价就会迎来飙升。

比如，2020 年的分众传媒，其实业绩并没有完全反转，只是在疫情中稍微看到了一点反转的趋势，之后股价从 2020 年 4 月到 2021 年初（10 个月时间）上涨了近三倍。

又比如，泸州老窖 2012 年的净利润为 44 亿元，2013 年开始利润下滑，到 2014 年业绩见底到达 9.67 亿元，2015 年重回增长，实际上到 2019 年，泸州老窖的利润才刚刚恢复到 2012 年的水平。但是在市值方面，泸州老窖 2020 年相比 2012 年已经涨了好几倍。一旦泸州老窖重回增长，哪怕只是从 9.67 亿元重新回到了之前的利润水平，人们也会再度把它当作一家高成长企业来定价。

为什么会出现这种情况？我们来说说锚定效应，当一家企业遇到困境的时候，所有新闻、各种网络言论都在说这家企业的缺点，同时也让大部分人对这家企业的预期降到了冰点。在大部分人心里，这时候对这家企业价值的锚已经调成一文不值的垃圾企业。当这个锚形成了，只要企业业绩稍有一些好转，大众就会猛然发现，竟然和自己想象的不一样，这家企业并非一文不值。于是对企业的定价会从毫无价值的垃圾，变成一家稍有价值的企业，这个时候已经持股的投资者，很快就能享受到估值提升的收益。随着时间的推移，企业业绩逐步恢复，好消息也会变多，人们会忘记之前的悲观预期，又变得异常乐观，把它当成一家高增长企业。

买困境企业也是要有选择标准的，不能看到遇到困境的企业就盲目去买，有些企业是因为被行业淘汰了，甚至这个行业根本就不需要了，这样的企业我们是一定要远离的。买困境企业时，我认为至少要满足以下六点，才有投资价值。

（1）遭遇的问题是可以被解决的。如前文所说，虽然遇到困境，但不能是绝境，问题没有解决的希望，自然不可能出现困境反转。

（2）企业或行业的产品是否有替代性。这一点最重要，有些产品不出问题的时候大家用习惯了也懒得换，出了事大家就会意识到这个问题，此时有替代产品的话就很难翻身了。

（3）是行业的问题还是企业的问题。如果是行业整体的问题，只要这个行业无法被替代，我们买行业龙头成功的概率就会大大提高。因为大家都遇到困境，但这个行业不能消失，政策上总会想办法留下一些身体强壮的企业。

（4）企业的困境有没有连锁影响。有些企业的困境可能是出现在了产品质量上，比如需要很长的时间善后，影响了品牌的信誉度，或者造成了大量损失，这样的企业困境反转的概率就比较低。

（5）困境对企业的品牌价值有没有影响。有些企业暂时进入了销售困境，实际上在消费者心目中，其口碑并没有崩塌，重新梳理渠道并调整政策，很快就能解决问题。有些企业是因为产品质量出了大的纰漏影响了品牌价值，对这样的企业我们就不能过于乐观。

（6）是否已经过度反映可能的坏消息。只有大家已经对这家企业极度悲观，且把它当垃圾定价的时候，未来企业解决了问题，我们才能赚到预期改变的钱。相反，一家企业虽然遇到困境，但是大家都非常乐观，这也不会是一个好机会。我们什么时候发现在各种财经论坛上只要一提这家企业，80%的人都是反感、厌恶、不看好，这个指标就满足了。

我们也不能简单地看情绪就决定买入，还需要深入分析和思考，确定这家企业当前的市值远远低于企业解决问题后的价值。选困境反转这种投资模式是比较熬人的，时间至少都要两三年，所以一般我会将其控制在一个比较低的仓位，同时我想再说一次，困境企业并不是投资必需的选项。

对于投资这件事，别人的风格只能是参考。我们得知道自己要的是什么，困境反转会让我们享受估值业绩双提升带来的收益，并且经过困境的企业往往也会变得更加成熟谨慎。但我们要知道，这种投资方式的风险要大一些，我们可以根据自身的风险偏好来选择要不要配置这类企业。

第七节 回购注销与不注销

一、 回购注销就一定好吗

回购不难理解，就是公司花钱买回公司当初为了融资发行的股票。回购注销就是把买回来的这些股票进行销毁，让其不复存在。因此，当公司把回购回来的股票注销时，我们就会想当然地觉得这一定是件好事。注销了一部分股票，相当于同样的公司分的份数更少了，我们每个人得到的就变多了。这里我们可能有一个思维漏洞，就是注销的这部分股票是拿公司的钱买回来的，它本来也是有一部分属于我们的。也就是相当于拿了一部分本来属于我们的钱去买了股票，然后把这些股票注销了，这对我们来说是亏了还是赚了呢？

为了便于理解，我把数值缩小举个例子，某某上市企业，当前总市值为 1 万元，总股本为 1000 股，当前股价就是 10 元。目前公司账目上有 1000 元现金。我们忽略其他资产和负债部分，如果这个时候你是股东之一，相当于持有 1 股这家企业的股票，就有 1 元钱是属于你的。

现在公司回购注销股票 50 股，当前每股为 10 元，也就是这次回购总共花费了 500 元，之后把这 50 股注销了。现在是什么情况？公司还有 500 元现金，总股本变成 950 股，你持有 1 股该企业的股票，就拥有 0.52 元现金。钱花出去回购股票了，本该属于你的现金肯定就减少了。

这个注销到底亏不亏，主要看三种情况。

（1）公司的价值高于当前价格。同样是上面这个案例，当前公司总市值为 1 万元，总股本为 1000 股，公司账上有 1000 元。

还是公司回购股票 50 股，当前每股为 10 元，花费了 500 元，之后把这 50 股注销了。但是你分析这家公司的价值至少是 2 万元，回购之前，公司总股本是 1000 股，你每持有 1 股的内含价值就是 20 元。

公司回购注销后花费了 500 元，内含价值变成 19500 元，但是股本也减少了 50 股，变成了 950 股，你持有的每股内含价值就变成了 20.53 元。

显然，这种情况下我们占到了便宜。

(2) 公司的价值低于当前价格。同样是上面这个案例。

当前公司总市值为 1 万元，总股本为 1000 股，公司账上有 1000 元。还是公司回购股票 50 股，当前每股为 10 元，花费了 500 元，之后把这 50 股注销了。但是你分析这家公司的价值只有 5000 元，回购之前，公司总股本是 1000 股，你每持有 1 股内含价值就是 5 元。

公司回购注销后花费了 500 元，内含价值变成 4500 元，股本也减少了 50 股，变成了 950 股，你持有的每股内含价值就变成了 4.73 元。这个时候为什么亏了呢？因为公司拿了 500 元现金，买了 50 股你认为内含价值只有每股 5 元的股票，也就是总价值为 250 元，这笔交易显然是不划算。

虽然注销后股本变少到 950 股，但还是吃亏的。

这种情况会不会出现呢？可能会，虽然大多公司往往都是股价大跌后，自认为价值远远高于价格的时候才开始回购，但也有另一种可能，公司对自己的价值判断过于乐观了，抑或就是想做做姿态托住股价而已。所以我们不能一看到回购注销，就想当然地觉得公司回购了，就可以大胆地买。

(3) 公司的价值和当前价格差不多。同样是上面这个案例。

当前公司总市值为 1 万元，总股本为 1000 股，公司账上有 1000 元。还是公司回购股票 50 股，当前每股为 10 元，花费了 500 元，之后把这 50 股注销。你分析这家公司的价值也差不多是 1 万元。在回购之前，公司总股本是 1000 股，你每持有 1 股内含价值就是 10 元。

公司回购注销后花费了 500 元，内含价值变成 9500 元，股本也减少了 50 股，变成了 950 股，你持有的每股内含价值就变成了 10 元。对于你来说基本没影响。

综上案例，只有在价值远远高于当前价格的时候，回购且注销对我们才是有好处的。

那为什么这又不是个太大的问题呢？虽然每个人对企业的内在价值的判断都不一样，但在正常的情况下，我们还持有一家企业的股票，肯定会认为这家企业的价值是高于价格的，在这种情况下出现回购注销，自然是对我们有益的。

我们不可能发现一家企业价格远远高于价值，也就是高估很多还选择持有。唯一要注意的是，我们本来对一家企业不看好，因为回购注销就选择买入。如果企业是在高估的时候回购，显然我们是吃亏的。

我们要注意，对于回购注销不用过于兴奋。企业回购注销其实和分红一样，只是企业留存现金使用的一种方式，回购注销对企业经营没有什么太大实际上的帮助，在企业价值高于价格的时候回购注销对我们有利，但也非常有限。**我们这笔投资能否成功，更重要的是企业未来能否持续赚钱，且赚更多的钱，这才是我们要关注的地方。**

二、回购不注销就一定不好吗

在 A 股不是所有回购都会注销的，还有一种情况是回购后会用于股权激励，这种就一定不好吗？其实也不是！相比回购注销，合理的股权激励可能对经营还是有点帮助的。买了股票然后股权激励，买了房子、汽车发给业绩达标的员工，都是花了一部分本属于股东的钱，对管理层或员工进行激励，实际上差别不大。关键点是激励的结果，花了 1000 万元，公司在激励下多赚了 10 亿元，那就是好的；花了 1000 万元，公司在激励下收益没变化，那就不值得。所以股权激励好不好，最主要的是看效果，重点要看以下两个部分。

(1) 目标太低。本来业绩每年增长 10%，股权激励下要求还是增长 10%，本来考 90 分出了激励方案，多花了钱还是考 90 分，那这个激励相当于直接分钱，花了股东的钱，没带来业绩的更高增长，显然侵害了股东的利益。

(2) 集中给少部分人。虽然是股权激励，但集中给少部分高管，这有一种可能是公司本身马上就要进入景气周期，少部分领导为自己量身定制了一份股权激励从中获利。

回购用于股权激励，还是增发用于股权激励实际上没差别，差别在于这个激励是否有效果，花了一部分股东的钱或者稀释了股东的权益，但为股东赚回了更多的钱，这就是正向的；相反，量身定做达标门槛极低的股权激励，就值得我们警惕。

希望本节能让大家对回购注销，以及回购用于股权激励有一定的了解。最终我们要知道，企业判断是一个综合的、全方位的观察，单纯依据一个指标或一件事都很难做出准确的判断。分析企业就是尽量多地获取信息，尽量深入全面地从不同方向去思考，让我们避免走入盲人摸象的误区。

第八节　全职投资是否必要

投资是否要全职，这是我经常收到的一个问题，下面谈谈我的个人观点。首先我认为价值投资是否全职是不影响投资收益的，价值投资中大部分的时间都是等待，并不需要每天去发现一个新机会。所以我们不用站在为了提高收益的角度刻意去全职投资。

当投资成了我们唯一的收益来源，我们就一定会更关注这件事，最后可能反而因为着急导致做不好投资。所以我认为诚实面对自己很重要，不要让做好投资成为放弃工作的借口，而是深思熟虑后确定自己符合全职投资的条件，然后理性地衡量一下这份工作是否真的是让自己感到焦虑，再去做出是否全职的选择。

那么选择全职投资需有哪些条件呢？

（1）至少要经过一个完整的牛熊周期，证明自己的投资体系是可以稳定赚钱的。这个市场往往是，哪怕投资体系是正确的，也不会所有时间都好做，市场一定有不适合我们风格的时候，经历过一轮完整的牛熊周期，顺境和逆境都经历过，体系和心态都经历过验证，这才具备全职的基础要素。

（2）需要有足够的本金。本金具体多少合适呢？首先得参考自己的收益率，然后要参考自己的消费需求，比如我个人没什么社交爱好，也没贷款，一个月几千元就够了。但是有些朋友可能消费水平会高一些，我的建议是想要全职，至少合理收益率（我们按 15% 假设）带来的收入中 20%～30% 就能覆盖自己的生活支出。

为什么这么算呢？因为股市投资不像上班领工资，收益不会是按月结算的，有时候可能需要一两年的等待才换来一次丰收，所以我们需要一年的收益可以覆盖三年左右的生活支出，这样才能做到不慌不忙，不因为着急赚快钱而犯错。同时，我们除了支付必要的生活开支，还需要投资收益有盈余，这样我们的资产雪球才会越滚越大。

全职投资除了具备能力和心态，对大部分人来说最大的门槛是有第一桶金。这方面我们不用过度焦虑，我们不得不承认人的起点都是有区别的，有人出生就在终点，有人出生在途中，有人可能连起跑线还看不到。有人家庭条件好一些，只要自己具备了投资能力，第一桶金本身就有，也有人像我一样是普通人，可能第一桶金要攒很久。**对于这种事，不嫉妒也不羡慕，因为我们只能做自己，我们的对比对象也只有自己，自己的今天比自己的昨天更好，就是一种进步。不是说入市就非要做到全职或财务自由才叫成功，通过投资让我们的资产有了进一步的提升也是一种成功。**

真的能把投资做成职业，或者通过投资让自己财务自由的人其实也是少数。因为这不仅需要能力，而且需要有足够的第一桶金。以 10 万元的本金完成了十年十倍，可能还没赶上别人的起步阶段的资金量，这么说可能会让部分读者朋友有些泄气，但这也是事实。合理的叫目标，不合理的叫幻想，当我们的欲望远远超出了我们的能力，一定会因为急功近利犯下大错。

总结一下，对于价值投资者来说全职的帮助并不大，如果达到了标准就是想享受生活这无可厚非，但千万别让其成了我们逃避工作的借口，哪怕是第一桶金太少不够做全职，投资这件事也不是毫无意义的，拥有合理方法的前提下它至少能让我们的积蓄获得比以往更高的收益。

价值投资中一般不会频繁更换企业，其实大部分时间都是低估买入，然后耐心等待价值回归。如果白天有工作，注意力会分散在其他事情上，反而不会因为过度关注股市被每天的涨跌变化影响心态，同时有稳定的工资就意味着有稳定的现金流，不用着急从股市赚钱生活，也更容易保持情绪稳定。所以哪怕我现在是全职投资状态，我也会把未来 3~5 年的生活费单独放在一张银行卡上，为的就是让自己不着急赚快钱，不让自己变得急功近利。

第九节　阅读是投资者必备的技能

如果要问投资最重要的技能是什么，我想每个人都有不同的答案。但在众多的答案中，我相信有一个答案大家都会认可，那就是阅读。股市是一个认知变现的地方，如果我们认知不够，凭运气赚到的钱，最终也会凭实力亏回去，那么提高认知有什么方法呢？阅读就是最好的方式。

投资是一件需要不断学习知识的事情，快速且有效的阅读是一项非常重要的技能。实际上不仅仅是投资，我们能想到的每一个优秀的人，他们可能身处不同行业，有不一样的性格，但是都有一个共同的特点——喜欢阅读。用几周的时间认真阅读一本书，然后快速吸收别人十几年甚至一生的经验积累，这无疑是最容易进步的方法。

　　加州大学心理学博士洪兰说过这样一段话："一本好书浓缩了作者很多年甚至一生的经验，我们只要花几十元就能得到它，用很短的时间就能把它读完，我就不会重蹈他的覆辙，学到他的经验，站在他的肩膀上成长，这就是知识的力量，这就是阅读的力量。"虽然大部分人都认可阅读是一项重要的技能，但是我也经常收到类似的问题："读了一本书，好像看了，又好像没看，过段日子什么都不记得了。"那么如何才能有效阅读呢？这一节我们就来解答这个问题，这一节即是阅读方法的分享，也是我读《学会写作》一书后的读后感。

一、带着目标去阅读

　　这里说的目标不是给自己规定每周必须读完两本书，或者每天要读十篇文章。如果我们不是真心想阅读，这样的目标就会变成为了阅读而阅读，最终必然毫无效果。我说的目标，是当看到一篇文章或一本书时，先给自己一个阅读后的目标和预期：通过阅读，我要知道什么。

　　我们看到一篇名为"投资我们应该是集中还是分散"的文章，这时就先给自己设个疑问，为什么大家对集中还是分散会有分歧？集中和分散都有哪些优势和劣势？自己的性格和投资体系更适合哪一种？为这篇文章设置好了疑问，然后带着问题去阅读，边读边思考，边读边找答案。当我们读完了，就会感觉自己学到了很多知识。而不是简单地说一句"这篇文章真好"，然后第二天就忘记了内容。

二、强制性做笔记

读书永远要记住一句话，没有输出的输入是没有价值的。把看完的文章内容写下来，是一个提炼、归纳、总结、重新演绎的过程，经历了这个过程才能把别人的知识变成自己的知识，才能在未来的决策中起到作用。否则就只是看过、读过而已，并没有吸收到自己的投资体系中。

做笔记也不是整段整段地去抄写文中内容，用罗辑思维联合创始人李天田老师的话说："完全照搬的抄写，那不是整理输出，是在练字。"所以做笔记的过程要加上自己的总结和思考，而不是抄写好词好句。最后，最好把自己的输出公开，比如发到论坛、朋友圈，或者讲给朋友听。

为什么要公开呢？以我的亲身经历来说，写公开分享这几年，自己看待问题的思维也进步了很多，以前我思考一个问题，基本逻辑通了就停止思考了，因为不用告诉别人，有点瑕疵也不会被笑话。但要分享给别人的时候，就要考虑别人能不能看懂，文字读起来是否流畅，逻辑有没有漏洞等，这就会让自己的思考变得更有深度。好记性不如烂笔头，把重要的内容写下来不仅可以加深我们的印象，输出的过程中还可以让它更好地融入我们的认知体系。

三、聚焦式的阅读

在一个时期内，我们的阅读主题最好相对集中，比如最近我想提高一下自己的写作能力，我就把70%的阅读重点放在可以提升写作的内容上，如果在短时期内读的东西太杂乱，就会分散精力和注意力，降低阅读质量。有一个非常有意义的小故事，大家都知道比尔·盖茨和巴菲特是好朋友，在一次聚会上，比尔·盖茨的父亲让他和巴菲特同时在纸上写下一个对自己人生最有帮助的词，两人在没有沟通的情况下，写出了同一个词——专注。

我们常说什么都想要，就什么都得不到，巴菲特说："投资要专注在自己的能力圈，只有在某一个领域你的见解、认知超越大多数人，才有可能在这个领域获得收益。"

四、反复阅读经典

人类都愿意追求新鲜的东西，对新的内容会更感兴趣。学习不一样，学习恰恰是一个需要不断重复的过程。对于很多知识，我们看一遍或两遍，可能还无法深入理解。需要反复学习，不断阅读相关知识，才能让它的逻辑在自己脑中畅行无阻。现在很多网站和 App 都有收藏功能，看到好的内容，我建议把它收藏下来，空闲的时候拿出来反复阅读。对于好的内容，每一次阅读都会有不一样的感受。

五、带着批判的思维和学习的态度

阅读的过程中，我们也要有自己独立的思考，当然不一样的思考并不是说瞎抬杠，我们也经常会遇见下面这种人。

你说：买入足够优秀且持续增长的企业，或是来自股价上涨，或是来自分红，最终必然会获利。所以要把有限的精力用于提高自己的认知，增加自己的能力，这样选到优秀企业的概率才会大大增加，而不是把精力放在预测短期股价上。

他说：你买个中石油试试。

你说：多阅读优秀的内容可以提高自己的认知，阅读是我们进步最好的方式。

他说：你读"垃圾"网络小说试试。

你说：买入一家企业就像种下一粒种子，精心呵护，耐心陪伴，才有可能获得收获。

他说：你把种子煮熟试试。

这不叫有自己的见解，完全是抬杠。阅读时，我们应该有自己独立的思维，但也要有兼听则明、偏听则暗的态度，不能一篇文章中的某一点自己不认可，就否定其全部。我之前看过一个大佬的采访，记者问他，是如何在这个竞争激烈的行业里杀出重围的？他说："很简单，去学习那些比我做得好的人。"然而现实中，大部分人看到比自己强大的人时，都更愿意去寻找他的缺点，让自己心理平衡，但是这样是在泄愤，意义不大。

在股市很多人自己还在亏钱，却在嘲笑赚钱的人收益低，这样除了能心里一时爽，其实并没什么意义，不如先正视和别人的差距。那些收益低的人，可能还有很多缺点，但至少是在盈利，先学习他的优点，接近他的水平，才有可能超越他。

所以阅读并不只是让我们去看，而是要去吸收，把别人的知识变成自己的知识，有目标、带思考才能吸收，让优秀的知识，为我所用。《诫子书》是诸葛亮在临终前留给儿子的一封家书，里面有一句话："非学无以广才，非志无以成学。"这句话的意思是说不学习就难以增长才干，不励志就难以学有所成。现在的社会很嘈杂，股市更嘈杂，每天有着各种各样诱惑我们的信息，但希望我们能静下心来，不断提高自己的认知，这才是在股市中获胜的唯一方法。

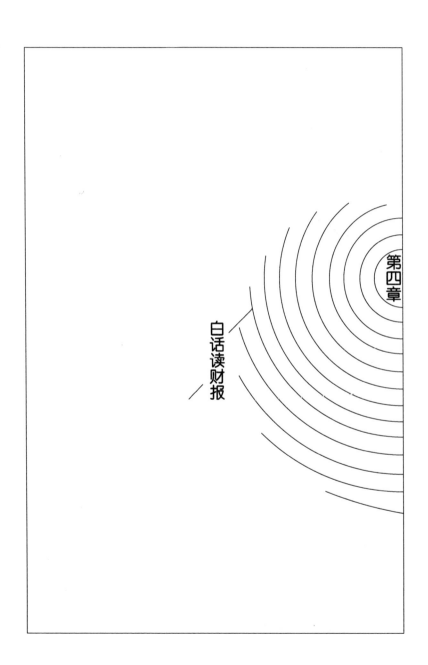

第四章

白话读财报

第一节　财报其实很简单

在长期的分享中我发现了一件事情，市面上我们可以看到的财报书籍因为要严谨与专业都看似非常复杂，对于一个刚刚接触财报的读者来说，阅读这样的书籍可谓难度不小。所以我得到很多类似的反馈，财报的书买了，但因为太难了导致自己一直拖延逃避，没办法读下去，甚至根本没勇气去尝试阅读。在这样的契机下，我写下关于财报分析的文章，不去追求严谨和专业，而是追求简单、易读，先让大家对认识财报有个大体的框架，然后在这个基础上再不断去丰富读财报的能力。

无论是投资股市还是自己创业，懂得基础的财务知识都是必需的。看懂财报并不是只对投资上市公司有作用，对和别人合作做生意、自己投资实体店铺都会有很大的帮助。

举个简单的例子，前几年有个朋友要开网吧，因为我曾经开过，所以他想听听我的意见。我俩刚见面，朋友就迫不及待地给我算起账来："老兄你快坐，听我给你说。每天营业额就有这么多，去掉人工、房租和水电等费用，每天能赚一千多元，一个月就是三五万元，你看这事行不行。"粗略一看确实行，每天的营业额减去人工、房租、水电等费用，剩下不就是赚的钱吗？

但是，他忽略了最简单的一项，没有把前期投入的机器、装修费用折旧。每隔几年网吧的机器就要更换，即使不更换，电脑也会出现大范围的损坏。也就是说，几年后他又要投资一大笔钱重新升级电脑、装修网吧。显然，最终得到的收益就没有他想象的那么乐观了。

　　这也可能是很多人开店经常忽略的问题，因为不具备最基本的财务知识，预估利润的时候只简单地算算每天的营业收入和成本。但前期投入和后期定期更换设备这部分成本就没有考虑，等店铺实际开起来才发现和自己想象的场景差太多。

　　阅读财报是每一个投资者必备的技能，其实 A 股上市公司披露的财报中，大部分内容我们不用学习也能看懂，稍微有点难的主要是在三张财务表格上，即资产负债表、利润表、现金流量表。我们不要把读财报想象成一件很恐怖的事情，下面我们会一起学习财报分析的内容。

一、财务报表的组成

　　财务报表主要包括四张表：资产负债表、利润表、现金流量表和股东权益变动表。我们平时用得最多的三张表分别是：资产负债表、利润表和现金流量表。我们先对这三张表的功能做个简单的介绍。

　　资产负债表：主要反映企业的财务状况，企业的短期、长期偿债能力，企业的资本结构，主要用于分析企业的财务安全程度等。

　　利润表：反映了企业过去一段时间的经营成果。

　　现金流量表：反映了企业货币资金和现金等流入流出情况，用来评价企业净利润的质量。

　　我们平时更多关注的是一家企业的净利润，但现金流量表和资产负债表也非常重要，甚至更加重要。比如某企业净利润有

80亿元，但经营活动产生的现金流只有30亿元，说明很多产品卖出去了，但并没有收到真金白银，收到了很多欠条。由此我们继续思考，什么样的企业会产生大量应收账款呢？大概率产品不是特别有优势，经销商不是非进它的货不可，看着满仓库的积压存货，只好含泪说："老哥！货你先拿走，你卖出去了再给我钱。"更进一步，甚至有造假的可能。

二、财报的重要性

　　财报就像企业定期发布的体检表，因为每个人的认知不同，对未来的判断会有差别，但是我们至少要先确定当下这份资产是没有问题的。我们决定买入一家企业的股票，就是用我们的现金换取了这家企业的部分股权。对于投资者来说，仅仅物有所值都是不够的，我们追求的是物超所值。

　　平时我们购买一件物品会详细地阅读产品描述，然后货比三家，买个蔬菜水果也要挑最新鲜的。像购买房屋这样重要的资产时，那就更不用说了，肯定是慎之又慎，会详细地了解位置、交通、配套设施、物业、房屋布局、楼层等。到了投资上，平时谨慎的我们突然变大方了，简直是挥金如土，经常是一拍大腿就决定买入，对自己买入的公司毫无了解，就期望马上赚钱，结果可想而知。

　　阅读财报是了解一家企业最有效的方法，如巴菲特所说："我阅读所有关注企业的财报，同时阅读它们竞争对手的财报，这些是我最主要的阅读材料，想要了解一家企业，阅读财报就是最有效的方法。"

三、 阅读财报的两种有效方法

1. 比较分析法

（1）和自身比较。对企业自身做连续对比，通过连续对比企业多期的财报，对企业有一个动态了解，看看哪些数据越来越好，哪些数据有所退步。然后认真思考一下，是什么原因造成了这种状况，企业的财报就像我们个人的定期体检表格，去年体检一切正常，今年体检血脂偏高，我们就要思考了，是什么原因造成了这样的结果？这个问题能不能被改变。阅读企业财报时，如果我们发现某项财务数据发生重大改变，这些表面数字变化的背后，一定有企业本质的一些改变，这些变化的原因一般都会写在财报的附注里。我们需要思考的是，企业给出理由的合理性，这些问题是暂时的，还是无法改变的，对企业的影响有多大。

（2）和同行业对比。同样的行业中，有的企业净利率高，有的企业净利率低，有的企业现金流好，有的企业现金流差，是什么原因造成了这些差异，那些数据优秀的企业具有哪些优势，这个优势是否可以持续，这都是我们需要思考的。

2. 比率分析法

每家企业市值和规模大小不同，只是做单纯的数字对比，我们很难有一个直观发现，所以就有了很多比率指标。

资产构成比相关的指标有：流动资产/总资产、固定资产/总资产、货币资金/流动资产、应收账款/流动资产、流动负债/总资产、长期借款/总资产等。

分析企业效率的比率有：销售净利润率、主营业务利润率、成本费用利润率、净资产收益率、总资产收益率等。

其他的还有：流动比率、速动比率、资产负债率等。

第二节　白话资产负债表

资产负债表是三张表中最重要的一张表。资产负债表主要分为流动资产、非流动资产、短期负债、长期负债、所有者权益这几项。一些解读财报的书籍很难看懂，还有另外一个原因就是因为经常穿插着讲解这些科目，初学者看着看着就乱了，我今天就换个方式，一个科目一个科目按顺序解读。我们以承德露露2020年的财报为例。

一、流动资产部分

我们先来看流动资产部分，所谓流动资产是指企业在一年左右可以变现或者运用的资产。简单地说就是在一年左右较短的时间内，可以用到或随时变现的资产就是流动资产。

流动资产主要包含以下科目：货币资金、交易性金融资产、应收票据与应收账款、预付款项、存货等。下面我以承德露露2020年年报为例，分析流动资产部分的关键（见表4-1）。

表 4-1 承德露露的流动资产部分

单位：元

流动资产：	
货币资金	2,341,879,623.83
结算备付金	
拆出资金	
交易性金融资产	
衍生金融资产	
应收票据	
应收账款	500,000.00
应收款项融资	
预付款项	11,241,242.49
应收保费	
应收分保账款	
应收分保合同准备金	
其他应收款	103,249.36
其中：应收利息	0.00
应收股利	0.00
买入返售金融资产	
存货	193,238,951.37
合同资产	
持有待售资产	
一年内到期的非流动资产	
其他流动资产	390,916.46
流动资产合计	2,547,353,983.51

1. 货币资金

流动资产中变现能力最强的就是货币资金，承德露露 2020

年年报的货币资金如下（见表4-2）。

表4-2　承德露露的货币资金

单位：元

项　　目	2020 年 12 月 31 日	2019 年 12 月 31 日
流动资产：		
货币资金(元)	2,341,879,623.83	2,203,622,278.61

从这个数据中，我们首先可以看出承德露露 2020 年的货币资金为 23.42 亿元，比 2019 年增加了 1.38 亿元。货币资金这个科目很好理解，就是公司的钱要么放在公司，要么放在银行。这些货币资金都包含了哪些项目呢？我们直接在年报内搜索"货币资金"几个字就可以看到。

承德露露的货币资金组成比较简单，绝大部分都存在银行，库存现金为 2960.62 元，存放在境外的现金没有（见表4-3）。

表4-3　承德露露的库存现金

单位：元

项　　目	期 末 余 额	期 初 余 额
库存现金	2,960.62	568.80
银行存款	2,341,876,663.21	2,203,621,709.81
其他货币资金	0.00	0.00
合计	2,341,879,623.83	2,203,622,278.61
其中：存放在境外的款项总额	0.00	0.00
因抵押、质押或冻结等对使用有限制的款项总额	0.00	0.00

货币资金的组成不光只有这两项，有一些公司的就比较复杂，表4-4是格力电器2018年年报中的货币资金。

项目中分别有现金、银行存款、其他货币资金、存放中央银行款项、存放同业款项。虽然格力的项目比较多，但也不要慌，都是中文，大家一定看得懂。

现金、银行存款这两项大家肯定都能理解。其他货币资金到底是什么呢？不要着急，看见图表上的"注1"了吗？财报的编写人员也知道大家可能会看不懂，已经给注释好了。

表4-4　格力电器的货币资金

单位：元

1. 货币资金

项　　目	期末余额	期初余额
现金	1,678,449.67	3,058,609.51
银行存款	64,418,416,813.66	59,171,362,507.13
其他货币资金【注1】	3,608,319,521.92	8,631,465,941.28
存放中央银行款项【注2】	3,047,519,040.61	2,942,963,734.68
存放同业款项	42,003,096,542.25	28,862,125,464.22
合计	113,079,030,368.11	99,610,976,256.82
其中：存放在境外的款项总额	819,859,100.33	2,450,291,618.07

其他货币资金【注1】：其他货币资金期末余额主要为银行承兑汇票保证金、保函保证金、信用证保证金存款等，其中受限制资金为29.6亿元。

存放中央银行款项【注2】：公司存放中央银行款项中法定存款准备金为30.48亿元。

看到这，有的朋友们要问了，还有个存放同业款项呢，这个我既看不懂，也没注释怎么办？ 答，查百度，一些不理解的专有名词，百度上都会有解释，简单地说，存放同业款项是 A 银行在 B 银行开立自己的账户，把钱存在 B 银行。因为格力电器有自己可以开展业务的独立财务公司，所以就会有这一项。这么一看是不是很清楚了？因此，大家一定不要觉得看财报是一件很难的事，一家好公司的财报会写得详细易懂，公司取得了这么好的成绩，会生怕别人看不懂，只要它觉得大家会有看不懂的地方，都会给注释清楚。

相反，一些公司的财报，大家怎么看也看不懂，这很可能是根本就不想让大家看懂，写得晦涩难懂才能隐藏其很多缺点。

知道了公司有多少钱后，一家公司账上的钱，有哪些途径获得呢？

（1）增发股票或者举债。

（2）出售资产。

（3）经营活动产生的现金流入大于现金流出。

显然只有第三种是可持续并且有利的。**同时，我们要注意货币资金并不是越多越好，货币资金过少代表企业的偿债能力不足，容易产生经营困境；货币资金过多代表企业的资金运用能力较弱，所以我们要结合企业的实际情况去观察，一般会出现四种情况。**

（1）货币资金余额比短期负债少很多，公司有可能出现短期偿债困难。

（2）货币资金充裕，却借了很多有息甚至高息负债。

（3）定期存款很多，流动资金却严重缺乏。

（4）其他货币资金数量巨大，但没有合理注释。

（2）（3）（4）中的内容都很可能意味着其账面上貌似充足的货币资金很可能是虚构的，或者被挪用了。

一句话总结：货币资金就是钱，合理运用是关键，太多太少都不好，要结合企业来思考。

2. 交易性金融资产

公司持有的一些期望因资产价格变动获利的资产，都记录在这个科目，一般年报中都会有详细的列表。如果发现有金额特别大的情况，我们要考虑这些资产未来减值的风险。

3. 应收票据与应收账款

第二个重要的项目是应收票据与应收账款。以承德露露2020年年报为例，其没有应收票据，只有50万元的应收账款，这个金额对比承德露露营收的话几乎可以忽略不计，证明承德露露的产品还是有竞争力的，很少出现赊账拿货的情况（见表4-5）。

表 4-5　应收票据与应收账款

单位：元

应收票据		
应收账款	500,000.00	

简单地说，这两项的产生都是因为对方拿了货没给企业钱，无论是应收票据还是应收账款，金额大了都不好。如果出现应收项目金额过大，最有可能的原因就是企业的产品没有什么竞争力，别人给不了现金，但又没有更好的销售选择，只好让对方先

拿走货物。这里面应收票据又分为两种：银行承兑汇票和商业承兑汇票。

（1）银行承兑汇票。它是由银行承诺兑现的，到了约定期限，银行肯定给兑换，所以这个是最安全的。如果企业急用钱也可以贴现后不用等到期，直接和银行换取现金。各个银行的贴现率也不同，企业想把未来到期的 100 元现在就拿出来用，只能先打个折兑付。

（2）企业间的商业承兑汇票。它的公信力就比银行差一些了，能不能兑付取决于开票企业的财务状况和诚信度。关于企业的应收票据组成，我们在年报里搜索"应收票据"就能看到。

卖了货物连应收票据都没收到的情况就会被记录在应收账款。相比应收票据，一般情况下应收账款产生的坏账率更高，与应收账款相比，应收票据使用灵活且更可靠，但总体来说都是越少越好。

一句话总结：应收没有最好，没有就没烦恼，要是非有不可，最好是银行汇票。

在新的会计准则下，还多出来一个新科目——合同资产，合同资产和应收账款差不多。举个例子，顾客拿了企业的货物去卖，但是还没给钱就是应收账款。顾客和企业签了一个两年服务期的合同，按约定两年内服务售后，服务期没到，这笔没给的钱就记录在合同资产。

说到应收这里，我们还要考虑一个问题就是**坏账计提**，既然是没有收到现金，就有发生坏账的风险。我们在年报中搜索"坏账准备"，就能看到各企业的标准，**这个标准当然是越严格越好**。表 4-6 是承德露露的坏账计提标准，表 4-7 是格力电器的坏账计提标准。

表 4-6 承德露露坏账计提标准

账 龄	应收账款计提比例	其他应收款计提比例
1 年以内（含 1 年）	5.00%	5.00%
1~2 年	10.00%	10.00%
2~3 年	20.00%	20.00%
3 年以上	30.00%	30.00%

我们明显可以看出，格力电器的标准更加严格，当然这也因为行业的差别而不同，承德露露本身就没什么应收。平时我们也可以做同行业的坏账准备标准对比。

表 4-7 格力电器坏账计提标准

单位：元

账 龄	期 末 余 额		
	账 面 余 额	坏 账 准 备	计提比例(%)
1 年以内	7,102,390,980.19	355,119,549.05	5.00
1~2 年	46,987,239.55	9,397,447.87	20.00
2~3 年	19,920,724.75	9,960,362.41	50.00
3 年以上	6,964,308.56	6,964,308.56	100.00
合计	7,176,263,253.05	381,441,667.89	5.32

我们要知道，并不是计提了坏账，企业就不打算要这笔钱了，公司依然会追讨这笔债务。很可能出现账目已经按坏账计提，在当年按损失入账，但是第二年钱又要回来了，这时候在第二年的年报里，会对第二年利润表中的"资产减值损失"进行冲抵。

4. 其他应收款

这个科目跟主业相关性不大，一般金额也不会太大，像承德露露 2020 年年报中，这个科目的金额是 10 万元，一些和主业无关的应收款都会记录在这里。如果金额非常大，我们就需要警惕，试着去找找原因，实在找不到，也要保持警惕。如果我们看完一份财报发现，这家公司有非常多的科目不合理，又找不到原因，最好的办法就是远离。

5. 预付款项

应收票据及应收账款之后的下一个项目就是预付款项，预付款项就是预先付给供货单位的购货款，或者预付在建工程的价款。也就是说，钱已经花出去了，东西还没拿到，或者工程还没建好。

一般我们也可以在年报中查询到排在前几名的预付款项详细支出，比如承德露露该项的大部分是工程预支，还有一种情况是对上游企业的预支，这就表明企业在上游的话语权大概率不强（见表4-8）。

表 4-8　承德露露预付款项支出明细

单位：元

单位名称	与本公司关系	金额	时间	占预付款项总额的比例(%)	未结算原因
北京起重运输机械设计研究院	非关联方	10,194,000.00	5年以上	90.68	尚未开工建设
中国石油天然气股份有限公司陕西西安销售分公司	非关联方	180,972.84	1年以内	1.61	预付汽油款

（续）

单位名称	与本公司关系	金额	时间	占预付款项总额的比例(%)	未结算原因
中国石油天然气股份有限公司河北石家庄销售分公司	非关联方	146,853.42	1年以内	1.31	预付汽油款
中国石化销售股份有限公司北京石油分公司	非关联方	119,028.00	1年以内	1.06	预付汽油款
中国石油天然气股份有限公司河北承德销售分公司	非关联方	117,421.86	1年以内	1.04	预付汽油款
合计		10,758,276.12		95.70	

这其中有可能是上游材料本身就是比较稀缺的，也有可能仅仅是这家企业竞争力不足，得不到上游企业的信任。

就好比有两家饭店，A店生意火爆，无论是送米、送面、送菜的老板，都怕失去这个大客户。一般都是：大哥东西先放这了，你先用着，随后闲了过来结账。因为大家都知道你生意好，不怕你倒闭或者跑路。B店生意冷清，需要的米面油菜也少，所以不被重视，别人又怕你突然倒闭或者跑路，肯定是没人愿意给它赊账。送货的老板大概率会说：你先把钱转给我，随后我给你送过去。

预付款项是一个比较容易出现造假的科目，长时间的预付款项很可能是以预付的名义挪用上市公司资金。因为没有哪家企业傻到预付货款，然后三五年都不要货的。我们在年报里搜索"预付款项"，也可以看到关于预付款项账龄的显示。

我们看到承德露露是三年以上居多（见表4-9），但是我们前面了解到承德露露的预付款项主要是工程款，如果我们继续查一下，北京起重运输机械设计研究院和承德露露有一项业务是仓储物流，这个项目暂时被搁置了。因为金额不是特别巨大，我们就不用过度去研究了。我们看财报要学会抓大放小才能有效率，这 1000 多万元不足以导致这家企业出现经营风险，我们就不必花费过多时间在此纠结。

表 4-9　承德露露预付款项账龄分布

单位：元

账　　龄	期末余额		期初余额	
	金　　额	比　　例	金　　额	比　　例
1 年以内	966,142.46	8.60%	2,043,171.08	16.49%
1~2 年	51,100.03	0.45%		
3 年以上	10,224,000.00	90.95%	10,344,000.00	83.51%
合计	11,241,242.49	—	12,387,171.08	—

相反，如果我们发现预付给的是上游材料企业，且金额很大又占用了很久，我们通过调研发现企业的原材料也不是稀缺且需要长期准备的产品，那就要保持谨慎态度。

6. 存货

存货是以出售为目的持有的商品、处于生产过程中的产品以及相关原材料。比如生产所需的原材料、生产的成品和半成品都会记录在存货科目。

承德露露 2020 年年报中的存货为 1.93 亿元。存货在年报中

也有详细的分类，依然是在年报里搜索"存货"查看，表 4-10
是承德露露的存货明细。

表 4-10　承德露露的存货明细

单位：元

项目	期末余额			期初余额		
	账面余额	存货跌价准备或合同履约成本减值准备	账面价值	账面余额	存货跌价准备或合同履约成本减值准备	账面价值
原材料	54,879,025.01		54,879,025.01	77,020,761.87		77,020,761.87
备品备件	13,309,961.50		13,309,961.50	12,822,806.32		12,822,806.32
包装物	6,455,121.32		6,455,121.32	8,924,652.13		8,924,652.13
库存商品	118,594,843.54		118,594,843.54	215,035,516.53	445,291.63	214,590,224.90
合计	193,238,951.37		193,238,951.37	313,803,736.85	445,291.63	313,358,445.22

看到存货明细，我们就要思考一些潜在的风险。比如有些公司需要的原材料价格比较高，波动比较大，要看看公司有没有做充分的跌价准备。又比如有些公司生产的是新鲜食品或者保质期较短的食品，如果存货商品数量巨大，有可能过了保质期就价值归零。

还有一些高科技公司，也存在产品过时的可能。比如某某苹果产业链科技公司，有一批 iPhone8 的配件存货，记在账上有些价值，放到现实中可能就一文不值，这些都需要我们格外注意。所以，存货是一个值得我们详细观察的科目。

至此，资产负债表里流动资产这部分的主要科目就给大家介绍完了，货币资金、应收账款与应收票据、其他应收款、预付款项、存货，这些是企业流动资产中主要的部分。

在这里穿插介绍两个资产负债表里比较常用的财务比率。

(1) 流动比率。其计算公式是：流动比率=流动资产/流动负债，在经营企业中流动比率越高，表示企业资产的流动性越强，因此企业也有足够的变现能力用于偿债。但是流动比率也不是越高越好，流动比率过高意味着企业的闲置资产比较多，影响企业的周转效率和获利能力，**一般来说这个比值在1~1.5比较好。**

(2) 速动比率。它也是用来衡量企业偿债能力的指标，计算公式是：速动比率=速动资产/流动负债，速动资产=流动资产-存货，还有一种速动资产计算的方法是：速动资产=流动资产-存货-预付账款-待摊费用。**这个比值在1附近比较好，当然也要根据不同行业的特性进行区别对待。**

有了流动比率为什么还要速动比率呢？ 因为在流动资产中，存货变现的能力是相对较弱一些的。速动资产其实就是把流动资产中的存货去掉了，剩下的货币资金、短期投资、应收票据、应收账款及其他应收款的变现能力都更强一些，并可以进一步体现企业的偿债能力。

任何指标也不能被僵化地运用，仅仅是一个观察的维度而已，不能靠一个指标就判断企业的好坏，比如地产公司基本上都是高负债运营，这并不代表就完全不能投资这个行业。

二、非流动资产部分

我们先对非流动资产做一个简单的描述：企业流动资产以外的资产我们泛指为非流动资产，肖星老师在《一本书读懂财报中》也对此做过一个非常通俗的解释，流动资产和非流动资产的主要差异就是，是否能在一个循环之内将自己变为现金。非流动资产主要包括：长期应收款、持有到期的投资、长期股权投资、工程物资、投资性房地产、固定资产、在建工程、无形资产、长期待摊费用、可供出售的金融资产等。下面我以承德露露2020年年报为例（见表4-11），对其做详细解读。非流动资产具有占用资金多、周转速度慢、快速变现能力差的特点。

表 4-11 承德露露的非流动资产

单位：元

非流动资产：	
发放贷款和垫款	
债权投资	
其他债权投资	
长期应收款	
长期股权投资	2,547,658.76
其他权益工具投资	0.00
其他非流动金融资产	
投资性房地产	
固定资产	217,837,144.05
在建工程	19,870,148.70
生产性生物资产	
油气资产	
使用权资产	
无形资产	295,783,460.75
开发支出	
商誉	
长期待摊费用	151,366.99
递延所得税资产	9,389,678.05
其他非流动资产	
非流动资产合计	545,579,457.30

1. 长期股权投资

承德露露 2020 年长期股权投资是 254.77 万元，要注意的是，我们看的是合并资产负债表，表中已经合并了子公司的数据，所以这个科目主要包括合营或联营的公司，其资产会以权益核算法影响公司的利润和资产。主要的规则为：利润部分按上市公司持股比例计入上市公司利润表的投资收益，并且对应影响长期股权投资的账面价值。如果合营或联营公司一直亏损，在长期股权投资部分的账面价值记录到 0 为止。

关于长期股权投资详细列表，我们在财报中搜索"长期股权投资"就可以看到，一般合营或联营按以下两种情况划分。

(1) 合营（按持股比例合同约定）。 持股比例按合同约定，经营过程中的重要决定，由享有控制权的各投资方商议决定。

(2) 联营。 如果 A 上市公司持有 B 公司的股权小于 50%，但是它又对 B 公司有决策权，可以影响其经营活动，那么 B 公司就成了 A 公司的联营公司，通常持股是在 20%~50%。

合营或联营的公司经营利润会按权益比例影响上市公司 A 的利润表。

比如，A 公司持有 B 公司 40% 的股权，B 公司全年利润为 300 万元，按 40% 的权益计，300×40% = 120（万元）计入 A 公司的利润表。同时会在长期股权投资科目上增加 120 万元。

长期股权投资科目持有的其他公司经营情况会直接影响公司财报，如果这个科目金额较大，我们就需要花费一些精力深入关注。

2. 长期应收款

长期应收款是什么呢？简单地说，一家企业销售了产品，采用递延方式收款，就会被记录在长期应收款中。递延方式就是买家选择了分期付款。

举个例子：A公司销售给B公司一批价值100万元的物资，买的时候两家就商量好，B公司先拿走货物，分期4年付款，每年底给A公司付款25万元。A公司就会把这笔账目记录在财报的长期应收款中。

长期应收款数额大了好不好呢？看到财报的这一项时，我们需要结合企业的特质来思考。**比如，大部分销售快消品或者单品金额不巨大的产品的企业，一般是不会有长期应收款的。**拿承德露露举例，其产品的保质期才一年左右，也就是说，进货的公司最慢一年内也要把它卖出去。如果有很多的长期应收款，说明经销商把产品卖出去了，但钱却分好几年给厂家，这就很不符合常理。要么是产品太没竞争力，要么就有其他财务造假，这需要引起我们的注意。但有一些行业会有合理的长期应收款，比如单品金额较大、使用期较长的大型机械，或者一些软件公司。

一句话总结：销售款项分期拿，快消或者金额小，长期应收不能搞，长期应收特别多，产品逻辑要符合。

3. 投资性房地产

承德露露2020年年报中的投资性房地产科目是0，这个就是字面意思，除了地产公司外，企业持有一些房产、地皮的话，如果不是以自用为目的，而是为了赚取租金、获得升值。这些资产就会被计入投资性房地产科目内。

投资性房地产在财报中有两种计价模式：第一种是成本计价模式，第二种是公允价值计价模式（也就是当前市场价格）。企业只能二选一，不能两种并存。

（1）企业如果选择成本计价模式，就和普通固定资产没太大差别，需要按时进行计提折旧，并将收到的租金计入利润表的其他业务收入科目即可。

（2）如果企业选择的是公允价值模式，当公允价值变动时，就会影响当期财报的"公允价值变动收益"科目，从而影响当期净利润。

我们仔细想想，虽然企业持有的房产或地皮涨价了，但是没卖出就没有真的赚到钱，都是纸上富贵。就像我们投资股票一样，持仓里的股票虽然涨了，但是没有真正卖出，就只是看着舒服，最终能留下多少也不一定。这笔钱既然没有真的赚到，税务局也不会真的按这笔收入来收税，所以就会产生报表上另一个科目"递延所得税资产（负债）"。

一句话总结：房产不用也不住，计入投资的科目，计价方式有两种，公允计价要慎重，价格随时会变动，不到卖出没啥用。

4. 固定资产

承德露露 2020 年年报中的固定资产为 2.18 亿元。**什么是固定资产呢？**为生产经营所持有且持有超过一年，且价值比较大的非货币性资产。具体包括：房屋、建筑物、机器、机械、运输工具、经营设备、器具、工具等。

分析固定资产时的几个注意事项。

（1）固定资产要计提折旧，折旧要当作公司的经营费用从利润表中扣除。**有人要问了，买的时候我都付钱了，为啥还要计提扣除利润呢？**比如，我开网约车，买了一辆车价值为 10 万元，这就是我的生产工具，预计能开 5 年，也就是这辆车 5 年后就毫无价值了，我们粗暴地按每年折旧 2 万元算，每天就是 55 元。当计算一天收入的时候，我们不能只是按收入减油费再减吃喝拉撒所需的费用，因为前期还投入了 10 万元买车，这个车能用 5 年，所以这辆车每天的价值损耗也是经营成本。

（2）除了折旧，固定资产年末还要进行减值准备。比如，资产的价值下跌了，技术落后了，有损坏了，或者已经无法被企业使用，减值也要从利润表中扣除，并且一旦减值是不允许转回的。打个比方，某厂以前有个口罩生产线，因为长期用不到觉得以后也用不到，就做了减值，后来因为疫情，这个口罩生产线又焕发了第二春，但也不能把之前做过的减值再增加回来。

（3）折旧方法有很多种，年限平均法、工作量法、年数总和法等。我们不用特别深究，但是发现公司突然改变了折旧方法时，我们就要谨慎一些，要去深究这个改变是否合理。

（4）折旧并不是价值真的产生了损失，即便折旧到价值为零，只要资产能正常使用也不会受到影响，比如水电站、企业的城区房产等。

（5）因为折旧会直接影响利润表，但是又没有统一的标准，所以企业也会有一些调节手段，比如优秀的公司一般都会选择快速折旧，增加前期费用，减少前期利润，利润少了就可以少缴税费，多了一部分可供使用的资金。相反也会有经营较差的公司，为了美化当前报表，尽可能地减少当期折旧，把折旧时间拉长。所以对于公司的折旧标准，我们也可以作为对公司实力的侧面印证来观察。

一句话总结：固定资产持有超一年，经营要相关，折旧快与

慢，利润表上见，快折比较好，慢折有苦恼。

5. 在建工程

承德露露的在建工程是 1987.01 万元。这个科目比较简单，就是正在建设的工程，建设好后会划入固定资产。我们依然是在财报里搜索"在建工程"可以查看，在建工程的项目和进度都会标注出来。

注意事项：如果一家公司在建工程科目数额巨大，迟迟不转入固定资产科目，我们需要考虑其合理性，很有可能是已经完工，公司为了避免折旧，美化当期利润，没有将资产转入固定资产科目。

6. 无形资产

承德露露的无形资产是 2.96 亿元。无形资产包括专利权、商标权、著作权、土地使用权、特许权、版权和非专利技术等。这些资产被企业控制，对企业经营有用，但没有实物形态，基本都是一些权力。

无形资产也是资产，所以也会折旧，只是换了个名字叫"摊销"。无形资产中有使用年限的部分会按可使用年限摊销，没有明确到期的，就只能按公允价值做减值准备，且减值一经确定就不允许转回，也就是说，减值后就算价值回升也不允许加回来。

减值测试主要是参考公允价值的变动，比如可以参考最近一次同类资产的交易价格。没有同类资产近期交易可以参考的，也可以重新进行评估，评估就多了很多主观因素。对于这部分资产的摊销，企业自身财务政策是否谨慎对其也有很大的影响。

除了摊销以外，还有另一个问题就是无形资产的价值如何确认。如果无形资产是买来的，那么价值是比较好确认的，比如一些特许经营权。那么专利怎么确定计入无形资产的价值呢？如果是买来的依然是有价格的，自己开发的就计算开发支出和相关费用，等到了这个项目研究成功后，这些支出的总额就是无形资产的价值。

这里面又会有一个调节空间，企业自己的专利大致会分为研究和开发两个阶段，研究阶段要计入当期管理费用，开发阶段的支出可以计入无形资产。但是在具体情况下，实际上我们很难给研究和开发画一条明显的界限，因此这也存在了一定的调节空间。

总体来说，如果企业比较重视短期财报，就会倾向于提高开发阶段的比例，从而让更多的支出进入无形资产，让财报更好看，也就是我们常说的研发费用资本化。相反，一些比较踏实的企业，就倾向于把更多费用计入在研究阶段，也就是计入管理费用，虽然会加大当期财报的费用但是资产质量更可靠。对于我们投资者来说，一些研发投入比例高的企业，如果在研发费用上把更高比例计入管理费用，显然其利润会更可靠。

注意事项：无形资产包含土地使用权，但如果是房地产开发公司，为了建造房屋买的地是不算无形资产的，而是算存货。如果非房地产公司把土地的使用权计入投资性房地产时，也不再是无形资产。

一句话总结：无形资产看不到，但是价值很重要，研发开发可调节，企业自觉很必要。

7. 商誉

承德露露没有商誉，商誉在有过一些并购的公司的科目是会有数额的。商誉是如何产生的呢？首先商誉不允许自己随意添加。如某公司老总说："我觉得我们和同行相比很有优势，所以我打算给自己加上5亿元商誉。"这肯定是不行的，企业财报中商誉的增加，只能在收购过程中产生。

比如，A公司收购了B公司，B公司各项资产公允价值为70万元，A公司收购却花了100万元，多花的30万元，买来的是一种看不到的优势，也可能是优秀的技术人员，也可能是一个耳熟能详的品牌，或者是某种特许经营权，多花了一部分钱却看不到实物的优势，交易完成后就会被记录到A公司的商誉中。

公允价值以外的价格计入商誉，公允价值就是大家公认的价格，比如某个产品有同类的市场报价或相似的产品可以参考价格，实在没有的就要找专业的机构评估，但显然大部分公司的资产都比较复杂，不可能有明显的比价标杆，所以此处也经常会出现调节报表的地方。

因此，当你关注的这家企业商誉特别多，一定要谨慎回顾一下其过往的收购活动是否合理。商誉是一个需要谨慎对待的科目，我们经常会遇见公司突然大幅减持商誉的情况。

一句话总结：商誉不能自己加，收购才能产生它，同样资产不同价，商誉起的作用大，商誉特别易造假，商誉过高易爆炸。

8. 长期待摊费用

长期待摊费用就是企业已经支付了钱，但功效持续一年以上的费用。比如对固定资产的改良和维修等。比如公司请人维修了公司办公楼，花了 10 万元，但维修不光是为了今年，随后的四年就都不用再维修了，等于这个维修的效果持续了 4 年，既然花了钱会有四年的效果，那花费也不能都算到今年，所以就计入长期待摊费用。这个科目不难理解，同样有一定的调节空间，将支出记录到这个项目，当期的费用就减少，当期的利润就会增加。

9. 递延所得税资产

为什么会有这个科目？ 简单地说，因为上市企业和税务局对当期税收计算的标准不同，因此税务局计算的公司利润应交税费有时候会和公司财报上的不一样，税务局计算的税费多于公司计算的，就会产生递延所得税资产。

为什么税务局计算的税费和公司计算的税费会有差额呢？ 因为在一些科目中，会计准则和税务的计入方法不同，比如企业存货发生减值迹象，经减值测试后计提了存货跌价准备，在会计准则卜会导致当期利润减少。但是在税务上不同，税务并不认可企业自行进行的跌价准备，因此实际收的税就会多出一部分。

再比如，按照会计准则，在计入销售收入的时候，会直接扣除预计返点部分，但税务部门只在返点实际支付时才承认这笔费用。这个分歧就产生了递延所得税资产。

简单地说，在会计准则下，很多预期要发生的变动计入当期变化，但在税务计算时，只有实际发生才承认这笔费用，因此产生了差额。 这时候税务部门计算出来的税会多于企业的税，但多缴的税也不白交，比如存货减值计提，未来处置这批存货时，实际产生的损失，税法上是认可的。因为以上类似原因造成税务部门计算的税高于企业计算的税，就会产生"递延所得税资产"科目。这在财报里也会有详细列表，如果数额很大我们要针对表格去考虑一下其合理性。

至此，资产负债表的资产部分就介绍完了，我们再来看看资产负债表的负债部分。

三、流动负债部分

流动负债主要包含短期借款、吸收存款及同业存放、应付账款、预收款项及合同负债、应付职工薪酬、应交税费、其他应付款。继续以承德露露 2020 年年报为例，分析流动负债部分（见表 4-12）。

1. 短期借款

短期借款是指企业将在一年内或一个经营期内偿还的债务，承德露露的短期借款为 0。这个没什么难度，我们直接讲下一项。

2. 吸收存款及同业存放

这一项是金融相关公司的重要科目，像承德露露这样自己不是金融公司，也没有金融类子公司，这一个科目数值就是 0。比如茅台、格力都有自己的金融子公司，它们就会有这个项目。

3. 应付账款

应付账款是指企业因购买材料、商品或接受劳务供应等发生的债务。也就是说，企业拿了人家的商品或服务没有付钱。

表4-12 承德露露的流动负债部分

单位：元

流动负债：	
短期借款	
向中央银行借款	
拆入资金	
交易性金融负债	
衍生金融负债	
应付票据	
应付账款	194,130,326.39
预收款项	
合同负债	419,253,846.72
卖出回购金融资产款	
吸收存款及同业存放	
代理买卖证券款	
代理承销证券款	
应付职工薪酬	53,228,407.53
应交税费	53,334,825.35
其他应付款	27,926,496.13
其中：应付利息	
应付股利	
应付手续费及佣金	
应付分保账款	
持有待售负债	
一年内到期的非流动负债	
其他流动负债	54,503,000.07
流动负债合计	802,376,902.19

比如，承德露露买了一批杏仁，因为承德露露是采购大户有话语权，就告诉批发杏仁的老板："东西我先拿走，我随后给你钱。"这个时候承德露露财务报表中的应付账款就会产生金额。

4. 预收款项及合同负债

两者相同的是，均为先收了客户的钱还没提供产品或服务；两者不同的是，"预收账款"并不强调合同的产生，如果顾客提前支付给公司一笔款项，还没协商对应的产品或服务，顾客有退款权利的就是"预收账款"。如果顾客提前支付给公司一笔款项，已经签订了合同且约定了具体的产品或服务，就计入"合同负债"。

5. 应付职工薪酬

承德露露的应付职工薪酬是5322.84万元，应付职工薪酬包括：职工的工资、保险、奖金、福利、辞退补偿等。该科目的内容很简单，活干了，钱还没付给别人，就相当于是欠别人的。在唐朝的《手把手教你读财报》中有一个通过本科目计算出大致年度职工薪酬的方法。现金流量表中有一个"支付给职工以及为职工支付的现金"的科目，在资产负债表中就是我们现在正在讲的"应付职工薪酬"这个科目。

大致的员工本年度薪酬总额=应付职工薪酬末期额−初期额+支付给职工以及为职工支付的现金。

6. 应交税费

承德露露的应交税费是5333.48万元，应交税费就是尚未交付的各种税金,具体包括:增值税、消费税、营业税、所得税等。这个科目也没有太复杂的地方,我们在年报中搜索"应交税费",也会看到详细的列表。

7. 其他应付款

其他应付款中的资金大部分是跟主营业务没有直接关系的应付款项。第一类是赔款、罚款、违约金,第二类是别人给公司的保证金。比如,物业公司收了别人的装修保证金,再比如招标保证金、经销商保证金、股权转让保证金等,以及其他一些暂收款项,或者一些固定资产的租金。

这个科目看着比较杂乱,简单地说,归类到这个科目的应付款和公司的日常产品生产经营相关性不大。比如承德露露,买了一批生产用的杏仁没给钱,就不能计入其他应付款里。但其可能三五年扩建了一下厂房,七八年更新了一下机器,由此产生的工程款、设备款的应付款是允许计入这个科目中的,这个科目一般都会有详细列表(见表4-13)。

表4-13 承德露露的其他应付款

单位:元

项 目	期 末 余 额	期 初 余 额
保证金	1,240,925.00	1,711,115.00
代扣款项	175.00	46,459.79
其他往来款	26,685,396.13	30,158,389.32
合计	27,926,496.13	31,915,964.11

一般一个科目计入标准比较宽松,就容易出现造假,比如其他应付款科目,大部分应付款放进去看似都是合理的,相对来说

就比较容易出现造假。比如隐匿收入，其他应付款属于企业的流动负债，通常情况下一个周期或一年内是需要偿还的，如果企业存在其他应付款的时间非常长，就有可能存在隐匿收入。

其他应付款的账龄可以在年报中查询，比如承德露露的其他应付款都是在一年以内，但有一些企业的其他应付款的时间很长，数目相对也大，并且没有特别说明原因。这种情况下，我们就要格外注意。

以上就是流动负债的主要科目，它们加到一起就是流动负债合计，流动负债是指企业将在一年内或超过一年但在一个营业周期内偿还的债务。

四、非流动负债部分

非流动负债又称为长期负债，是指偿还期在一年以上的债务。非流动负债主要是企业为筹集长期投资项目所需资金而产生的，比如企业为了发展，向银行借入的中长期贷款等。非流动负债主要包含递延收益、长期应付款、递延所得税负债。下面我继续以承德露露的 2020 年年报为例，讲解非流动负债部分的关键点（见表 4-14）。

表 4-14　承德露露的非流动负债部分

单位：元

非流动负债：	
保险合同准备金	
长期借款	
应付债券	

（续）

其中：优先股	
永续债	
租赁负债	
长期应付款	
长期应付职工薪酬	
预计负债	
递延收益	
递延所得税负债	52,460,498.66
其他非流动负债	
非流动负债合计	52,460,498.66

　　非流动负债中前面几个科目，如长期借款、长期应付款、长期职工应付薪酬、其他非流动性负债，它们和流动负债中的对应科目含义差不多，只是它们还款的期限更长，打算一年以上归还，就会被计入非流动资产的对应科目内。

　　非流动负债和流动负债正好相反，是指企业将超过一年或超过一个营业周期偿还的债务，非流动负债中的科目相对容易理解。

1．递延收益

　　递延收益略有点"烧脑"，虽然它在负债里，但是和其他负债略有不同，其主要来自两方面。

　　（1）政府补助。

　　（2）其他涉及递延的收益。

　　比如，某企业200万元买了个设备，但这个是当地政府扶持的产业，根据相关政策，政府会补助100万元。政府会一下拨付这笔钱，但是会计计入方式要按机器使用寿命分期计入损益，经过相关评定，这个设备使用十年价值归零，这笔钱就要先计入递延收益，然后按使用时间逐年释放到利润表。

2. 长期应付款

长期应付款没有特别之处，就是超过一年或一个经营周期的应付款。比如一些设备的分期款项，应付融资租入固定资产租赁费等。

3. 递延所得税负债

递延所得税负债和递延所得税资产是同样的道理，因为企业和税务局的计入方式有差别，税务局计算的税会比企业自己计算的税少，这部分就会被计入"递延所得税负债"。比如投资性房地产，如果企业选择投资性房地产按公允价值计价，那么公允价值的变动就会影响当期的净利润。实际上，企业并没有卖出这个房地产，也没有真的获得利润，在税务局计算的利润中是没有这部分利润的，但是财报里会体现这部分利润，企业按自己财报计算的税费就会比税务局计算的税费高，就会形成递延所得税负债。

总结一下，税务局和企业计算的税费有分歧时，按税务局的标准缴纳，**税务局多要，会产生递延所得税资产，税务局少要，会产生递延所得税负债。**

至此，资产负债表中的流动资产和非流动资产中的主要科目讲解和注意事项就给大家介绍完了，它们合并起来就是企业的资产总计。

五、所有者权益

资产减去负债就是所有者权益（或股东权益）。我们一般习惯把所有者权益称为"净资产"。但需要注意的是，对于我们这些上市公司股东，只有"归属母公司所有者权益"是属于我们的，少数股东权益不属于我们。为什么会这样呢？因为合并报表中有些子公司并非由上市公司100%持股。持有剩余股权的个人或法人，就被称为"少数股东"。

1. 实收资本（股本）

在国内，股本必须等于注册资本，股本就是注册资本除以票面面值。在A股中，99.9%的上市公司票面价值都是1元，所以对于大部分企业来说，注册资本就等于企业的股本。股本本身没什么特别的含义，也会因为上市后的增发、送股以及回购注销等行为产生变化，我们可以将其想象为有多少股本就是相当于把公司分成了多少份，比如承德露露目前的股本是107641.9万股，如果我们拥有1万股，就拥有了1/107641.9的权益。

2. 资本公积

资本公积是指企业在经营过程中由于接受捐赠、股本溢价以及法定财产重估增值等原因所形成的公积金。这个科目最主要的产生来源，就是企业上市和增发。

打个简单的比方，A和B合作成立了一家公司，每人出资50万元一共100万元，这时该公司实收资本是100万元，票面价值为1元，就有100万股，两个人各拥有50万股，各占50%股权。

过了两年企业经营良好，A和B合计，想让公司发展新业务，决定增资，C 看到 A 和 B 的公司经营不错，决定投入 50 万元换得 50 万的股本，然后拥有 33.33% 的股份。可这个时候 A 和 B 不愿意了，现在的公司已经比两年前的公司成熟很多了，不可能依然按 1 股 1 元的价格让 C 入股。最终协商下，C 愿意按 1 股 2 元的价格入股 50 万股。这时候公司就多发行了 50 万股本，票面价值是 1 元，但是按 2 元卖出的。

那怎么记账呢？得到的这 100 万元，其中 50 万元 = 票面价值（1 元）× 股份数量（50 万股），另外 50 万元是因为 1 元的票面价值按 2 元卖得到的溢价收入。票面价值带来的这 50 万元计入实收资本（股本），实收资本就变成 100 万元 + 50 万元。溢价带来的 50 万元计入资本公积，资本公积科目就有了 50 万元。那为什么资本公积的这个科目金额不是特别大呢？因为上市公司一般都会把资本公积的金额转增股本。对于股东而言，等于无须多付款就得到了更多股票。

3. 盈余公积

盈余公积就是对利润中一部分钱的使用做了要求，主要有以下两种。

（1）法定盈余公积。这个是政府强制股东留下来扩大生产的钱，这一项是当年利润的 10%，累积到注册资本的 50% 以后，可以不继续提取。

（2）任意盈余公积。股东自愿留下来扩大生产的钱。要注意的是，这个科目不是在利润表中减去对应金额，只是对部分利润的使用做了规定要求。

比如，你今年工资为 10 万元，老婆要求你 10% 的工资（也就是 1 万元）作为家庭应急储蓄，这 1 万元只是不能乱花，但并没有减少你的收入。

再用公司做个例子，A 公司今年赚了 100 万元，盈余公积是不会减少这 100 万元收入的，只是其中有 10%（也就是 10 万元），要被用来做"法定盈余公积"，又有一部分做了"任意盈余公积"，这些钱只是暂时不能乱花，并没有损失掉。当这个科目钱太多了，企业也用不到的时候，可以用盈余公积送红股，但要求是保证送股后，盈余公积不得低于注册资本的 25%。

4. 未分配利润

当企业赚到的钱被提取了盈余公积以后，剩下的就是未分配利润。如何用可以由股东决定，比如分红。**但是要注意的一点是，未分配利润并不等于现金**，未分配利润只是说公司可以灵活使用这部分钱，有可能已经被用于投资，或变成了土地、设备、固定资产等。

六、金融资产的分类

除了子公司以及合营联营公司，企业还会持有一些其他金融资产。新的规定将企业持有的金融资产做了新的分类。

（1）摊余成本计量的金融资产。这一科目一般都是持有到期，以合同约定收入现金流的资产，比如债券、长期应收款中具有融资性质的分期收款。这部分资产利息收入计入利润表，如果出现减值或者提前出手也会计入利润表。

（2）以公允价值计量且其变动计入当期损益的金融资产。
计入这个科目的是，企业意图未来出售获取差价的金融资产。在这个科目的金融资产公允价值变动（比如上市企业的股价变动）和分红会影响企业的利润表。

（3）公允价值计量且其变动计入其他综合收益的金融资产。
简单地说，企业不想因持有的金融资产频繁影响利润表，可以计入这个科目。计入这个科目的资产，只有分红计入利润表的投资收益，公允价值变动不影响利润表。计入资产负债表的其他综合收益，一旦计入这个科目，不允许转入其他科目。对于大部分企业来说，持有的金融资产都不会特别多，大家对这个科目有个了解就可以。

至此，资产负债表的科目就跟大家介绍完了，为了让大家思路清晰，我给大家画了个简单的图（见图4-1）。

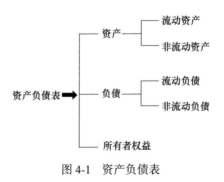

图4-1　资产负债表

我们拿到了企业的资产负债表后，如何解读呢？首先我们可以看一下"所有者权益合计"以及"负债和所有者权益合计"这两项。比如，承德露露的2020年年报，所有者权益是22.38

亿元，负债和所有者权益是 30.93 亿元，负债为 30.93 – 22.38 =
8.55（亿元）。可以看出，现在公司总资产为 28.42 亿元，其中
8.55 亿元是借来的，22.38 亿元是自己的（见表 4-15）。

表 4-15　承德露露的所有者权益

单位：元

所有者权益合计	2,238,096,039.96
负债和所有者权益总计	3,092,933,440.81

我们可以再看一下企业负债的构成。承德露露 2020 年年报
中的所有者权益合计是 22.38 亿元，负债和所有者权益总计是
30.93 亿元，负债就是 8.55 亿元，那么这些负债是从哪里来的
呢？我们可以一个科目一个科目地去看。承德露露的负债中，主
要是流动负债有 8.02 亿元：其中应付账款 1.94 亿元、合同负债
4.19 亿元、应付职工薪酬 0.53 亿元、应交税费 0.53 亿元、其他
应付款 0.28 亿元、其他流动负债 0.55 亿元。除此之外，还有非
流动负债中的：递延所得税负债 0.52 亿元。

这么一看，承德露露的负债中，最多的是合同负债和应付
账款，合同负债相当于预收款，就是拿了钱还没发货，而应付
账款相当于拿了货没给钱，这个欠款不但不用着急，还侧面证
明了企业的竞争力。整体上，承德露露的负债极少，基本上没
有长期负债，并且大部分负债来自预收款。其财务状况是非常
健康的。

然后，我们继续看资产部分。在资产部分和负债部分是同样
的道理，简单总结就是，对企业有益的科目金额大一些好，对企
业无益的科目金额小一些好。比如，我们看到资产中的应收账款

金额很大，它虽然是资产但不一定能全要回来，就属于对企业无益的科目，金额越小越好。

第三节　白话利润表

利润表是投资者最关心的，这可能是大部分股民唯一关注过的财务数据。相比复杂的资产负债表，我们可以通过利润表直观地看到企业过去一段时间的成绩。利润表主要包含营业总收入、营业总成本、营业利润、利润总额、净利润。

股市有一个入门且最常见的估值指标——市盈率，市盈率=总市值÷净利润，所以净利润的多少会直接影响到企业市盈率的高低。同时，我们买入一家企业就成了这家企业的股东，一家企业最主要的经营目的也是赚取利润。所以利润表也就成了普通投资者最关注的数据，我们无论是看资产负债表、现金流量表，最终都是为了确保企业的利润真实、高效、可持续。

利润=收入-费用，拿到一张利润表后，我们如何观察呢？我们依然拿承德露露2020年年报为例。

一、营业总收入

利润表的第一项是营业总收入，营业总收入下包含了营业收入、利息收入、已赚保费、手续费及佣金收入。我们主要观察营业收入部分。

营业收入是指企业在从事销售商品、提供劳务等日常经营活动中经济利益的总流入。承德露露的这一项金额是18.61亿元

（见表 4-16），我们继续搜索"营业收入"，会看到营业收入的详细分类，分为主营业务和其他业务。

主营业务很简单，就是主要经营的业务，比如承德露露，卖露露饮品就是它的主营业务。其他业务的特点就是，不经常发生，占营收比例很小。比如，承德露露转卖了点杏仁给其他企业，卖了些废品边角料等，我们不用特别关心这个科目。

表 4-16 承德露露的营业总收入

单位：元

项　　目	2020 年度
一、营业总收入	1,860,643,698.75
其中：营业收入	1,860,643,698.75
利息收入	
已赚保费	
手续费及佣金收入	

1. 收入构成

承德露露的主营业务是卖承德露露饮品，如果是一家不熟悉的企业，或者企业的产品分类比较多，我们如何知道其主营业务具体包含什么呢？比如，我知道格力的主营业务是卖电器，但它的营业收入中到底多少是空调多少是其他产品呢？这个在年报中也可以查询到，我们搜索关键词"主营业务"可以看到按产品分类的表格，承德露露的很简单，99.27%是杏仁露系列，只有0.66%的果仁核桃系列（见表 4-17）。

表 4-17 承德露露的主营业务

单位：元

分行业		
植物蛋白饮料	1,859,310,490.40	99.93%
其他	1,333,208.35	0.07%
分产品		
杏仁露系列	1,847,046,260.23	99.27%
果仁核桃系列	12,264,230.17	0.66%
其他	1,333,208.35	0.07%

我们再搜一下格力电器的主营业务，可以看到按产品划分，空调占了78.58%，生活电器占了1.91%，智能装备占了1.57%，其他主营占了4.04%；按地区划分，内销为74.86%，外销为11.24%（见表4-18）。

表 4-18 格力电器的主营业务

单位：元

分产品		
空调	155,682,359,475.59	78.58%
生活电器	3,794,087,435.54	1.91%
智能装备	3,108,531,271.87	1.57%
其他主营	8,007,450,306.17	4.04%
其他业务	27,530,748,567.67	13.90%
分地区		
内销-主营业务	148,322,536,473.83	74.86%
外销-主营业务	22,269,892,015.34	11.24%
其他业务	27,530,748,567.67	13.90%

对于产品比较丰富的企业，我们可以根据分类长期观察企业的销售变化和侧重点的调整。

年报中除了披露收入产品的结构，还会披露前五大客户的销售额在年度销售总额中的占比，比如承德露露的前五名客户年度销售总额占比分别是，第一名1.66%、第二名1.63%、第三名1.57%、第四名1.34%、第五名1.24%，前五名客户合计占年度销售总额的7.44%（见表4-19）。

排名前五的客户的销售额占比反映了企业对大客户的依赖度，如果公司对某一大客户依赖程度过高，我们就需要尽量深入了解一下，公司和其合作模式是怎么样的，是否存在风险。**一般的情况下，企业过于依赖某个大客户，在交易的过程中大概率会处于劣势一方。还有一个潜在的风险是，如果企业的产品不具有不可替代的优势，且下游大客户又非常集中，一旦下游企业更换供应商，企业可能就会陷入困境。**

表4-19 承德露露的前五大客户销售情况

序号	客户名称	销售额(元)	占年度销售总额比例
1	经销商1	30,783,612.37	1.66%
2	经销商2	30,380,692.45	1.63%
3	经销商3	29,213,325.17	1.57%
4	经销商4	24,944,503.99	1.34%
5	经销商5	23,148,063.70	1.24%
合计	—	138,470,197.68	7.44%

比如，我们经常看到某某企业被剔除出苹果产业链，然后股价和业绩都发生暴跌，因为消费者看重的是苹果的品牌，只要性能达标，消费者并不在意某个部件用的是谁家的产品，如果企业

在这个产业链上代工的是比较低端的同质化产品，我们就需要格外谨慎。

2. 营业收入确认原则

很多企业出现利润造假或者利润调节，都源自把不符合确认条件的收入确认为了当期收入。如果企业的产品生产销售周期较长，且较为复杂，我们就要关注营业收入确认原则。

承德露露的经营模式比较简单，产品销售周期跨度也短，基本没有这方面的造假空间。但有一些企业项目周期比较长，比如设计加施工需要一年以上，之后还有几年的质保，这种情况就比较复杂也容易出现财务造假。所以遇见销售周期、服务周期都比较长的企业，我们一定要格外重视其营业收入确认原则。

我们在年报中搜索"收入"两个字，就会看到企业的营业收入确认原则。

承德露露销售商品的确认原则比较简单："本公司在履行了合同中的履约义务，即在客户取得相关商品控制权时确认收入。"也就是说，按约定地点交了货就可以确认收入了。另外一些企业生产和销售周期比较长，或者是提供较长期的劳务服务，一般会有以下两种确认原则。

（1）项目完成后一次性确认收入和费用。

（2）按项目完成百分比确认收入和费用。

第一种比较简单，第二种就有一定的操作空间。一个项目或服务到底完成了多少进度，难有一个准确的标准。

至此，利润表中的营业收入部分基本就介绍完了。营业收入是一家企业的源泉，没有源源不断的营业收入，就不可能创造利润，我们阅读资产负债表和现金流量表，最终的目的都是判断企业的资产质量。我们去了解企业的商业模式，也是为了考察企业是否能带来源源不断的营业收入，从而创造净利润和优质的现金流。

一家企业不能持续稳定获得收入，就像一个人不停地消耗体能，却没有渠道获取新的补给，短期可以靠信念支撑，但肯定无法长期保持，所以营业收入是一个非常重要的财报科目。我们除了读财报以外，还要尽量获取其他信息，思考企业的商业模式，了解企业是通过什么方式持续获取营业收入的，这种持续获取营业收入的方式是否有足够宽的护城河。

二、营业总成本

我们讲了利润表中营业收入的部分，营业收入虽然拿到手，但也不全是自己的，还要支出营业成本，接下来我们解读利润表中的营业总成本。

一家好公司是怎样的呢？不仅收入赚得多，而且成本控制得非常好，有些公司虽然赚钱多，但是管理混乱、铺张浪费，行业景气的时候还好，遇见经济较差的时候，就很难熬过寒冬。

营业总成本主要包含营业成本、税金及附加、销售费用、管理费用、研发费用、财务费用、其他收益等。下面还以承德露露2020年年报为例，分析营业总成本中的关键点（见表4-20）。

营业总成本是一项可以很好体现公司管理水平的信息，成本控制能力发挥到极致，甚至可以成为企业的护城河。比如我们熟

悉的沃尔玛，就是让极低的营业成本成了其最强的竞争力。下面
我们就来一起梳理一下营业总成本中的科目。

表 4-20 承德露露的营业总成本

单位：元

二、营业总成本	1,267,523,524.91	1,628,736,416.07
其中：营业成本	927,990,115.38	1,068,706,640.63
利息支出		
手续费及佣金支出		
退保金		
赔付支出净额		
提取保险责任合同准备金净额		
保单红利支出		
分保费用		
税金及附加	20,695,333.50	25,366,749.97
销售费用	286,283,712.29	478,497,528.40
管理费用	53,956,621.63	64,360,823.15
研发费用	10,981,417.64	13,686,809.40
财务费用	−32,383,675.53	−21,882,135.48
其中:利息费用		
利息收入	32,402,744.15	21,902,733.28
加：其他收益	3,202,058.06	1,987,500.00
投资收益（损失以"−"号填列）	538,278.63	−1,850,477.13
其中：对联营企业和合营企业的投资收益	538,278.63	−1,850,477.13
以摊余成本计量的金融资产终止确认收益		
汇兑收益（损失以"−"号填列）		

（续）

净敞口套期收益（损失以"-"号填列）		
公允价值变动收益（损失以"-"号填列）		
信用减值损失（损失以"-"号填列）	-31, 682. 86	12, 883. 63
资产减值损失（损失以"-"号填列）	-12, 102, 369. 51	-7, 876, 316. 88
资产处置收益（损失以"-"号填列）		-513, 260. 38

1. 营业成本

承德露露的营业成本是 9.28 亿元，营业成本就是企业生产所销售商品（或提供服务）的必要成本。这里面包括原材料、人工成本，固定资产折旧等。

在年报中搜索"营业成本"会看到详细的介绍，有助于我们观察企业的产品结构。比如，我们可以观察企业有哪些王牌产品，收入高、毛利率也高；还可以观察企业哪些产品在行业中有竞争优势，在同类产品中有更高的毛利率，并且进一步思考毛利率高的原因是什么，是更好的成本控制，还是领先的技术，或大众更喜爱的品牌。

2. 税金及附加

税金及附加包括房产税、印花税、城市维护建设税、土地使用税、教育费附加等。这一项很难造假，企业主观上也很难改变，所以我们不用太在意。依然是在年报中搜索"税金及附加"

会有详细列表（见表 4-21）。

表 4-21 承德露露的税金及附加

单位：元

项　　目	本期发生额	上期发生额
城市维护建设税	9,214,354.41	11,817,729.57
教育费附加	6,581,637.74	8,441,235.40
房产税	1,396,528.22	1,760,274.39
土地使用税	2,543,574.98	2,180,125.01
印花税	883,235.82	1,077,537.64
其他	76,002.33	89,847.96
合计	20,695,333.50	25,366,749.97

3. 三费

营业总成本中除了营业成本外，还有很重要的三费，销售费用、管理费用和财务费用。承德露露的三费分别为：销售费用 2.86 亿元、管理费用 5395.66 万元、财务费用 −3238.37 万元（见表 4-22）。

表 4-22 承德露露的三费

单位：元

销售费用	286,283,712.29
管理费用	53,956,621.63
财务费用	−32,383,675.53

（1）销售费用。销售费用包括运输费、保险费、广告费、展览费、修理费、招待费，以及销售人员工资、福利、办公费、

差旅费等（见表 4-23）。

大家看到这里可能有点乱了，营业成本和销售费用有什么区别呢？

打个比方，一家生产电器的企业，主要生产电视机，所有生产电视机的相关费用，如人工、厂房折旧、机器、原材料等都计入营业成本。电视生产好了得卖，为了卖电视也会产生一些费用，如打广告产生的广告费、雇用销售人员的工资，相关销售人员的培训费、把产品发往全国各地的物流费、招待经销商等各环节的招待费、外地出差的差旅费、办展览的场地费等，只要跟销售有关的费用，都记录在销售费用这一项。

表 4-23 承德露露的销售费用明细

单位：元

项　　目	本期发生额	上期发生额
广告宣传费	123,070,988.10	207,908,987.81
运输费、装卸费等物流费合计	2,017,640.07	76,995,126.36
工资薪酬	129,148,032.85	155,892,789.88
折旧费用	655,112.68	914,230.71
办公费、差旅费等日常费用合计	12,827,567.47	16,274,975.16
其他费用	18,564,371.12	20,511,418.48
合计	286,283,712.29	478,497,528.40

我们也可以在年报中搜索销售费用详细列表，然后进行详细观察，比如我们发现公司的广告费暴增，但在各大媒介上并没有看到公司的产品宣传，也没有带来销量的增长，此时就要考虑是否有利益输送或造假的可能。

（2）管理费用。管理费用包括管理者工资福利、公会经费、行政开支、业务招待费、职工教育费等。

这个时候会发现，一些费用其实很难准确划分，比如招待费，到底是算到销售费用里，还是算到管理费用里；出差到底是为了销售，还是公司管理层参加其他活动。

我们也可以合并观察管理费用和销售费用，主要观察的点就是，这两项费用的增长，总体和营业收入变化应该是一致的。如果销售费用和管理费用大幅增加，营业收入却没有上涨，我们就要去寻找相关原因。

(3) 财务费用。 财务费用主要包括利息费用和利息收入。承德露露的财务费用为 -3238.37 万元，为什么是负的呢？因为承德露露没有利息支出，只有利息收入，不但没有往外掏钱，利息收入还赚了 3240.27 万元。所以计算营业总成本的时候，减少了 3240.27 万元的成本（见表4-24）。

表4-24 承德露露的财务费用

单位：元

财务费用	$-32,383,675.53$
其中：利息费用	
利息收入	32,402,744.15

4. 研发费用

一般情况下，科技行业和医药行业在这一项的费用较高，研发费用很难短期见效，所以这也是个需要持续观察的科目。

比如，一家公司长期投入了较高的研发费用，但是我们从近几年的年报和相关资料中，并没有发现公司有什么研究成果和新品推出，此时就要留意并且去寻找其合理性。

研发费用是比较容易出现造假的，企业既可以计入研发费用，作为会计年度内费用的一部分计入利润表费用，对利润产生直接影响，又可以以无形资产的形式计入资产负债表，利润里就不扣除这部分费用了，也就是说利润增加了。

不过新准则中，对研发费用资本化的要求已经比较严格了，必须要有技术上确实的可行性，具有完成该无形资产并使用或出售的意图等要求。

5. 其他收益

像这种数目很小的科目，我们一般就不用浪费时间去看了，因为对整体判断的影响不大。如果这个科目整体金额很高，我们如何观察呢？

（1）先看确认规则，财报原文：本公司将与本公司日常活动相关的政府补助，按照经济业务实质计入其他收益或冲减相关成本费用。也就是说，这个科目记录的是和经营相关，但又不是经营本身产生的收入，主要是政府补助。

（2）在财报里搜索"其他收益"，会有一个表格列其他收益的详细来源（见表4-25）。

表4-25　承德露露的其他收益

单位：元

产生其他收益的来源	本期发生额
政府补助	3,202,058.06

如果补助金额较大，我们要在年报中详细搜索查看，弄清楚补助的原因，这里面有的是税收返还，有的是项目补助、专项补助等。首先我们要看这个补助对业绩的影响有多大；其次我们就

要去查询一下相关政策，看政策是否可持续。

6. 投资收益

投资收益分为两个部分，分别是对合营企业或联营企业的投资收益，以及以摊余成本计量的金融资产终止确认收益。这在之前的章节介绍过，这里就不详细说了。

7. 汇兑收益

汇兑收益很好理解，就是按照不同的汇率报告相同数量的外币而产生的差额，也就是我们说的汇率差。与这一项主要相关的是非银金融企业、银行、证券、保险公司，它们会单独记录在汇兑收益中。其他企业一般直接记录在财务费用中。

8. 净敞口套期收益

讲解这个概念前，我们先了解一下风险敞口，这个词源自英文"Risk Exposure"的直译，可以理解为风险暴露的意思。原意是指企业的一些负债、资产、经营相关材料等价格大幅波动的不确定性，给企业带来的风险。

敞口套期就是企业通过套期工具对冲这种价格大幅波动带来的风险，经过一段时间后，这个套期工具升值了，升值部分就是净敞口套期收益。当然，也有可能出现敞口套期损失。

这个科目是出台《关于修订印发 2018 年度一般企业财务报表格式的通知》后单独列出的，一般出现在很多的套期保值业务中，主要是为了抵充价格波动带来的风险。普通企业一般不会有这个科目，经常会出现在一些产品和大宗商品相关度比较高的企业上。

9. 公允价值变动收益

这一条对应的是资产负债表中以公允价值计量的金融资产。我们可以直接查看之前资产负债表的相关内容。

10. 信用减值损失

这一科目主要来自各种各样的坏账减值，主要有应收账款的减值和债权投资的减值等。简单说，这就是相信别人的信用先给了别人货，或者借给了别人钱，最终造成的损失。

11. 资产减值损失

上面说了信用减值损失科目，主要来自应收账款以及债权投资的减值。除此之外的减值损失，就会计入资产减值损失。比如，存货跌价了或原材料损坏了，还有如在建工程减值、商誉减值等都记录在这里面。承德露露的资产减值损失金额是1210.24万元，我们在年报中搜索就可以看到详细列表（见表4-26）。

表4-26 承德露露的资产减值损失

单位：元

项 目	本期发生额	上期发生额
存货跌价损失及合同履约成本减值损失	445,291.63	
在建工程减值损失	−12,547,661.14	−5,062,316.88
商誉减值损失		−2,814,000.00
合计	−12,102,369.51	−7,876,316.88

　　我们看财报不是为了看表面的数字，而是为了看背后的意义。总体来说，看的时候注重关键，不用所有项目都深究。如遇到资金数额较大，且不能简单看懂的地方，就是我们重点排查的对象。比如，承德露露的在建工程减值损失有 1200 多万元，一般我就不会进一步看了，因为对净利润整体影响不大。如果我们想更仔细地观察，可以进一步搜索"在建工程"。我们可从中看到两个减值准备分别为露露（北京）危房改造，比去年多减值了 165.47 万元，承德技改扩能项目减值了 1089.3 万元（见表 4-27），减值的具体原因有以下两点。

表 4-27　承德露露的在建工程

单位：元

项　　目	期末余额			期初余额		
	账面余额	减值准备	账面价值	账面余额	减值准备	账面价值
露露（北京）新厂扩建	1,605,263.60	1,605,263.60		1,605,263.60	1,605,263.60	
露露（北京）危房改造	6,717,007.74	6,717,007.74		6,717,007.74	5,062,316.88	1,654,690.86
承德技改扩能项目	30,763,118.98	10,892,970.28	19,870,148.70	26,195,744.75		26,195,744.75
合计	39,085,390.32	19,215,241.62	19,870,148.70	34,518,016.09	6,667,580.48	27,850,435.61

　　（1）露露（北京）危房改造项目，是由北京市怀柔区住建委对厂房进行危房鉴定结论，要求其对原有厂区建筑物危房改造，后因规划问题项目缓建，目前已全额计提减值准备。

　　（2）承德技改扩能项目系公司未来预计整体搬迁至承德市高新技术产业开发区上板城工业聚集区，具体为"承德技改扩能项目"发生的设计费及土方回填费用。

承德技改扩能项目减值的原因看着有点不好理解，大概意思是因为规划整体搬迁就把这个项目放弃了，但是因回填地基和设计费损失了一笔，因为这两个金额都不算大，我们就不用纠结其合理性了。我们看财报越细致越好，但有些地方我们也要学会抓大放小，有些对整体影响不大的地方就不用特别纠结。

12. 资产处置收益

这个科目比较简单，就是处置企业持有资产赚到的钱，同样搜索关键字可以得到详细列表。

至此，从已经阅读的科目中，我们知道了总营业收入、总营业成本、其他收入、投资收益，以及汇兑收益、净敞口套期收益、公允价值变动收益、信用减值损失、资产减值损失、资产处置收益。从而我们可以得出**营业利润**，营业利润＝总营业收入－总营业成本＋其他收入等，营业利润＋营业外收入－营业外支出＝利润总额。

13. 营业外收入和支出

营业外收入就是营业执照中规定的主营业务以外的收入，主要包括非流动资产的处置，出售无形资产、债务重组收益、盘盈利得以及收到捐款等。总之，不是在主营业务内经常可以获得的。营业外支出正好相反，包括盘亏损失、向外捐款、非流动资产的处置损失等。

一般情况下，营业外收入金额都不会特别大，如果金额特别大，财报中肯定也会有详细的备注，我们根据具体情况去判断其合理性就好。得到了利润总额，减去税费，最后就得到了我们比较关心的净利润。

14. 所得税费用

一般来说，企业的所得税税率在 25%，一些行业会有优惠，同时我们要注意的一点是，税务机关衡量税收是以税法为基础的，而不是按企业报表的利润总额计算的。

三、 利润表的核心看点

1. 毛利率

利润表要比资产负债表简单很多，阅读利润表的过程其实就是让大家看清楚企业的收入来源，花费了哪些成本，有哪些项目的损益，最终得出营业利润。知道了利润表的数据后，我们也可以从一些维度进行观察，比如毛利和毛利率：毛利润＝营业收入－营业成本，毛利率＝毛利润÷营业收入×100%。

不同行业的毛利率相差很大，但这是一个很好的同行业对比观察指标。毛利率主要有两个影响因素：成本和售价。我们可以通过长期数据观察来查看，如果数值有较大变化，我们可以根据这个线索去思考。

比如，企业的毛利率下降，我们就根据这个线索去思考。是因为同行业竞争加剧，产品受欢迎度下降，企业产品降价了？还是因为原材料价格或者人工费用上涨造成成本增加，是趋势的改变还是暂时的困境。或者企业的毛利率明显高于同行，我们就要进一步分析其优势所在。毛利率有两个观察方向。

（1）毛利率的高低。 总体来说越高越好，但是跨行业比较没意义，因为每个行业的生意模式不同。有的企业刻意保持一个较低的毛利率，我规模大成本低，可以赚钱，别人进入规模小成本高就会亏钱，这也是一种加宽企业护城河的方法。

（2）毛利率的持续性。 如果有的企业毛利率忽高忽低，我们就要进一步观察是企业的原材料价格不稳定，还是企业的产品有周期性售价的波动，或者产品价格受其他影响因素。大家不用费时间计算毛利率，一般一些财经软件上都有，我们直接拿来对比或观察就好。

在唐朝老师的《手把手教你读财报》一书中，把企业分为三种模式，既高毛利率的"茅台模式"、高周转率的"沃尔玛模式"、高杠杆的"银行模式"，高毛利率模式要注重企业的品牌和产品口碑、高周转率模式需要优秀的管理层，高杠杆模式要适度关注宏观。

那么我们可以看看自己的持仓属于哪一类。

2. 费用率

费用率也是一个同行业对比和长期观察的方法。销售费用率=销售费用/营业收入×100%，管理费用率=管理费用/营业收入×100%，研发费用率=研发费用/营业收入×100%。

通过这三个数据，我们也可以长期观察公司的变化，比如销售费用率大幅提升，有可能源自销售政策的改变，公司不可能无缘无故多花这份钱，我们就要考虑企业是暂时推新品导致销售费用率提升，还是产品竞争力下降不得不提高销售费用率。

管理费用率反映了公司在管理方面的能力，如果出现大幅波动也是观察的方向，是引进了更优秀的人才，还是团队过于臃肿。我们也可以做同行业对比，如果发现一家的管理费用率明显高于另一家，我们可以试图去寻找原因。

一些产品变化快的企业，研发费用率也是一个可以观察的方向，研发费用一般也有详细列表，比如承德露露行业和产品很少有变化，有100人的研发团队，2020年投入了1000多万元的研发费用尚算合理，但是如果一家饮料企业每年花费很高比例的金额去搞研发，我们就要考虑一下这件事的合理性了（见表4-28）。

表4-28　承德露露的研发费用

	2020 年	2019 年	变动比例
研发人员数量（人）	100	108	−7.41%
研发人员数量占比	9.35%	9.33%	0.02%
研发投入金额（元）	10,981,417.64	13,686,809.40	−19.77%
研发投入占营业收入比例	0.59%	0.61%	−0.02%
研发投入资本化的金额（元）	0.00	0.00	0.00%
资本化研发投入占研发投入的比例	0.00	0.00	0.00

第四节　白话现金流量表

现金流量表是我非常在意的部分，其重要性甚至超过利润表，如果说企业的资产是身躯，经营是思想，那现金流就是其血液。如果一家企业不能自己造血，要靠输血度日，那肯定是无法长久的。

企业的利润不一定最后都能变成现金，能装到兜里的才是真的钱。现金流量表中的科目相对来说要简单一些，为的是让我们看懂企业的钱是从哪来的，又去干了些什么。

现金流量表主要分为经营活动产生的现金流量、投资活动产生的现金流量、筹资活动产生的现金流量、汇率变动对现金及现金等价物的影响、现金及现金等价物净增加额、期末现金及现金等价物余额。我们依然用承德露露2020年的财报为例。

一、经营活动产生的现金流量

经营活动产生的现金流量主要分流入和流出两个部分，我们先来看流入，再看流出，最后流入减去流出部分得到的就是企业经营活动产生的现金流净额。我们先看**流入部分**（见表4-29）。

表4-29　承德露露的经营活动产生的现金流量

单位：元

一、经营活动产生的现金流量：	
销售商品、提供劳务收到的现金	1,911,257,700.04
客户存款和同业存放款项净增加额	
向中央银行借款净增加额	
向其他金融机构拆入资金净增加额	
收到原保险合同保费取得的现金	
收到再保业务现金净额	
保户储金及投资款净增加额	
收取利息、手续费及佣金的现金	
拆入资金净增加额	
回购业务资金净增加额	
代理买卖证券收到的现金净额	
收到的税费返还	1,866.81

（续）

收到其他与经营活动有关的现金	41,097,415.94
经营活动现金流入小计	1,952,356,982.79
购买商品、接受劳务支付的现金	908,600,288.95
客户贷款及垫款净增加额	
存放中央银行和同业款项净增加额	
支付原保险合同赔付款项的现金	
拆出资金净增加额	
支付利息、手续费及佣金的现金	
支付保单红利的现金	
支付给职工以及为职工支付的现金	141,109,278.14
支付的各项税费	292,445,354.99
支付其他与经营活动有关的现金	231,651,695.96
经营活动现金流出小计	1,573,806,618.04
经营活动产生的现金流量净额	378,550,364.75

1. 销售商品、提供劳务收到的现金

承德露露 2020 年在此收到了 19.11 亿元，这个科目很简单，就是公司靠卖商品或服务带回了多少现金。观察企业时，我们可以用**销售商品、提供劳务收到的现金/营业收入**来观察企业的收入质量。大家可能会产生一个疑问，就是**销售商品、提供劳务收到的现金/营业收入，**为什么会大于 1。

这是因为现金流量表是含增值税的，而营业收入中是不含增值税的。也就是说，企业销售的商品售价里包含了增值税，增值税这部分并不是营业收入，相当于企业卖产品的时候替代税务局向买家收了税，虽然这笔钱最终还要交出去，但是在交出去之前，这也是一笔现金流入。

2. 收到的税费返还

收到的税费返还主要是指政府按照国家相关的规定采用即征即退、先征后退等返还的税费。

3. 收到其他与经营活动有关的现金

财报里都会有关于这项的详细备注，我们搜索"经营活动有关的现金"就可以看到。承德露露的是往来款、政府补助和利息收入（见表4-30）。

表4-30 承德露露的收到其他与经营活动有关的现金

单位：元

项 目	本期发生额	上期发生额
往来款	6,121,613.73	927,329.33
政府补助	2,573,058.06	1,987,500.00
利息收入	32,402,744.15	21,902,733.28
合计	41,097,415.94	24,817,562.61

承德露露的这个科目属于相对简单的，我们看洋河股份的就相对要复杂一些，还有经销商保证金等，我们也可以通过这一科目侧面观察洋河股份的经销商和渠道的发展情况（见表4-31）。

表4-31 洋河股份的收到其他与经营活动有关的现金

单位：元

项 目	本期发生额	上期发生额
风险抵押金	60,255,818.13	59,275,520.22
经销商保证金	56,575,865.80	2,602,491.66
利息收入	104,495,154.37	77,589,503.94

（续）

项　　目	本期发生额	上期发生额
违约金收入	4,475,586.24	11,254,294.46
政府补助	94,418,595.19	76,848,383.19
代扣代缴税金手续费	818,031.70	1,670,388.78
往来款及其他	48,750,584.17	31,109,582.42
合计	369,789,635.60	260,350,164.67

以上是**企业经营活动现金流入**的主要部分，企业不可能只进不出，我们再来看看**流出部分**。

4. 购买商品、接受劳务支付的现金

承德露露这一项的金额是 9.09 亿元，公司生产的商品不可能凭空而生，也需要购买原材料，或者接受别人的服务，预付的一些材料款等与生产相关的现金流出都会记录在这个科目中。

5. 支付给职工以及为职工支付的现金

这里包括本期实际支付给职工的工资、奖金、各种津贴和补贴，还有企业为职工支付的养老、失业等社会保险基金、补充养老保险、住房公积金。

6. 支付的各项税费

这个也不难理解，就是字面意思，包括增值税，也包括其他的税金，比如消费税、城市维护建设税、资源税、教育费附加及房产税、土地使用税、车船使用税、印花税等相关税费。

7. 支付其他与经营活动有关的现金

这个科目包括捐赠现金支出、罚款支出、支付的差旅费、业务招待费现金支出。

现金流量表的流入和流出是比较简单的，以上就是流入和流出部分的介绍。**我们得知了流入部分然后减去流出部分**，最终就能得到**经营活动产生的现金流净额**。

接下来讲解两个常用的观察点。

观察点 1：如果经营活动产生的现金流净额为负。说明这家企业入不敷出，通过经营赚到的现金，甚至不足以支付工资以及购买原材料等。这样的企业只能靠借款或融资度日，显然不是长久之计。我们经常看到一些企业不断地描述美好的未来，同时也不断地融资，这个时候我们就要谨慎一些去思考，不断地高投入能否逐渐构建企业的竞争优势，未来是否能带来丰厚的回报，抑或仅仅是一个美好的故事而已。

观察点 2：当我们知道了一家企业的经营活动产生的现金流净额，我们就可以用一个指标观察公司的收入质量——**"经营活动产生的现金流量净额与净利润的比率"**。如果这个比值常年大于 1，说明公司的收入质量很高。

二、投资活动产生的现金流量

看完经营活动产生的现金流量，我们继续看投资活动产生的现金流量（见表 4-32）。

表 4-32　承德露露的投资活动产生的现金流量

单位：元

二、投资活动产生的现金流量：		
收回投资收到的现金		
取得投资收益收到的现金		
处置固定资产、无形资产和其他长期资产收回的现金净额		367,830.85
处置子公司及其他营业单位收到的现金净额		
收到其他与投资活动有关的现金		
投资活动现金流入小计	0.00	367,830.85
购建固定资产、无形资产和其他长期资产支付的现金	14,560,501.20	9,048,883.25
投资支付的现金		
质押贷款净增加额		
取得子公司及其他营业单位支付的现金净额		
支付其他与投资活动有关的现金		
投资活动现金流出小计	14,560,501.20	9,048,883.25
投资活动产生的现金流量净额	-14,560,501.20	-8,681,052.40

　　企业投资主要分为两个大类：第一类是对内投资，比如花钱扩建厂房、扩大经营，这笔钱最后会记录在公司资产负债表的固定资产和无形资产上。第二类是对外投资，比如投资股票或债券，以及和别人合资企业。同样投资活动现金流部分也分流入和流出。我们先看流入部分（见表 4-33）。

表 4-33　承德露露投资活动现金流入部分

单位：元

收回投资收到的现金		
取得投资收益收到的现金		
处置固定资产、无形资产和其他长期资产收回的现金净额		367,830.85
处置子公司及其他营业单位收到的现金净额		
收到其他与投资活动有关的现金		
投资活动现金流入小计	0.00	367,830.85

前两项分别是**"收回投资收到的现金"**和**"取得投资收益收到的现金"**。初一看感觉这俩好像有些类似，我们来看看它们的区别。

1. 收回投资收到的现金

该项主要是企业出售、转让或到期收回的除现金等价物以外的交易性金融资产、持有至到期投资、可供出售金融资产、长期股权投资等收到的现金。但不包括债权性投资收回的利息、收回的非现金资产，以及处置子公司及其他营业单位收到的现金净额。

2. 取得投资收益收到的现金

记录在这个科目的资金是企业因股权性投资而分得的现金股利，因债权性投资而取得的现金利息收入。**"收回投资收到的现金"**是出售了相关金融资产得到的现金，**"取得投资收益收到的现金"**是投资后收到的现金股利或债券利息。

3. "处置固定资产、无形资产和其他长期资产收回的现金净额和"处置子公司及其他营业单位收到的现金净额"

这两项就是字面上的意思，没什么需要特别解释的。

4. 收到其他与投资活动有关的现金

除了上述各项以外，收到的其他与投资活动相关的现金，比如建设新项目对方单位缴纳的承建保证金等计入该科目。

以上部分组成了投资产生的现金流流入部分，**我们再看投资活动现金流出部分（见表4-34）。**

表4-34　承德露露投资活动现金流出部分

单位：元

购建固定资产、无形资产和其他长期资产支付的现金	14,560,501.20
投资支付的现金	
质押贷款净增加额	
取得子公司及其他营业单位支付的现金净额	
支付其他与投资活动有关的现金	
投资活动现金流出小计	14,560,501.20

5. 购建固定资产、无形资产和其他长期资产支付的现金

厂房建设、扩建扩产等投资资金都会记录到这个科目中，**这里要重点关注自由现金流这个指标。**

自由现金流=经营活动产生的现金流量净额-期末购建固定资产、无形资产及其他长期资产所支付的现金+期末处置固定资产、无形资产及其他长期资产收到的现金。

观察自由现金流的意义是什么呢？我们经营活动赚到的钱，去掉了购建固定资产长期资产的支出，剩下的才是可以自由支配的部分，如果一家企业经营活动赚到的钱，减去扩建厂房或更新设备花出去的钱，最后依然剩下大量现金，那么这家企业大概率是一个良性循环的状态。**长期保持高自由现金流的企业大概率会符合巴菲特的选股理念，维持现有盈利，不用持续高投入。**

6. 投资支付的现金

这项包含短期股票投资、短期债券投资、长期股权投资、长期债券投资及手续费、佣金等方面的支出。

7. 取得子公司及其他营业单位支付的现金净额

这项是企业购买子公司及其他营业单位出价中以现金支付的部分，减去子公司或其他营业单位持有的现金和现金等价物后的净额。

投资活动产生现金流的流出部分主要就是上述这三个科目，流入减去流出，最后得到了投资活动产生的现金流净额。

三、筹资活动产生的现金流量

下面讲解一下筹资活动产生的现金流量（见表4-35），我们依然先看流入部分。

表 4-35　承德露露的筹资活动产生的现金流量

单位：元

三、筹资活动产生的现金流量：		
吸收投资收到的现金		
其中：子公司吸收少数股东投资收到的现金		
取得借款收到的现金		
收到其他与筹资活动有关的现金		
筹资活动现金流入小计		
偿还债务支付的现金		
分配股利、利润或偿付利息支付的现金	195,732,795.49	390,263,372.81
其中：子公司支付给少数股东的股利、利润		
支付其他与筹资活动有关的现金	29,999,722.84	
筹资活动现金流出小计	225,732,518.33	390,263,372.81

1. 吸收投资收到的现金

该项包括以发行股票、债券等方式筹集的资金带来的现金流入，这部分要减去发行费用。

2. 取得借款收到的现金

这个就是字面意思，即借款收到的现金。

3. 收到其他与筹资活动有关的现金

吸收投资收到的现金和**取得借款收到的现金**以外的部分计入这个科目，比如收到捐款之类，这个科目一般数额不会很大，我们不用特别在意。

这三项合起来就是筹资活动的流入小计，我们再来看看流出部分。

4. 偿还债务支付的现金

有借债的现金流入，就会有还债流出的现金。

5. 分配股利、利润或偿付利息支付的现金

这项主要是分红部分和利息支出。比如承德露露的这个科目是 1.96 亿元，其中 2020 年 4 月 21 日支付了 2019 年度的分红，股本基数为 978562728 股，每股分红 0.2 元。

6. 支付其他与筹资活动有关的现金

既不是偿还债务，又不是利息或分红支出的计入这个科目，同样这个科目一般资金不会很多。

筹资活动的现金流入小计减去**筹资活动现金流出小计**得到**筹资活动产生的现金流量净额**。看完了经营活动产生的现金流量、投资活动产生的现金流量以及筹资活动产生的现金流量，现金流量表中还有三项（见表 4-36）。

表 4-36　承德露露现金流量表中其他三项

单位：元

四、汇率变动对现金及现金等价物的影响		
五、现金及现金等价物净增加额	138,257,345.22	276,479,264.18
加：期初现金及现金等价物余额	2,203,622,278.61	1,927,143,014.43
六、期末现金及现金等价物余额	2,341,879,623.83	2,203,622,278.61

7. 汇率变动对现金及现金等价物的影响

这个也不难理解，就是字面意思。

8. 现金及现金等价物净增加额

经营活动现金流净额+投资活动现金流净额+筹资活动现金流净额=（本科目）本期现金及现金等价物净增加额。

9. 期末现金及现金等价物余额

现金及现金等价物净增加额+期初现金及现金等价物余额=（本科目）期末现金及现金等价物余额。

至此，现金流量表的内容就分享完了，我们知道了一家企业现金流入有三个部分，经营活动产生的现金流量、投资活动产生的现金流量和融资活动产生的现金流量。能赚到真金白银才是一家企业的根本，所以现金流量表是我最看重的部分。

第五节 巴菲特唯一认可的指标——ROE

前文说过护城河的重要性，那么我们如何才能找到具有护城河的企业呢？最直观的方法就是去阅读企业的财报和相关资料去深入了解企业，当我们弄懂了企业的生意模式，知道企业为什么赚钱，知道了企业的优劣势，自然就很容易判断它是否具有护城河。

但是通过一家家地去阅读资料来寻找具有护城河的企业，这显然是个浩大的工程，对于我们个人投资者来说，这是一件很难完成的事情。那么有没有办法可以初步且快速判断企业是否具有护城河呢？

这时候我们可以使用一个巴菲特非常认可的财务指标——ROE，也就是净资产收益率。1979 年在巴菲特写给股东的信中，他首次推荐了一个自己经常使用判断企业经营的指标——ROE。随后巴菲特也在多个场合表示，如果只能选择一个指标来衡量企业的话，他会选择 ROE。

ROE 的计算公式很简单，ROE＝净利润÷净资产，很多投资软件上都可以直接查看。一般来说，高 ROE 的企业大概率会具有某种隐藏优势，**虽然这种方法不可能找到所有具有护城河的企业，但可以作为一个有效的初选**。为什么这么说呢？ROE 更高的企业，说明大概率是同样的资产产生了更高的收益。表面上看，这事有些不太合理，同样的资产为什么会带来不同的收益？但我们深入思考一下，这是有可能的，ROE 高的企业可能具备某种隐藏优势，尽管不记录在资产中，却发挥着重要的作用。

我们做个假设，不考虑代工的情况下，某知名品牌自己盖一个工厂生产鞋子，某二线品牌也盖一个工厂生产鞋子，两个工厂互相挨着，一样的地皮价格，一样的建设费用，也生产类似的鞋子，成本和人工也都差不多，其净资产投入也没有太大差别。但它们的 ROE 一定有着巨大的差别，因为虽然投入差不多，生产的产品也类似，但是知名品牌一双鞋的售价肯定要高于二线品牌不少，同样的净资产就会获得更高的利润，也会得到更高的ROE，这个高于同行的 ROE 背后就隐藏着品牌优势。

再举一个生活中的例子，楼下有两家早餐店，早餐同样都是卖包子和稀饭，同样的租金成本，同样的店铺面积，同样的桌椅、板凳，同样都是夫妻店。但是因为 A 店老板厨艺好，附近的住户都愿意去 A 店吃早餐，即使 A 店铺不提高售价，分摊到每个消费者身上的房租等成本也更低。同样的净资产投入下，A 店收入更高，ROE 也就更高，A 店老板的厨艺，就是没记录在净资产中的隐藏优势。

当我们看到一家企业 ROE 明显高于同行时，就要去深入了解到底是什么样的优势让其如此优秀。这个优势是短暂的，还是可以稳定保持的？是否容易被模仿？

这么一看，ROE 指标确实很厉害，那我们是不是单纯地靠对比 ROE 就能选择优秀企业呢？答案是否定的，巴菲特说过，只能选一个指标的话他会选 ROE，可见 ROE 的重要性。但实际的投资中没人限制我们只能从一个角度观察，我们也不能单纯地靠 ROE 来选择企业，因为 ROE 也有其弊端。

我们回顾一下上面的 ROE 公式，净资产收益率（ROE）= 净利润÷净资产，而净资产=资产−负债。那么这个时候会出现一个问题，就是 ROE 无法完全反映负债问题。

我们再举一个例子，隔壁老王和村头老李，各开了一家店。老王的店自己投入了 100 万元，又借款 100 万元，这家店去掉负债净资产是 100 万元，每年净利润是 10 万元，他的净资产收益率就是 10%。老李也自己投入了 100 万元，但是没有借钱，每年净利润也是 10 万元，他的净资产收益率也是 10%。表面上看两家店的 ROE 都是 10%，好像两家店是一样出色的。但实际上，老王是通过增加负债提高了自己的 ROE。

通过负债提高 ROE，这至少有两个弊端：第一个弊端是，具有过高负债的企业是不安全的，可能随时都会出现资金链断裂的风险；第二个弊端是，单纯对比两家企业的 ROE 虽然一样，但实际上老王的生意扩产要投入更多的钱。比如日子一天一天过，老王和老李的生意都越来越好，不约而同地选择新开一家一样的店铺，这时候差别就体现出来了，老王需要 200 万元资金才能再复制一家当前的店，老李则只需要 100 万元。看似同样的 ROE，同样的赚钱能力，当他们想要扩产再投资的时候，就会有巨大的差别。

通过上面的举例我们发现，通过 ROE 是没办法直观看出企业财务杠杆的，表面上看两家企业都一样，但背后可能是其中的一家运用了高杠杆。**所以我们不能盲目地认为 ROE 高的企业就一定好，寻找高 ROE 企业的同时，也要深入了解企业 ROE 的来源。**

ROE 高主要来自两个维度：净利率和财务杠杆。如果一家企业的高 ROE 来源于高杠杆，这很可能会是一把双刃剑。如果一家企业的高 ROE 来自于高净利率，这个确定性就更高一些。

在做同行业对比时，高净利率的企业一般也有两个特征，企业产品有更高的售价或更低的成本，也可能是两者兼具。售价高于同行的产品往往具备某种优势，比如白酒中茅台为啥比其他白酒贵，品牌价值就在那里。另外，有一些企业可能是具备更好的质量和更领先的技术等。

对于更低的成本来源，我们最先思考的是企业产品的原材料，企业产品的原材料是什么，是否有较大的波动，为什么在原材料方面比其他同行有优势。其次也要观察三费占比，和同行对比有没有优势，有哪些费用未来可能被优化或者可能变糟，从而影响净利率。

当我们知道了 ROE 的重要性，那么 ROE 是多少算优秀？大多情况下 10%～15% 不错，15%～20% 是优秀，20%～30% 为杰出。当然，这也只是初步观察，投资时要进行多维度的观察和思考，不可能是简单的数值对比。**我们要关注企业 ROE 的持续性，不能简单地以某一年的高 ROE 作为买入标准**，如果企业历年的 ROE 忽高忽低，我们也需要谨慎。同时出现超高 ROE 的企业也需要警惕，超高的回报一定会经常引起其他资本的注意，我们需要考虑企业的护城河是否足够宽广，是否可以抵御新竞争者的不断入侵。

一家企业过去的 ROE 高，不代表其未来的 ROE 也能一样高。无论什么指标，单看当前的静态数值意义都不大，过去的数据只能证明过去，不是过去好的企业未来就能一定好。在漫长的历史中，有无数过去曾经优秀的企业走向衰败。所以 ROE 只是一个指引，告诉我们这家企业可能具备某些隐藏优势，除了寻找到企业的优势所在以外，我们还要思考这个优势可以持续的时间。一笔投资脱离了对未来的思考，单独看以往的数据是没有意义的。

第六节　四类现金流量表场景定位的优秀企业

通过阅读现金流量表，我们可以看清一家企业的资金的流动情况，有多少钱来自经营，有多少钱来自投资，有多少钱来自融资。为了生产和经营又投入了多少钱，自己能否形成良性循环。一家优秀的企业，最好是不用借助融资，自身就可以不断发展壮大。

现金流量表分为**经营活动产生的现金流量、投资活动产生的现金流量、筹资活动产生的现金流量**。这三项的净额有可能为正也有可能为负，在唐朝老师的《手把手教你读财报》中，根据现金流量表把企业分为了很多种类，下面分享一下我可能会投资的四类场景。

第一类：经营活动现金流净额（正）、投资活动现金流净额（正）、筹资活动现金流净额（正）。

这类企业看似很不错，三个主要的现金流流入方式都是正值，那企业的现金肯定很充裕。但仔细一想也有点不合理，企业的经营活动现金流净额和投资活动现金流净额都是正值，为什么还要不断融资呢？这就好比一个人上班也赚钱，投资股市也赚钱，但他还要和别人借钱生活。这个时候我们就要进一步观察。

（1）企业可能要开展大规模扩张，短期需要大量的钱，所以需要融资。

（2）企业可能心思不正，靠着上市公司圈钱，得到的钱转给关联企业或关联人使用。

第二类：经营活动现金流净额（正）、投资活动现金流净额（正）、筹资活动现金流净额（负）。

这样的企业基本是正常的企业，经营赚钱、投资赚钱，所以不去融资。当然，我们还要看投资活动现金流净额部分具体的来源，这个不能是偶尔靠变卖资产带来的，需要是长期的良性投资带来的。

这样的企业一般经营都很稳定，如果企业的护城河依然强大，未来依然可以保持稳健的增长，那么这样的企业大概率会是一个不错的投资选择。

第三类：经营活动现金流净额（正）、投资活动现金流净额（负）、筹资活动现金流净额（正）。

这很明显是企业经营赚的钱，外加融资发行股份或借债的钱，都用作了投资，这就需要我们进一步去观察其扩张的信息情况，未来大概率成功，还是大概率失败。这就又到了考验我们认知的地方了，企业扩张方向的竞争优势如何，多久能带来收益，这个只看财报数字是没办法找到答案的。这个时期的企业经营风险往往是要大一些的，企业原有项目增长乏力，可能才会考虑加大投入扩张，做成了又上一个台阶，做不成就是雪上加霜。投资这类企业时，我们要保持合理的仓位。

第四类：经营活动现金流净额（正）、投资活动现金流净额（负）、筹资活动现金流净额（负）。

这样的企业值得观察，经营活动现金流净额（正），证明企业经营是正常的，同时投资活动现金流净额（负）、筹资活动现金流净额（负），证明企业还在扩张，同时也在分红或还债。

如果此时企业经营活动现金流净额大于投资和筹资流出，证明这是一家可以良性循环的企业，企业赚的钱不仅可以维持扩张，还有余额分红和降低债务。

除了这四类场景，还有经营活动现金流净额为（负）的几种组合，如经营活动现金流净额、投资活动现金流净额、筹资活动现金流净额均为负值的，抑或经营活动现金流净额为负、投资活动现金流净额和筹资活动现金流净额两项为正。这类企业我一般是不碰的，我们投资追求的是确定性，已经可以稳定赚钱的企业，都不一定看得准，更何况那些还在苦苦挣扎的企业。

第七节　常见的财报排雷技巧

投资中，我们最怕买到有财务造假的企业，我们对着财报研究半天，结果上面的数字是别人乱编的，一旦买入有财务造假的企业，带来的损失往往是非常巨大的，这一节我们就来分享财报排雷的技巧。

我们大部分人只是通过一些书籍和自己积累经验学会解读财报，但我们面对的却是从业多年的专业会计，而且基本都是一个专业的团队，其不仅比我们了解更多企业的真实信息，也比我们具有更专业的知识，所以我个人遵循三个原则。

（1）疑罪从有，如果财报中疑点重重又找不到完全合理的解释，最好的选择是放弃。钱不是非要从某一家企业上赚，放弃一个机会可能少赚，犯一次大错就需要很多年来弥补。在《财务诡计》一书中给投资者的一个建议就是：**拒绝晦涩难懂，好的公司会想尽办法把财报写得更容易被理解，让投资者知道其优秀。相反，一家公司如果把自己的财报写得晦涩难懂，该披露的细节和注释完全没有，其可能就是为了隐藏自己造假的事实。**

（2）适当分散，哪怕看错一次，不至于满盘皆输。

（3）罗素有一句名言："人之所以有道德，是因为受到的诱惑不够大。"这个世界上绝大部分坏人不是天生喜欢当坏人，造假肯定是有动机的，所以尽量规避那些单纯讲逻辑，但看不到赚钱希望的企业。这一类企业可能会阶段性地得到市场的关注，但是往往也是财务造假的高发区，当企业管理人无法从经营上赚到钱的时候，可能就会对其他方面动心思了。

一、现金流量表排雷技巧

上市企业其实和我们生活中开店一样，可以在某个阶段为了未来多赚钱，放弃一些赚钱能力，但最终的目的都是把真金白银赚回来。我们作为股东最怕的是企业赚来的钱被少部分人挪用、转移，又或者企业根本没有赚到钱，只是通过美化报表欺骗股东。

三表造假无非几个方向，虚构收入、操纵费用、虚增或挪用现金。我们主要讲讲货币资金造假的问题。货币资金就是公司账面上的现金，首先并不是说企业留在账面上的现金多就一定好，相反如果企业留着大量的现金，既不分红，也不用于扩张，其实不算一个特别好的行为。但是如果货币资金太少，又有可能出现资金链断裂的情况。

分析企业或者读财报时，我们首先要注意的就是不能教条，要结合实际情况，对于货币资金的潜在风险有三个分析维度。

1. 货币资金很多，但基本都是受限资金

财报上货币资金多，但不一定都是可以自由使用的。在财报中会有详细分类，一般库存现金和银行存款是比较常见的科目。但有一些可能会是并购保证金、汇票存款等，这些资金往往是不能马上变现且随意使用的。如果企业的货币资金绝大部分是受限资金，可以灵活使用的资金很少，也很容易出现资金链断裂的风险。

2. 存贷双高

这是我们比较熟知的一种有造假可能的情况，存贷双高是指既有大量的存款，又有大量的有息负债。这个显然不太符合基本逻辑，一般情况下，借款要付的利息会远远高于存款得到的利息。在合理的情况下，如果企业有大把的闲钱，应该是归还借款，而不是把它存起来。如果企业有这样的情况，虚增货币或者资金被大股东占用的概率就要大很多。

比如，我们比较熟悉的康美药业、康得新都出现过存贷双高的情况。当然，也不是说只要企业出现存贷双高就有问题，也要具体问题具体分析，不能一概而论。比如，有的企业有周转需求，或者下一步有扩展计划，出现存贷双高也是有可能的。又或者有的企业下属子公司多，每家子公司独立经营情况不同，有的子公司现金多，有的子公司负债多，看合并财报的时候也会出现类似情况。

3. 收到其他与经营活动有关的现金额度很大，且没有合理解释

这种情况下，有可能是关联企业或利益相关人士在每年的财报截止日之前打款，帮助企业美化财报，也有企业通过质押借款来美化财报中的货币资金。当我们发现财报中，收到其他与经营活动有关的现金额度很大的时候，我们也要去观察企业的其他应付款，看看应付款是否也数额巨大。

货币资金造假的可能还有很多种，比如大量现金不存银行，或者显示存在银行，却只有很少的利息，比如净利润正常，但经

营活动现金流净额经常为负。又比如经营活动产生的现金流净额非常不错，但是持续有大量的投资活动现金流支出，没有合理解释，比如同样建设花费的资金远远高于合理水平，或者基本都是给固定的一两家企业。

财报排雷需要全方位的互相印证，可能某一点只是存疑，一个疑点不足以证明企业财务造假，但是疑点多了，大概率就会有问题。

二、资产负债表排雷技巧

1. 应收账款

总体来说，企业的应收账款肯定越少越好，应收账款很少甚至没有，证明企业的产品足够强势。应收账款较多不仅影响企业资金周转，还有成为坏账的可能。

对于应收账款的观察方法，我们可以察看企业自身过往年份的数据对比，比如企业的应收账款占营业收入的比例突然增加，这就要引起我们的注意。

除此之外，我们还可以和同类企业对比，如应收账款周转率，应收账款周转率=营业收入/平均应收账款余额。平均应收账款余额=（期初应收账款+期末应收账款）/2。

不同企业的应收账款周转率没办法简单用一个数值衡量，但是我们可以和类似企业对比。周转越快，代表企业的竞争力和应收账款质量越高，相反周转率大幅低于同行，就需要我们谨慎。

如果企业的应收账款周转率明显低于同行，或者应收账款占比明显高于同行，这都是我们需要注意的。进一步，我们还可以观察对比企业的坏账计提标准是否严格。

假设某企业生产的是快消品，但是计提标准一年只有30%，三年只有50%，这个计提标准和其商业模式比显然就太宽松了，应收账款数目大，计提标准宽松，往往都是潜在的雷。

当然，也不是应收账款高就一定有问题，有一些企业应收账款较多可能是因为商业模式，比如一些大型工程机械可能需要分期来收钱。又比如同样是企业应收账款增加，也可能是企业为了迅速扩大市场占有率，抢占更多的市场份额的一种战略，在一些市场空间大且格局较分散的行业，这种情况也算正常。

任何数据我们都要结合实际情况，不能单纯地看数字。比如在一个成熟行业中某企业的应收账款占比突然增加，说是为了抢占份额可能就不那么合理，更大的可能是其竞争力下降，为了保持利润，放宽了信用政策，抑或虚构收入。同时，用放宽信用政策来增加市场占有率也是一把双刃剑，成功了可能抢占更多份额，失败了也意味着会出现大量坏账。

除此之外，我们也需要注意其他应收账款。相比应收账款，其他应收账款的造假空间更大，如果数目很大，且财报中没有详细的解释，或解释非常不合理，那么就要把它列为疑点之一。比如，某企业一个很普通的资产因为被其他企业或个人使用，却产生了一大笔远远高于这个资产价值的费用，这就属于不合理的现象。

2. 预付账款

预付账款是暴雷的高发科目。一般来说，预付账款过高，表明企业在产业链中相对弱势。对于预付账款，我们需要注意三个地方。

（1）如果企业预付账款突然大幅增加，用途又是一些工程款项、专利款项等不好衡量价值的科目，且金额巨大，又或者企业在经营模式没有改变的情况下，突然大幅增加预付采购等。那很可能是大股东占用上市公司资金。

（2）账龄，如果预付账款的账龄超过一年且数额巨大，也是需要我们注意的，很少有款项需要提前一两年支付。

（3）预付账款占比过高，哪怕企业是真的有合理解释，预付账款占总资产的比例过高，比如超过20%甚至更高，也值得注意。在企业暴雷的案例中，也出现过预付了大量款项，后来产生纠纷，货物和钱都没拿回来的情况。

3. 应付账款

应付账款高，一般表明企业在产业链中地位比较强势。但如前面所说，凡事我们要结合实际情况，比如一家企业的生意模式明显有走向衰落的趋势，这个时候应付账款增加，那么大概率不是因为企业地位变强了，更大的可能是企业开始拖欠供应商款项了。

4. 在建工程

在建工程是指正在建设的工程，建设好后转入固定资产。在建工程往往涉及数额较大，且进展速度也很难被观察界定，所以也是容易出现财务造假的科目。

比如上面所说的，企业可能通过预付工程款项将资金转出，以销售的形式回流美化报表，或者被大股东占用。在建工程相对来说比较难观察，个人投资者不可能全国各地去看自己持有企业的工程进度。

我有一个比较好的观察技巧，企业的工程建设一般都会有规划，财报中也会公布其进度，我们可以观察企业有没有在预定时间内完成工程建设并转为固定资产。如果迟迟不转入，轻则可能企业为了推迟折旧时间，比如企业工厂已经建好，但是当下经济不太景气，暂时还不需要这部分产能，转入固定资产后不仅不能赚钱，还要承担折旧影响利润，所以推迟转入。更严重的，也可能是款项被挪用，导致工程一直无法完工。

5. 存货

存货也是一个容易出现问题的科目，主要有以下两个观察技巧。

(1) 存货大幅增长没有合理解释。 出现这种情况时，有可能是企业通过加大生产平摊固定成本，虚增当期利润，也可能是产品滞销。如果企业没有合理计提跌价准备的话，就可能成为未来暴雷的隐患。

企业的存货既包含原材料，又包含半成品和成品，这在财报里会有详细的列表，是否合理，我们要结合企业实际情况来看。比如，有一些企业的上游原材料价格波动比较大，在原材料价格低的时候加大库存降低成本是合理的。还有一些企业库存对其基本没有负面影响，比如中高端白酒存货不但不会产生损失，还有很大可能出现升值。但有的企业生产的是科技产品，库存可能积压个一两年价值就会大幅下降，这样的企业大幅增加成品、半成品库存风险就很高。

（2）存货周转率明显低于同行其他企业，并且持续下降。

不同行业经营模式不同，相同行业企业规模不同，也不能简单直接以对比存货数字来判断企业好坏，这时候我们可以用存货周转率来进行同行业对比。存货周转率＝营业成本/平均存货余额，平均存货余额＝（期末存货+期初存货）/2。

一般来说，企业存货周转率下降，表明产品销售受阻，资金占用时间加长会提高成本，同时为了加快销售，无论是增加销售费用推广，还是进行促销，也都会降低企业的毛利率。这对企业来说都是不好的信号。

总之，企业存货大幅上涨以及周转率下降的情况，一般情况下都算不上什么好的信号，尤其对一些存货减值风险大的企业，比如高科技企业，以及存货不好核对的企业，如农林牧渔，想一想獐子岛年年跑路的扇贝，存货科目非常值得我们注意。

6. 商誉

说完存货，我们再来说说另外一个经常减值暴雷的科目——商誉。企业是不可以自己随意添加商誉的，它是在并购活动中产生的。当上市企业收购其他企业股权时，支付的价格高于企业可辨别净资产的公允价值部分，就会被计入财报中的商誉。

比如，A公司并购了B公司，花费了2亿元，B公司可辨别净资产的公允价值是1亿元，公允价值以外部分多付的钱就会被计入商誉。

为什么会产生商誉呢？因为企业的一些价值是不能完全体现在净资产的公允价值上的，比如工艺流程、商标、渠道，甚至公司的管理团队等。

为什么商誉也是一个容易暴雷的科目呢？因为商誉无须摊销，只需要企业每年进行减值测试，而减值测试又没有标准，主要是企业自身的主观判断。因此，一些企业在并购的时候往往喜欢压低可辨别资产的价值，把更多的金额计入商誉科目，这样就可以减少资产折旧，帮助企业美化利润。同时大额并购花了大量的现金，产生了大量的商誉，也确实会有收购时判断错误的情况出现。

如果企业的商誉特别高，我们首先要谨防未来大幅减值的风险，应逐条去看企业商誉产生的具体资产是什么，这些资产有没有为企业创造应有的价值。

我们要注意的是，高商誉并不代表企业就有问题，企业高商誉的资产，也会为企业带来同样高的利润，这是合理的。但如果我们发现企业产生高商誉的资产并没有创造预期的利润，那我们就需要谨慎了。

比如，企业在被收购后开始出现利润下滑，又或者一般收购大多是有业绩承诺的，结果被收购企业的业绩大幅低于当初的承诺；有这些情况出现时，首先是随时可能出现减值暴雷，其次并购中屡屡出错的管理层，也需要我们谨慎，要么是其能力不足，要么是其可能通过投资活动转出现金。

当然，投资不能靠一两个数据简单地做出判断，如果是被收购的企业所处行业暂遇困境造成企业暂时业绩下降，且行业整体长期发展并没有问题，这也是可以理解的。但如果企业的并购屡屡出错，那我们最好的选择就是远离。还是那句话，钱不一定非从某家企业上赚，有疑虑的企业我们放弃就好。

三、利润表排雷技巧

赚钱能力强的企业更能吸引投资者，因此企业财务造假最容易发生的地方就是虚构收入。

排雷技巧一：盈利指标大幅提升，但没有合理解释。 我们常见的盈利指标有毛利率、净利率、净资产收益率。企业要想通过虚构收入带来更多的虚构利润，最有效的方法就是在高毛利率的业务上造假。

造假不是单纯地乱编数字，而是一个庞大的工程，费了半天劲肯定是要找个最有效率的科目，在低毛利率的业务上造假意味着同样的利润要虚增更多的收入，不仅更麻烦，也更容易被察觉。**企业造假往往都是虚构一些高利润的业务，或者在高利润的业务上下手。**

当我们发现一家企业的各项盈利指标明显高于同行，且有较大波动的时候，就要注意企业是否有财务造假的可能。正常的盈利指标提升有三个主要原因，销售价格提升、原材料成本下降，以及三费占比下降。这些基本上都是有迹可循的。

销售价格不断提升，需要企业的品牌价值或者产品技术明显高于同行，而原材料成本下降往往是行业整体都会受益。比如东方雨虹，该公司2020年年报中的毛利率、净利率以及 ROE 都有明显的上升，这个时候我们进一步观察，是东方雨虹一家出现这样的情况，还是行业整体的情况。

最后，我们通过对比发现，2020年行业内相关企业的盈利指标都出现上升的情况。再进一步分析，防水是一个原材料成本占比较大的行业，当年的相关原材料价格又有大幅下降，所以这个情况基本就是合理的。

相反，如果只是东方雨虹一家盈利指标明显提升，我们又找不到合理的原因，比如行业格局、上下游关系、品牌价值都没有较大的变化，而企业突然之间盈利能力上升，这就是疑点之一。

如果出现疑点，我们可以进一步去找线索。比如有的企业毛利率提升的同时，反而应收账款占比增加，毛利率提升证明产品的竞争能力增强了，应收账款占比增加又代表企业需要先给货后收款来增加销售，是产品竞争力下降的体现，这显然是相互矛盾的。

比如，某企业突然开始销售以往没有生产或经销过的产品，且毛利率很高，这可能也是为了业绩好看，对"特定"顾客的"特定"服务。

进一步观察的角度还有销售费用和管理费用，它们基本都是和营业收入同步变动的，如果企业突然出现销售费用或管理费用占营业收入的比例大幅下降，或明显低于同行的情况，又找不到合理解释，这也是我们要注意的。

排雷技巧二：其他业务收入和营业外收入数额较大，或者一些冷门科目经常有较大数额。一般情况下，正常的企业其他业务收入和营业外收入金额都不会特别大，如果企业的这个科目数额很大，年报中又没有合理的解释，也是我们需要注意的疑点之一。

还有一些冷门的科目，比如营业外支出和很多一次性费用，如果经常出现较大数额，我们也需要谨慎。一家优秀企业的财报基本上都是非常规范且好理解的；相反，一些财务上有问题的企业，往往会在各种冷门科目上动心思。

如本文前面所说，大多财报中的疑点，想要强行解释都能找出一个模棱两可的理由，但如果一家企业总是有这样或那样不合常理的地方，我们一定要注意。

四、排雷的综合思考

最后，我说说避免买到财务造假企业的一些心得。总体来说，个人投资者可能会发现一些财务造假疑点，但也一定会有漏网之鱼。我们还要有一些数字外的排雷技巧。

1. 尽量选择稳定分红的企业

我个人偏向选择稳定分红且分红比例较高的企业，这基本上算是排雷最有效的一招，毕竟任何造假都只能美化数字，不能真的造出来真金白银。

这里不是说不分红的企业就一定不好，如果企业有能力用留存的 1 元利润创造远远高于 1 元的价值，不分红也是合理的选择。但说一千道一万，我们投资企业和自己开店一样，最终能把现金赚回来的才是好生意，只赚报表上的数字是没意义的。所以，我个人更倾向选择经营稳定、分红优秀，也仍然有增长空间的企业。

相比用各种排雷技巧去和专业财务团队斗智斗勇，企业每年赚了钱，大部分又能分给股东，这足以说明一切。**往往投资者买到暴雷的企业，都是因为太注重报表上的利润数字，而不重视企业的现金流，太重视未来的故事，而不注重当下的风险。**

　　同时，稳定分红的企业大概率会符合维持现有经营收入，不需要持续高投入的标准，且行业地位一般比较高，不会有大量的应收账款和坏账，这样的生意模式往往都不会太差。如果企业运用经营活动带来的现金流，不仅可以不断扩张，还能稳定分红，那就更加完美了。

　　我们如果观察一下已经暴雷的那些财务造假企业，基本都有一个特点——分红极少，毕竟美化的数字是没办法分给别人的。高分红企业还有另一个优势，通过很多过往案例的复盘，哪怕企业股价不涨，投资者坚持分红再投，最终也能获得不错的投资收益，这使得我们可以买入优秀企业的股权后安心去做想做的事，而不是担心股价每天的波动。这里面有三个注意事项。

　　（1）不是说过去几年能高分红的企业，未来就一定能高分红。首先要能保证企业未来依然能持续赚钱，其次要保证企业的分红政策不变。想要预测企业未来十几年都能稳定赚钱，难度也是不小的。所以，我们也要持续动态观察，不能简单以过去企业分红高作为买入依据。

　　（2）投资这家企业的钱长期不用，这样才可以做到分红之后买更多持股，明年拿更多分红，然后继续分红再投，雪球越滚越大，分红获利越来越高，最终获得一个丰厚的收益。

　　能做到有一笔长期不用的闲钱来买一家企业的股票，这对很多人来说也是一个门槛，大部分人投资是把家里绝大部分的钱拿到股市，可能哪天遇到些事情就要被迫卖出。

　　（3）需要我们确实有足够的耐心，企业长期股价不涨也能拿得住。这件事逻辑是可行的，但难度是不小的，真的做到看着其他企业涨，自己耐心持有十年甚至更久，也是一个巨大的考验。所以逻辑我们要懂，但也不能简单地以当下分红高就是好企业为依据来麻痹自己。能选到未来有能力长期稳定分红的企业，也需要我们具备足够的认知。

2. 造假往往有动机

除了以上的排雷技巧，以及尽量买稳定分红的企业外，还有一个观察方向，坏人做坏事往往都是有动机的。毕竟在生活安稳的情况下，没人会想着铤而走险，企业财务造假也不会无缘无故，往往都源自以下三个情况。

(1) 避免 ST 或被退市。企业在 A 股上市比较难，对利润要求也比较高，连续两年亏损会被 ST，ST 后继续亏损会被 * ST，此时就会有退市风险。因此企业为了留在 A 股，就有了财务造假的动机。

(2) 为了维持股价。比如企业高管或实际控制人有过高比例的股票质押融资，比如大股东频频减持套现，这个时候通过造假美化利润，以此来维持股价的动机就出现了。

(3) 完成业绩承诺。无论是借壳上市，还是收购时的业绩承诺，如果承诺的增长明显高于行业平均水平，我们就要格外注意。

以上就是财报中一些容易出现造假的地方，对于有疑点的企业，我们一定要抱着疑罪从有的态度。企业排雷很难通过一个点，或一个数据就确认造假，我们需要结合商业模式从多个维度观察。

第八节　白话聊估值

看到本节，我相信大家对如何选择优秀的企业已经有基本思路了。下一步，我们要考虑的是如何对企业进行估值，让我们在一个合理的价格买入企业。

我对估值经常打一个通俗的比方，站在汽车价值的角度，奥迪一定好于奥拓，但你拿100万元买了一辆标配的奥迪A6，这也会成为一笔失败的投资；相反，你拿1000元买了一辆全新的奥拓，转手也可以赚到不错的回报。

在投资中，即便企业非常优秀，但如果我们以远超过价值的价格买入，这笔投资也很难成功，我们付出的是价格，得到的是价值，只有价值高于我们付出的价格，才有可能成为一笔成功的投资。

估值在投资中的重要性不言而喻，如果有人想用手中的0.5元换你手中的1元钱，你一定会毫不犹豫地拒绝。但在股市，我们经常将价值1元钱的股票以0.5元卖给别人，或者用1元钱去买价值0.5元的股票。因为很多时候我们并不知道手中股票的具体价值，所以经常会在别人情绪的感染下盲目交易。

一、估值最大的误区

很多朋友对估值最大的误区，就是把估值当作了一道计算题，执着于寻找一个一劳永逸的估值公式，期望于随便填填数字就能得出结果。实际上，估值的难点不在于公式，而在于对企业未来发展的判断。在说明这个问题之前，我们先要搞明白自己**买到的股票到底是什么。**

我们买了企业的股票，得到的其实就是企业目前对应份额的资产，以及未来可能赚到的金钱。这和我们买了一家别人的店铺大致是一样的逻辑，只不过个人投资者很难收购一家上市企业，我们只能拥有上市企业的很小一部分股权。当我们看到一家店铺挂牌转让，自己又很感兴趣，这个时候我们会考虑哪些问题呢？

（1）考虑的是其设备值多少钱，店铺是租的还是店主自己的。如果店铺是店主自己的，我们会参考当前这个房屋的价值；如果是租的，会考虑还剩下多久的租期。

（2）会对这个生意做出判断，这个店铺的生意如何，未来每年大概能赚多少钱，这个店还能开几年。

（3）若预计这家店还能开 3 年，店里的资产 3 年后还能折现 5 万元，同时每年大约能赚 2 万元，这个店在我们心里的价值差不多是 11 万元。

我们当然不会用 11 万元去买一家可能价值 11 万元的店铺，不然这笔投资对我们来说就毫无意义，经过和现在店主的反复协商，最终以 7 万元成交。在这笔交易中，店家可能觉得未来这个生意模式赚不到这么多钱，抑或觉得熬 3 年赚这点钱不值得，于是他做出的决定是卖出，而我们认为这个生意可以赚钱，并且 3 年赚到这个收益也觉得满意，于是选择了买入。

实际上，上市企业的估值也是同样的逻辑，只是其资产更复杂、经营更烦琐、存续期更长，且需要考虑折现问题，但思考的方式其实基本是相同的。**只是因为上市的企业交易更便捷，所以**

我们往往就会忽略了买股票就是买企业的本质，买入的逻辑也不再是企业的价格低于其内在价值，而是这家企业的股价明天可能会上涨。

巴菲特曾多次说过，**一家上市企业最终的价值，就是这家企业未来所能产生的自由现金流折现的总和**。上面我们举的这个收购店铺的例子，这里面其实是有一个小漏洞的，就是通胀的存在会使得我们现金的购买力下降。也就是一家未来价值11万元的店铺，我们花了7万元，期望的是赚到4万元的差价，但几年后陆续赚到的4万元购买力和现在的4万元是不一样的。只是3年的时间比较短，通胀因素的影响不大，所以我们可以忽略。但我们投资一家上市企业时，其存续期可能要长很多，我们就要考虑未来赚到的钱折现的问题。

那么我们如何计算折现后的现金流呢？我把现金流折现的公式给大家简化一下，其实很简单：预估的未来现金流／$(1+x)^y=$价值。x是选择的折现率，y是折现几年，比如两年后的现金流，折现到今天，就要折现两年。

举个简单的例子，我现在买下了一家店，估算每年能赚1万元，这家店能开10年，那么这家店未来10年能带来10万元的现金收入，这就是这家店存续期内可以为我创造的现金流。

但是因为我们当下付出的是兜里的钱，得到的回报却是未来1~10年陆续带来的，未来赚到1万元钱的购买力肯定不如现在，所以我们考虑未来收入的时候要把未来的收益进行折现。

比如，我们选择了10%的折现率，一年后的1万元，就相当于当下的9091元。两年后的1万元，就相当于当下的8264元。大家可以根据上面的公式简单地做一个Excle表格（见表4-37），按每年的预计现金流都是 1 万元，折现率为 10%。最终，10 年后可以获得的是 61446 元的折现后收益。

表 4-37　现金流折现表

折现年份(年)	1	2	3	4	5	6	7	8	9	10
折现率	10%	10%	10%	10%	10%	10%	10%	10%	10%	10%
预计现金流(元)	10000	10000	10000	10000	10000	10000	10000	10000	10000	10000
折现后价值(元)	9091	8264	7513	6830	6209	5645	5132	4665	4241	3855
									合计	61446

　　其实，现金流折现就是这么简单。按上面的例子，如果我们认为一家店可以存在 10 年，每年能赚 1 万元，且按 10% 的折现率，那么这家店最终为我创造的折现后的现金流是 6.14 万元。假如我对投资的收入预期是 10 年翻一倍，为了不扰乱思路，我们先不考虑企业存续期结束资产变现部分，那至少当前这家店的市值低于 3.07 万元，才值得我购买。

　　通过以上的案例，估值的逻辑和现金流折现方法的理念我们都已经知道了。然后，我们来说说估值中常犯的错误。

　　（1）因为企业上市后股票交易更便捷，所以我们把实际经营的企业当成了交易的筹码，试图通过频繁买卖来赚取差价。实际上，如果我们认可买股票就是买企业的思想，就应该知道一家企业的实际价值在大多数情况下是不会频繁发生变化的。

　　（2）我们在估值中考虑的资产是要去深入了解的，而不是简单看账面上的数字，因为有些资产是很容易变现的，是值钱的。而有些资产在企业存在的时候是值钱的，企业破产后它的价值就会大打折扣。比如一个超市账目上的资产，有房产、有一些商品，这些是很容易变现的，房产的部分甚至可能还会升值。另一家汽车制造商，其生产的很多零部件，企业在的时候是值钱的资产，企业倒闭后很多东西别人用不了，价值就会大打折扣。

因为大部分企业的存续期都很长，我们不太可能持有到企业清算资产价值的那一天，我们的持股比例也没有达到要求企业变卖资产清算价值，然后把钱分给股东的程度，所以估值的时候，除了现金的部分之外，企业的其他资产价值我们做个侧面参考就行。

（3）估值时，我们本身得到的就是一个估计值，不可能是一个准确的数字，便宜和贵都是一个区间，我们估值的时候越保守，这笔投资成功的概率就越高。

如图 4-2 所示，我们付出金钱收购一家企业，会获得企业的资产，承担企业的负债，以及得到未来可能创造的现金流。

图 4-2　资产、负债和未来赚取的现金流

在实际的投资中，我们既不可能持有到企业清算的那天，也不可能要求企业清算，所以我们对资产和负债的观察不是为了真的能把它们变现，而是要确保它们能有效地帮助企业，在未来获得更多利润，创造更多的现金流。估值的逻辑其实就是这么简单，只是很多朋友可能被现金流折现的估值理念，抑或被专业的描述给搞晕了。

既然估值的逻辑这么简单，那投资中为什么会出现分歧呢?

实际上，估值难的不是公式和思路，而是每个人对企业未来发展的预期。 因为每个人对生意模式的看法不同，一个认为这家企业业绩会不断增长的投资者，和一个认为这家企业业绩会持续下滑的投资者，哪怕用了同样的估值公式，也会对企业未来的现金流判断得出天差地别的结论。

即使两个人都同样看好这家企业，现金流折现还有一个难点，就是我们很难看得那么长远，大部分上市企业的存续期至少都要十几年甚至几十年，我们既不可能精准地预测企业的存续期长短，更难预测十年甚至更久之后企业可以产生的现金流。**秉持着太短没意义、太长看不清的态度，我把巴菲特现金流折现的理念做了一个简化。**

二、我目前使用的估值方法

我的选择是不一次性去预估企业存续期内所有的现金流，而是选择 2~3 年作为一个观察周期进行滚动观察，每到年初对企业未来 2~3 年做一个动态修正。为什么选 2~3 年呢？周期太短的情况下市场的情绪是不稳定的，不一定能体现价值，太长的预测准确率又太低。所以，我选择 2~3 年作为一个观察期，进行动态观察，并根据财报发布随时修正。**这样做有两个好处。**

（1）估值是预估，不可能精确计算，时间越长预测的成功率就会越低，不准确的预测对我们的交易毫无意义。2~3 年作为一个观察周期，不用估算太远，自然准确率会大大提高。

（2）大部分投资者是没耐心持有企业终身的。以 10 年、20年后企业的价值作为买入依据，很有可能被短期的波动折磨出局。

那么具体如何估值呢？ 我们都知道，企业的总市值＝净利润×市盈率，如果算出了一家企业 2～3 年后的净利润大概是多少，结合我们希望得到的潜在收益，当下能不能买自然就成了很简单的问题。以 3 年为例，企业 3 年后的总市值＝3 年后的净利润×合理市盈率

合理市盈率取多少合适呢？ 理论上我们可以参考无风险收益率，一般无风险收益率就是国债收益率，基本上在 3% 左右，3% 的倒数按 PE 算的话也就是 33 倍。当然，这个不能教条执行，不能将任何企业都按无风险收益率的倒数计，不同企业的收入质量也不一样。一家企业护城河越宽广，现金流质量越好，我们给它的估值就可以越贴近于无风险资产的估值。相反，一家企业护城河较差，收入一般，且有很高的负债，在市盈率上我们就要给它打一些折扣。比如给了一家银行 33 倍 PE 的估值，可能很多年也达不到。

这里我们要记住一个关键点，合理市盈率不是自欺欺人的借口，你的取值越保守，未来这笔交易成功的概率就越高。 对 PE 取值其实难度不大，难度大的是对利润的预测。

企业 3 年后的净利润如何得到？ 我们常说股市是认知的变现，这就是认知变现的部分了，同样一家企业两个人对其看法不同，算出 3 年后的净利润肯定是不一样的。估值的核心其实就是这一部分，对企业商业模式和未来发展的判断。**如何提高这部分的成功率呢？** 估值的关键是其可预测性，我们去预测越复杂的企业，预测的成功率就越低，越容易看懂的企业，我们就能越准确地预测其未来。

　　当我们预估出了一家企业 3 年后的净利润，然后给企业一个合理的估值，也就得到了企业 3 年后大概的市值，那么当前能不能买就很简单了。比如，我们希望 3 年有 60% 的收益，并再给其 10% 的容错空间，当现价和未来预估市值有 70% 差价的时候就可以出手了。当然，每个人对未来潜在收益的要求和买入体系的不同，也会对买入价格有一定的影响，比如分批买还是一次性买。

　　最后，再次重复重点，对于估值我们要懂得估值终究是预估，千万别把它当成计算题，这件事也没有一劳永逸的方法，估值是不可能抛开对企业生意模式的理解的。对同一家企业持有正反观点的人，即使用同一个估值体系也会得出不同的结果。认知上我们不断提高，尽量让自己的判断足够准确；策略上我们适度分散，让自己即使偶尔犯错，也不会被迫出局；选择上尽量聚焦成熟优质的企业，降低自己判断的难度。适度分散，长期持有，选优秀的企业，做时间的朋友。

第五章

典型企业价值投资分析逻辑

 我选择了过往对企业分析的案例文章，希望能通过这几家有特点的企业，展现面对不同企业的分析思路，学习到了思路才能更加长期有效地应用于实战。特别提醒，文中观点都是基于发文当时的环境，不能作为当下的投资依据。

第一节　永辉超市：尚未集中的行业能否投资

 本文首发于 2020 年 10 月 19 日。

 永辉超市的主营业务相对比较简单，以物流为支撑，主要经营农业产品和食品，是一家网点布局全国的大型连锁超市。永辉超市在福建、重庆等 24 个省市已发展超过 900 家网点，经营面积超过 700 万平方米。德勤会计师事务所发布了 2018—2020 年度《全球零售力量报告》，在上榜的全球 250 家零售企业中，永辉超市排名加速上升，升至 106 位。

 永辉超市是中国境内首批将生鲜农产品引进现代超市的流通企业之一，为国内"农改超"开创者。"永辉模式"的背后是一套完整的全国性农产品采购及区域直采体系，并通过企业与农户直接对接，减少了生鲜农产品产业链的中间环节，降低仓储物流损耗成本，保证了农产品的新鲜程度并提升了自身的价格竞争优势。按照采购渠道划分，永辉采购分为基地直采、当地采购、远程采购、批发市场采购（见表 5-1），其中基地直采比例最高，保证了生鲜农产品供应的稳定和安全。

表 5-1　永辉超市的采购体系

基地直采	保障生鲜供应稳定和安全
当地采购	公司特色及主要生鲜采购渠道，主动寻找农户合作

（续）

远程采购	跨区域调节性采购，使生鲜品种、价格较农贸市场更有优势
批发市场采购	具有调节和保障作用

在净利润方面，永辉超市十年净利润复合增长率为 19.88%。2020 年半年报中的净利润为 18.54 亿元，同比增长 35.63%。二季度单季净利润增长 16.6%（见表 5-2）。

表 5-2　永辉超市净利润复合增长率

单位：亿元

年份	2010	2011	2012	2013	2014	2015	2016	2017	2018	2019
净利润	3.05	4.67	5.02	7.21	8.52	6.05	12.42	18.17	14.8	15.6
增长率		53.11%	7.49%	43.63%	18.17%	−28.99%	105.29%	46.30%	−18.55%	5.41%
复合增长率	19.88%									

从经营现金流净额和净利润的比值可以看出，企业的收入质量也很不错（见表 5-3）。

表 5-3　永辉超市现金净利润比值

单位：亿元

经营活动产生的现金流净额与净利润比值										
年份	2010	2011	2012	2013	2014	2015	2016	2017	2018	2019
经营现金流净额	6.83	5.79	18.32	17.69	20.16	15.38	19.28	26.41	17.61	4.16
净利润	3.06	4.67	5.02	7.21	8.52	6.05	12.42	18.17	14.8	15.64
比值	2.23	1.24	3.65	2.45	2.37	2.54	1.55	1.45	1.19	0.27

一、分析企业的第一个思考点：同行业对比

分析企业时，我会先做简单的行业对比，先搞明白企业所在行业的竞争格局，企业在行业竞争中是否具备优势，然后我再考虑这个行业的商业模式是否优秀。企业比同行的优势有哪些，这种优势是否可以维持？哪怕是处在一个非常优秀的行业，如果我们选择的企业对比同行没有竞争优势，也会被逐渐淘汰。

永辉超市在证券分类里属于食品与主要用品零售行业，我分别选了几家有代表性的上市企业，如家家悦、三江购物、新华都和永辉超市进行对比。家家悦、三江购物、新华都和永辉超市的模式差不多，以食品和生鲜为主。

1. 先看 ROE 和 ROIC

ROE：家家悦为 16.23%、永辉超市为 7.93%、三江购物为 7.6%。

ROIC：家家悦为 13.86%、永辉超市为 5.97%、三江购物为 7.64%。

这里可以看到，家家悦的 ROE 和 ROIC 明显高于永辉超市，那么我们再进一步看看，这是因为商业模式的不同，还是因为效率的原因。

（1）家家悦。截至 2020 年 6 月 30 日，家家悦商业收入占比为 94.29%，其中生鲜收入比例为 50.85%，食品洗化占了 43.7%。家家悦目前还是以山东作为根据地，山东占营业收入的 90%。其中大卖场占公司收入的 46%，综合超市占公司收入的 51.7%。

(2) 永辉超市。永辉超市的食品用品收入占比为 47.8%，生鲜及加工占比为 45.18%，规模上要超过家家悦很多，基本全国大中城市都有永辉的门店。截至 2020 年 6 月 30 日，公司超市业态门店为 938 家，mini 店为 458 家。

单从经营分类看，家家悦和永辉超市差不多，永辉的规模更大，但是更大的规模并没有给永辉带来更高的 ROE 和 ROIC。单从 ROE 和 ROIC 这两个指标看，永辉的资产并没有发挥出比家家悦更高的效率。换句话说，永辉的规模并没有在赚钱能力上形成碾压同行的优势。这个原因其实也很简单，全国连锁型的企业，大概率会面临越扩张效率越低的问题。不仅是越往后管理体系越复杂，而且刚开始企业都会选择性价比最好的城市和网点，随着不断扩张，选择的余地就越来越少，从一二线城市进入三四线城市，从繁华的地点进入性价比较差的地点。

2. 其他相关财务数据

(1) 净利率：永辉超市为 1.71%、家家悦为 2.93%，三江购物为 4.03%。

(2) 资产周转率：永辉超市为 184%、家家悦为 194%、三江购物为 88.5%。

(3) 毛利率：三江购物为 24.47%、永辉超市为 21.56%、家家悦为 21.85%。

(4) 负债率：永辉超市为 60.93%、三江购物为 30.43%、家家悦为 63.9%。

(5) 三费占比：永辉超市为 19.2%、家家悦为 17.88%、三江购物为 20.04%。

从净利率、资产周转率、毛利率、负债率和三费占比这些财务指标上看，依然没看出永辉对比同行的优势，至少截至分析当天，永辉的规模和模式带来的优势，并没有在财务指标上充分体现出来。**我们投资主要还是看未来，一笔钱投进去，最终是否盈利，取决于企业若干年后的价值。**

3. 思考点

未来永辉随着规模不断扩大，能否做到采购体系更具成本优势，这是企业能否形成有效护城河的关键。

超市这个行业很难建立品牌优势：大部分普通人选择超市的影响因素一是便利性，二是价格。所以我们更需要注重企业的成本控制，如果规模不能最终在成本上形成明显的优势，就很难形成强大的护城河。

二、 分析企业的第二个思考点：未来增长方向

1. 扩张版图

永辉超市在 2019 年报告期内，全年实现新开门店 205 家，新签约门店 244 家，超市业务已经进入 24 个省份，超市业态门店 911 家。除了在重庆、福建、四川三个省份门店数超过 100 家的区域继续保持市场领先优势外，河北、贵州两个省份签约门店超过 50 家，成了相对优势发展的成熟区域。

新省份拓展方面：湖北签约 11 家，云南签约 8 家，发展速度在新省份中较快，同时 2019 年新增甘肃、山东、青海、内

蒙古四个省份完成项目签约。2020年上半年公司新开超市门店31家，合计938家门店，储备门店254家覆盖省份达25个（2020年8月8日在西藏拉萨新开一家超市，目前已覆盖26个省份）。

我相信未来几年永辉的扩张空间还是有的，但我们也看到永辉已经开始进入甘肃、青海、宁夏、内蒙古、西藏这些消费能力相对较弱的省份，扩张带来的红利是否会下降，还能持续多久，也非常值得观察。

2. 提高净利率

这几年，永辉负债率逐渐升高，可以看到永辉的负债率从2018年开始攀升，从之前的30%多，增长到2018年的50%、2019年的60%，这个负债率其实已经不低了。在不断扩张的情况下，净利率从2017年的2.88%，下降到了2019年的1.71%。

我们要思考的是扩张减速后，净利率是否会有所回升，带来更多的利润。从理性客观的角度上来说，任何企业最先都会倾向于在消费能力最强的城市扩张，往后扩张的城市质量相比一线城市肯定会下降，那我们就要在渠道和管理上思考。

永辉超市在渠道方面有一些优势，传统渠道中流通环节较多，层层加价导致在消费者端价格偏高，永辉通过很多方式来降低成本，具体包括以下四种。

（1）产地直采的模式。

（2）自建直采基地。

（3）和其他企业入股或合作，如新希望六和、国产水联、金枫酒业等。

（4）自建物流。

截至 2019 年一季度，永辉超市物流中心已覆盖全国 18 个省份，总经营面积约 45 万平方米，员工人数 2300 多人。物流中心依据温度带进行区分，其中常温配送中心（含中转仓）分布在 17 个省份，还有 9 个低温配送中心（主要包括蔬果、冷冻、冷藏商品等）。2019 年一季度，配送作业额为 230.46 亿元。但我们也不得不承认，目前以上措施还没有形成非常明显的成效，无论是零售端的价格，还是企业的毛利率和净利率，这个优势还没有完全地体现出来。

2020 年一季度，永辉超市的净利率大幅提升至 5.44%，同时三江购物的净利率也大幅提升；二季度，永辉超市的净利率有所下降，到了 3.69%，同期家家悦净利率为 3.04%、三江购物为 3.6%，都有所回落，基本上大家还是同步的。永辉 2020 年的净利率提升，是因为新冠疫情期间餐馆关门，还是确实是效率有所提升带来的趋势转变，这是需要我们持续观察的。我认为肯定会有一部分是受新冠疫情影响。

3. 顾客消费能力的提升

数据显示，2017 年我国生鲜市场交易规模达到了 1.79 万亿元，同比增长 6.9%，且自 2013 年以来持续保持 6% 以上的增长速度。国内生鲜销售渠道中，超市渠道占比为 22%，远低于发达国家 70% 的水平。

该行业还有很大的增长空间，这一点毋庸置疑，我们需要思考的是，永辉有哪些优势，能在行业中不断扩大份额占比。目前看优势不算明显，那我们期待它获得比行业平均更高的增长显然不那么容易。

4. 集中度提升

国内的商超集中度偏低，比如在美国市场，沃尔玛是绝对的龙头（大卖场+标超），在美国本土市场占有率超过 30%。而国内的商超集中度还很低，排名第一的是高鑫零售，旗下有大润发和欧尚，市场份额也仅仅为 3.5%。但我们需要注意的是，沃尔玛从 1000 家门店发展至 8000 家门店的阶段在 1989—2009 年。这个时候，网络购物还不是主流，沃尔玛凭借的是领先于行业的业态升级和供应链能力的持续爆发。但是国内现在显然已经过了这个阶段，线上比较有优势。和线上比，国内的线下成本优势不是那么明显，而且目前国内生鲜连锁还比较分散。

（1）腾讯系：美团。

（2）京东系：京东到家、步步高鲜食演义、钱大妈。

（3）阿里系：三江购物、盒马鲜生、银泰商业、新华都。

（4）高鑫零售旗下：大润发优鲜、欧尚一分钟。

（5）苏宁云商旗下：易果生鲜、苏宁小店。

这里我们需要思考，在目前没有明显优势的情况下，有哪些事情是永辉可以做但别人不能做，并且可以促使永辉不断扩大市场占有率的。比如，即使未来几年永辉证明自建物流体系效果非常好，那如何阻止已经有更完善物流体系的京东模仿？比如，在市场份额都非常低的情况下，如何拿到比别人更具优势的价格？

三、总结

永辉超市 2020 年的估值在 40 倍 PE 左右，哪怕是按永辉未来能保持 20% 左右的净利润增长率，其实也算不上便宜。当然，如果我们对永辉未来有更高的预期，付出一些溢价也是可以接受的。

1. 买入的企业有两种模式

（1）它现在就很赚钱。现在就是行业老大，这种公司比较好研究，我们只要观察公司所处的行业没有明显变化，没有强有力的新进入者到来就行。

（2）现在不是很厉害，但认为它未来很厉害。这种投资难度就要大很多，相比于前者不仅要研究诸多竞争对手，一个众多人参与的行业也加大了不确定性，也很容易受自己主观情绪的影响。

我们投资这样的企业，首先要做到的就是一定要诚实面对自己，想得明白就是想得明白，想不明白千万不要人云亦云，如果不能确认企业有明显领先于同行且别人又无法模仿的竞争优势，一定要谨慎对待这种看似是机会的投资，因为一个还非常分散的行业，未来一定会面对同行的各种竞争。

2. 能不能买永辉，有一个核心思考是关键

站在大多数顾客的立场上思考，去永辉是因为品牌，还是因为高性价比，如果我们认为大多数人是因为品牌，那这个问题不用继续思考了。如果觉得是因为性价比，那我们继续思考。

（1）永辉保持价格优势的方式是什么？永辉的供应链和采购体系以及自有物流，未来能否建立更明显的价格优势，一些不适宜长距离运输的生鲜如何建立成本优势。生鲜很难有其他附加值，也很难形成品牌优势，唯一能建立的优势就是便利和便宜，价格能不能有优势非常关键。

（2）目前行业集中度很低，各大线上线下龙头都很感兴趣，未来有没有可能出现烧钱打价格战的情况？如果出现这种局面，即使永辉的成本有一些优势也难免受到影响。我们经过认真的分析调研，是否觉得永辉未来一定会有更明显的价格优势，以此来作为护城河和占领更多的市场份额，并且认为即使行业出现一两年烧钱的价格战，我们也有充分的心理准备。

（3）目前，在生鲜行业极度分散的情况下，永辉有效阻挡其他竞争者，并且能不断提升自己市场份额的方法是什么？或者说永辉对比同行的优势有哪些？

（4）即使未来几年永辉证明自建物流体系效果非常好，那如何阻止其他对手或已经有更完善物流体系的京东模仿？

（5）在市场份额都非常低的情况下，永辉除了采购环节的优势，还有什么独特的方法能拿到比别人更具优势的进货价格？如果仅仅是采购环节的优化，组建团队优化采购为什么永辉可以做，别人做不了？

我觉得如果持有永辉，或者准备购买永辉，想清楚以上这几个点是关键。

我个人对以上问题还没有想得非常明白，或者说还没发现一个特别明显的优势，让我觉得永辉是未来生鲜市场大概率的获胜者。不是特别高胜率的情况下，就需要一个好赔率，至少当时的价格（2020 年 10 月 19 日）和我目前对永辉的认知，不是特别有吸引力。当然，我想不明白，不代表别人想不明白，但在买入之前，至少要做到诚实面对自己并理性回答本文中的思考。

四、事后点评

我写这篇分析文章的时候，永辉超市的股价在 8 元左右，本篇文章整理成书稿时，永辉超市的股价最低为 3.84 元。当时文中不看好永辉，主要是这个行业极度分散。我们面对极度分散的行业，第一时间想到的可能是极大的市场空间，但看似机会的背后也蕴藏着巨大的不确定性。

如果理性去思考永辉超市，无论是在财报上还是在基本面上，都没有体现出独特且无法被模仿的竞争优势，这个行业又强者如云，拼竞争优势永辉没有明显领先，拼财力其他大佬明显实力更强。更重要的是，在大环境上已经过了线下容易扩张的优势时期，企业没有明显优势行业又极度分散的情况下，这笔交易的成功概率显然不高。

行业分散不一定代表企业就不能成功，甚至未来永辉的股价也可能再创新高，但站在 2020 年 10 月这个时间点，我们看到的是这个行业既分散，永辉又没有绝对明显的碾压优势。如本书第一章第三节所说，我们每一次选择都要投入本金，错了就要承担本金亏损的结果，因此我们做投资选择的时候不仅仅要考虑赔率，更重要的是需要考虑概率。如果把投资当作一份终身事业，我们在几十年的漫长投资生涯中不可能总去做小概率的事，又总能获得好的结果。

在分析企业的过程中，如果我们面对类似一个行业极度分散且我们选择的企业没有明显优势的时候，我们一定要防止因为怕错过的心态而盲目去投资，错过顶多是少赚，但做错对我们造成的就是永久性的损失，尤其是行业还很分散的时候，一旦选择错误，持有的企业被行业淘汰，这笔投资就要承受巨大的损失。事前我们不能确定大概率能赢，实际上也算不上机会，没什么好遗憾的。

格局分散的行业不是不能买，分散的格局未来大概率还能为企业提供集中度提升带来的增长动力，这一切的前提是我们要确保企业有非常明显的竞争优势，能在行业集中度提升的过程中侵占别人的市场份额，而不是被别人替代。

第二节　东方雨虹：一家企业的价值分析思路

本文首发于 2021 年 12 月 10 日。

东方雨虹也是处于一个较为分散的行业中，但东方雨虹相比竞争对手有非常明显的竞争优势。

一、定性分析：企业的商业模式

分析企业时，我们首先要做的事情就是弄清这家企业的商业模式，即靠什么赚钱。 由此我们才能进一步去分析这钱好不好赚，护城河靠不靠谱，行业格局如何，未来还有没有更大的发展空间。

东方雨虹是做什么的呢？ 东方雨虹的业务比较简单，以防水业务为核心，致力于新型建筑防水材料的研发、生产、销售，以及防水工程施工业务领域。从公司 2020 年年报中的主营收入占比情况来看，防水卷材占比 51.69%、防水涂料占比 27.67%、防水施工服务占比 15.20%（见表5-4）。

表5-4　东方雨虹的营业收入分布

单位：元

	2020 年		2019 年		同比增减
	金　　额	占营业收入比重	金　　额	占营业收入比重	
营业收入合计	21,730,373,038.52	100%	18,154,344,171.40	100%	19.70%
分行业					
防水材料销售	17,246,955,529.23	79.37%	14,855,335,244.87	80.42%	16.10%
防水工程施工	3,303,727,678.75	15.20%	2,347,986,545.91	13.89%	40.70%
其他收入	1,102,974,737.94	5.08%	830,954,817.88	4.85%	32.74%
材料销售	76,715,092.60	0.35%	120,067,562.74	0.84%	-36.11%
分产品					
防水卷材	11,233,150,470.49	51.69%	9,979,881,926.24	52.11%	12.56%
防水涂料	6,013,805,058.74	27.67%	4,875,453,318.63	28.31%	23.35%
防水施工	3,303,727,678.75	15.20%	2,347,986,545.91	13.89%	40.70%
其他收入	1,102,974,737.94	5.08%	830,954,817.88	4.85%	32.74%
材料销售	76,715,092.60	0.35%	120,067,562.74	0.84%	-36.11%
分地区					
中国内地	21,480,938,158.75	98.85%	17,890,286,690.25	99.03%	20.07%
中国香港及澳门	2,734,415.45	0.01%	1,828,493.67	0.02%	49.54%
其他国家或地区	246,700,464.32	1.14%	262,228,987.48	0.95%	-5.92%

弄清了公司靠什么赚钱后，那么公司的上下游就很明确了。公司的下游以房地产和基建为主，公司产品广泛应用于房屋建筑、高速铁路、高速公路、地铁、城市轨道、机场和水利设施等

领域。其中住宅领域占了公司下游的 50%、民用建筑占 20%、基础建设占 20%、工业建筑占 10%（见图 5-1）。

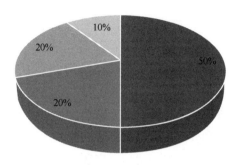

■ 住宅 ■ 民用建筑 ■ 基建领域 ■ 工业建筑

图 5-1 东方雨虹的下游领域分布

公司的上游是哪些呢？防水行业成本中的直接材料（原材料）占比很高，2020 年达到了近 86.39%（见表 5-5）。生产所需的原材料主要为：沥青、聚酯胎基、SBS 改性剂、基础油、膜类（含隔离膜）、聚醚、乳液、石蜡等石化产品。这里面沥青是最主要的原材料成本之一，而原油又是沥青的主要成本之一，其他原材料大多也和原油相关，因此公司的原材料成本与国际成品油价格和沥青价格也息息相关。

表 5-5 东方雨虹的直接材料成本分布

单位：元

行 业 分 类	项 目	2020 年	
		金 额	占营业成本比重
防水材料销售	直接材料	8,960,069,023.93	86.39%
防水材料销售	直接人工	253,557,974.53	2.44%

（续）

行业分类	项　目	2020 年	
		金　额	占营业成本比重
防水材料销售	燃料动力	157,425,260.74	1.52%
防水材料销售	制造费用	410,963,721.46	3.96%
防水材料销售	运费	589,918,215.90	5.69%

那么这些资料从哪里获得呢？ 大部分企业相关的知识从公司官网、公司年报和公司招股书中就可以找到。只要认真阅读，一家好公司的大部分和经营相关的内容我们都能从财报中得到。原材料方面可能在一些企业年报中没有那么详细，这个时候过往的调研会议、投资者问答平台，券商研报以及网络上的相关资料都是我们很好的查询途径。

二、定量分析：基本财务数据

我们先看一下公司的净利润，公司的净利润增长一直是很稳定的，基本都保持在 20% 以上（见表 5-6）。从利润来看，企业受到地产周期的影响并不是非常严重。虽然 2020 年下半年至 2021 年三季度地产不算景气，但东方雨虹在 2021 年前三季度依然获得了同比 25% 的增长。

表 5-6　东方雨虹十年利润增长率

单位：亿元

年份	2011	2012	2013	2014	2015	2016	2017	2018	2019	2020
净利润	1.05	1.89	3.64	5.77	7.3	10.29	12.39	15.08	20.66	33.89
增长率		80.00%	92.59%	58.52%	26.52%	40.96%	20.41%	21.71%	37.00%	64.04%

进一步分季度来看，东方雨虹所在的防水建筑材料行业具有一定的季节性。我们分拆近三年的业绩可以看到，一季度基本上为淡季，二、三、四季度基本占比一致。这个不难理解，一季度天气寒冷加上春节假期，导致开工率比较低（见表5-7）。

表5-7　东方雨虹净利润季度分布

单位：亿元

净利润	一季度	二季度	三季度	四季度	全年合计
2021	2.96	12.41	11.49		
2020	1.31	9.66	10.33	12.59	33.89
占比	3.87%	28.50%	30.48%	37.15%	
2019	1.27	7.89	6.6	4.9	20.66
占比	6.15%	38.19%	31.95%	23.72%	
2018	0.99	5.19	4.96	3.94	15.08
占比	6.56%	34.42%	32.89%	26.13%	

公司的 ROE 常年维持在 20% 左右，但是我们看到 2020 年公司 ROE 大幅上涨，净利润增长率为 64%。东方雨虹净利率常年维持在 12% 左右，2020 年净利率大幅提升至 15%。出现明显的数据变化时，我们就要去寻找背后的原因，**是东方雨虹的竞争优势增加，还是其他原因造成的。我们进一步去寻找线索。**

我选取行业中几家头部企业近五年的经营情况，来看一看是东方雨虹自身的优势增强，还是行业进入了景气周期。从 ROE 来看，2020 年行业头部的几家企业 ROE 净利率都有大幅提升，这显然不是东方雨虹一家优势变强，而是行业整体受到了有益因素的影响（见图5-2）。

前面我们已经了解到，防水是一个原材料成本占比较大的行

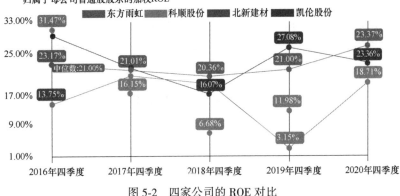

图 5-2　四家公司的 ROE 对比

业，行业集体 ROE 的提升，大概率是受益于原材料价格波动，我们进一步认真阅读这几家企业的财报就会发现，这主要源于2020 年大宗商品价格较低，是行业整体受益。

2019 年以后行业整体回暖，2020 年 1 月至 12 月，723 家规模以上防水企业的主营业务收入累计为 1087 亿元，比去年同期增长 4.6%；规模以上企业的利润总额达 73.97 亿元，比去年同期增长 12.07%。

继续往下思考，我们之前了解了东方雨虹的上下游，知道东方雨虹下游和地产相关比较大，地产这些年发展比较困难，那么会不会出现应收账款大幅增加的情况呢？**我们先来看自由现金流方面**，2019 年之后比较好，但 2019 年之前大部分年份都为负值（见图 5-3）。这主要是因为东方雨虹这些年还在不断扩张，构建固定资产、无形资产和其他长期资产支付的现金较高。

建筑材料行业的企业往往有个特征：对下游大客户的话语权较弱，公司应收账款占营业收入的比值是比较高的（见表 5-8）。

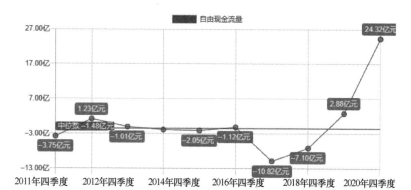

图 5-3　东方雨虹的自由现金流情况

我们看一下东方雨虹这方面的历史数据，虽然没有因为房地产行业暂时困境恶化，但整体依然是偏高的。站在这个角度，我们还可以进一步去观察东方雨虹坏账计提标准等，因篇幅有限我们就不详细展开了。

表 5-8　东方雨虹的应收账款与营业收入占比

	2020 年 年报	2019 年 年报	2018 年 年报	2017 年 年报	2016 年 年报	2015 年 年报
上市前/上市后	上市后	上市后	上市后	上市后	上市后	上市后
报表类型	合并报表	合并报表	合并报表	合并报表	合并报表	合并报表
公司类型	通用	通用	通用	通用	通用	通用
营业总收入（亿元）	217.30	181.54	140.46	102.93	70.00	53.04
应收票据及应收 账款(亿元)	76.51	70.17	60.58	46.59	32.51	24.51
应收账款/营业收入	35%	39%	43%	45%	46%	46%
其中：应收票据 （亿元）	15.50	13.81	15.47	3.77	3.68	3.69
应收账款（亿元）	61.01	56.36	45.11	42.82	28.83	20.82

除此之外，三费占比、应收账款周转天数，负债率等都是我们需要观察的指标。观察财务指标的时候我们要知道，**财务数字只是一个结果，我们需要的是通过数字去思考背后的原因**。公司的净利率突然提高了，是竞争力变强了还是其他原因。比如，东方雨虹 2020 年净利率提高，我们通过对比发现同行业其他头部企业 2020 年净利率都有提高，这显然与东方雨虹自身竞争能力提高的关系不大。我们继续深入阅读财报和相关资料就能发现，这是因为大宗商品价格下降带来的利好。观察其他指标也类似，通过和往年以及同行的对比找到线索，然后再根据线索去找到背后的原因，这是我们观察企业的一个重要思路。

三、预判公司的发展前景

到这里，我们对东方雨虹已经有了一个基本了解，这时候我们还要思考企业的未来。**分析中过去只是一个参考，为的是辅助我们更准确地判断未来**，我们买入一家企业的股票能否成功，除了合理的买入价格外，企业未来的业绩表现才是最重要的部分。那么东方雨虹所处的行业格局如何，企业未来还有没有增长空间呢？

我们先来看行业格局方面。目前国内建筑防水行业集中度较低、市场较为分散、属于"大行业、小企业"的状态。根据行业报告以及公司年报，2020 年行业 723 家规模以上防水企业的主营业务收入累计为 1087 亿元，行业整体规模在 1500 亿元左右。目前行业第一的东方雨虹 2020 年的营业收入是 217 亿元，其他两家头部企业为科顺股份和凯伦股份，2020 年营业收入分别为 62

亿元和 20 亿元，显然行业还有大量的集中空间。

行业有集中空间，那么行业的集中动力来自哪里？ 防水生产企业众多，除少部分企业整体水平较高外，大多数企业规模小，技术水平及生产工艺落后，市场充斥假冒伪劣、非标产品，落后产能过剩，行业竞争不规范，同时环保问题突出。

这有点像前些年的水泥行业。近年来，随着质量监督、打假质检、环保督查、绿色节能等监管以及产业政策对防水行业的逐渐规范，落后产能被逐步清退，行业也开始稳步集中。比如，防水材料层面、外墙、室内的最低工作年限标准一直在提升，2000年的标准是 5 年，到 2019 年增加为 25 年，其他标准条款也越来越多。这也就意味着，很多技术不达标的中小企业将逐步被淘汰。质量标准不断提升，环保要求不断加严，都会促进行业不断集中到头部企业。**我们看到前面的数据中，行业有一定规模的企业就有 700 多家，集中空间还是非常大的。**

行业集中的动力是足够的，但如我们上一节所说，行业有集中空间的同时也需要企业有独特的竞争优势，才能在行业集中的过程中占有更多份额。**那么为什么未来集中过程中东方雨虹就可以分一杯羹？有优势的企业才能够在行业集中的过程中抢占更多份额，** 东方雨虹的竞争优势有哪些呢？我们一起来梳理一下。

1. 品牌优势

我们买菜、买生鲜以及日常用品，大概率是看哪个超市物价便宜去哪个，假如我们从 A 超市买了一箱伊利牛奶或从 B 超市买一箱伊利牛奶，超市本身并不能给产品更多附加值，所以便利和便宜就是关键。但我们买防水材料一定会更注重质量和品牌，防水产品的使用周期很长，大品牌是长期信赖的保证。买杂牌当时可能便宜些，但是几年后很可能出现防水失效，甚至厂家也没了，所以相比超市，防水材料是可以建立一定的品牌优势的。

东方雨虹是国内建筑防水行业首家上市公司，公司自成立以来承担了大量的基础设施建设、国家重点建设项目和更新改造等项目的防水工程。比如我们耳熟能详的毛主席纪念堂、人民大会堂、中央直属的储备粮库、奥运场馆中的水立方、国家体育场、首都机场3号航站楼、北京饭店、上海电视台，北京、天津、南京、成都、沈阳等城市的地铁防水项目都是由该公司承接的。这些知名项目不仅让公司赚到了利润，也大大增加了普通消费者对公司产品的信任度。

目前，"东方雨虹"品牌已经成为中国建筑防水行业公认的优质品牌，并为广大消费者所熟悉和认可。此外，公司旗下品牌还有"雨虹防水""德爱威""华砂""卧牛山节能""天鼎丰""建筑修缮""壁安"等，均在各自板块及领域树立了良好的品牌形象，其品牌影响力日趋突显。

2. 产品与技术优势

我们前面看了行业格局，行业大部分都是中小企业，研发投入很小。东方雨虹是国家技术创新示范企业及国家高新技术企业，并获批建设特种功能防水材料国家重点实验室，拥有国家认定企业技术中心、博士后科研工作站等研发平台。除此之外，公司还在美国费城春屋创新园成立了"东方雨虹防水涂料全球卓越研究中心"，实验室面积达1800平方米，研发力量和科研能力均处于美国同行业领先水平。

有朋友可能会想，一个防水材料有什么可研发的，实际上防水材料也在不断进步，不仅用于房屋、地铁、高速公路、水利工程等传统项目的时效年限要不断提高，还会用于很多新兴行业，比如光伏一体化等。

3. 产能布局优势

防水建筑材料的经济运输半径约为 500 千米，因此具有一定的区域性特征，距离过远的企业就没什么竞争优势了。所以目前行业内企业普遍规模较小，较多企业局限于在生产所在地区域从事防水材料的销售，进一步加剧了行业的区域性特征。东方雨虹在华北、华东、东北、华中、华南、西北、西南等地区均已建立生产、物流以及研发基地，产能分布广泛合理，确保公司产品以较低的仓储、物流成本辐射全国市场，实现全国范围内协同生产发货。表 5-9 为东方雨虹和行业其他头部企业的生产基地对比。

表 5-9 生产基地对比

公司	生产基地	卷材产能（亿平方米）	涂料产地（万吨）
东方雨虹	北京顺义、上海金山、湖南岳阳、辽宁锦州、江苏徐州、广东惠州、云南昆明、河北唐山、陕西咸阳、安徽芜湖、浙江杭州、山东德州等地布局 28 家生产基地	5	140
科顺股份	广东高明、江苏昆山、江苏南通、辽宁鞍山、山东德州、重庆长寿、陕西渭南、湖北荆门、福建三明布局 9 家生产基地	3.2	30

（续）

公司	生产基地	卷材产能（亿平方米）	涂料产地（万吨）
宏源防水	山东、四川、江苏、吉林、广东布局 5 家生产基地	2.9	29
凯伦股份	江苏苏州、河北唐山、湖北黄冈、四川南充、广西贵港、陕西咸阳、江苏泗阳布局 7 家生产基地	1.51（其中0.93 亿平方米在建）	1.2

4. 成本优势

公司主要生产线系从国外引进与设计，性能稳定、效率高、能耗低、产成品率高，在亚太地区属于领先水平，从而最大限度地降低公司产品的生产成本。**除了技术带来的成本优势，还有规模带来的成本优势**。上面我们说了防水产品主要原材料包括沥青、聚醚、扩链剂、乳液、MDI 和 SBS 改性剂等。其中，沥青在成本中占比约 25%~30%，聚酯胎基、乳液、改性剂各占 18%、15%、5% 左右。由于其主要原材料大多属于石油化工产品，对上游供应商议价能力不强。但是规模大的企业，相对来说还是有一定原材料的集采优势。公司是原材料企业大型行业客户，年采购沥青 100 万吨，乳液 12 万吨左右，采用集采模式有助于提高公司议价能力，降低采购成本。

5. 产品品类优势

东方雨虹主要产品包括建筑防水材料、非织造布、建筑节能材料、特种砂浆、建筑装饰涂料、建筑粉料等，产品体系日趋完善。其中，建筑防水材料共有 200 余个细分品种，1000 多种规格。

6. 制度优势

除了传统的经销模式，公司 2016 年还提出"合伙人"制度，独家绑定获取更大市场份额。"合伙人"制度是雨虹的独家首创，传统代理商出于利益考虑，基本属于多家品牌同时代理，对企业的黏性不足。东方雨虹独家推出"合伙人"模式，雨虹对合伙人提出三点要求。

（1）必须独家。

（2）每年实现销售额完成承诺。

（3）预留一定的保证金。

同时，雨虹为合伙人提供三点支持。

（1）根据销售额完成比例实施分红。

（2）基于保证金给予 1∶2 的商业授信。

（3）提供专业化的技术、培训服务输出。

2021 年前 9 个月，公司合伙人数量实现了 50% 的增长，公司预计 2022 年增长率依然能保持在 40% 左右。同时从 2020 年下半年开始，公司在三大区的基础上以省为单位进一步设置 32 家一体化经营公司，通过属地化经营实现资源优化配置和全国渗透率提升。

从上面这些内容看，东方雨虹在行业内竞争优势非常明显，至少属于第一梯队，行业格局上依然很分散，在环保、质量监管等压力下，行业大概率还会进一步集中。这是东方雨虹受益的第一个方面。

看了集中度提升，我们再看看未来行业发展空间：我国城市化到了一定的阶段，目前在 60% 左右，但是和发达国家对比还有较大的空间。住宅建设占了防水下游客户的 50%，未来房地产企业可能从暴利企业变成普通的加工企业，但是整体的建设需求还是足够的，防水是刚需不可能被替换。

除了传统的房地产、高速、水利、地铁等项目，未来光伏等新型项目也有巨大需求。可以说，只要国家整体还在发展建设，大部分行业都离不开防水，未来行业保持一个稳健增长是没什么问题的。

除了传统的防水业务，2016 年公司通过中国香港雨虹收购了 DAW ASIA LIMITED（德爱威）90% 的股权，进军建筑涂料市场。德爱威集团是全球第一家发明水性涂料配方的企业，同时也是德国第一大、欧洲第三大的建筑涂料生产企业。在全球拥有 31 个生产基地、50 个子公司及销售代表处，产品行销 40 多个国家，品牌力和技术实力大幅领先。此次并购完成后，德爱威将全部的技术成果对东方雨虹公开，同时帮助东方雨虹建立工厂、研发团队和色彩研究院。而东方雨虹作为国内防水龙头企业，在本土拥有充足的客户、品牌和渠道优势，基本上属于强强联合。

建筑涂料是防水后道工序，我国建筑涂料行业规模达千亿元，行业空间巨大。根据中国涂料工业协会数据，2019 年我国规模以上建筑涂料总产量为 694 万吨。同样是需求大、格局分散，有不小的潜在发展空间。

在防水材料领域，东方雨虹已经是稳坐第一梯队。但在国内涂料市场，已经有立邦、三棵树、亚士漆这样的龙头企业，东方雨虹想快速在涂料市场发展，显然也不是那么容易。除此之外，公司在保温材料、特种砂浆等方面也都有充分布局。**我的观点**

是，三年内无法大概率带来大规模利润的业务，我们就把其当作一种意外之喜就好，不要为此付出过多的溢价。

四、总结

未来东方雨虹基本上可以受益于行业集中度提升与行业整体发展，涂料等其他方面的业务也有足够的增长潜力，但需要我们注意的地方有三点。

（1）原材料影响。 原材料会受到沥青等大宗商品影响。公司主要原材料包括沥青、聚醚、扩链剂、乳液、MDI 和 SBS 改性剂等，主要原材料大多属于石油化工产品，对上游供应商议价能力不强，原油价格变动将直接导致防水企业盈利水平波动。

（2）行业现金流较差，应收账款较多。 行业特性决定了面对较大的合作对象时，下游话语权更强，所以企业的应收账款是比较多的。

（3）下游行业比较集中。 下游行业发展遇到困境的时候可能会对防水行业有较大影响。

到这里，我想大家对东方雨虹有了一定的了解，大部分企业我们其实都可以按这个思路去分析，弄清企业靠什么赚钱，搞明白企业在上下游环节中的话语权，梳理清楚企业所处行业的供需格局，最后找到企业未来可以增长的原因和独特的优势。只是，因书的篇幅有限，很多地方一句带过了，实际的分析中要和行业内其他企业对比，从不同角度去更深入地印证自己观点的正确性，这是我们必须做的。

第三节　中国巨石：集中度已高行业的关注点

本文首发于 2021 年 7 月 21 日。

一、定性分析：企业的商业模式

中国巨石主要从事玻璃纤维及制品的生产以及销售。2020年公司的粗纱及制品产量为 200.72 万吨，销量为 208.59 万吨；电子布产量为 3.81 亿米，销量为 3.78 亿米，均创历史之最。全年公司玻璃纤维及其制品业务合计实现营业收入 110 亿元。

我们观察企业的时候，有一些公司的产品在我们生活中会经常接触，有一些公司的产品可能我们基本没有接触过，这个时候我们首先要搞明白公司的主要产品是做什么用的。

玻璃纤维是什么呢？ 玻璃纤维是一种性能优异的无机非金属材料，种类繁多且具有绝缘性好、耐热性强、抗腐蚀性好、机械强度高的特点。其主要成分为二氧化硅、氧化铝、氧化钙、氧化硼、氧化镁、氧化钠等。根据玻璃中碱含量的多少，又可分为无碱玻璃纤维、中碱玻璃纤维和高碱玻璃纤维，其中无碱玻璃纤维占据全行业 95% 以上的产量规模。

公司的生产原材料主要为叶蜡石、高岭土、石灰石、石英砂等矿石。经高温熔制拉丝、烘干、络纱等工艺制造而成，其单丝直径为几微米到二十几微米，相当于一根头发丝的 1/20 至 1/5，每束纤维原丝都由数百根甚至上千根单丝组成。

目前玻璃纤维的主要应用领域有哪些呢？ 玻璃纤维的应用领

域比较广泛，主要集中在建筑建材、电子电器、交通运输、管罐、工业应用以及新能源环保等领域，占比分别约为 34%、21%、16%、12%、10%和 7%（见图 5-4）。

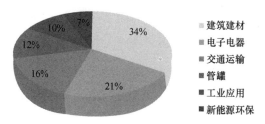

图 5-4 玻璃纤维主要应用领域分布

其中有一些相对周期性的领域（建筑、交通运输），也有比较新兴的应用领域（汽车轻量化、5G、风电）。

除了传统的使用方向，玻璃纤维的新需求点有哪些？

（1）作为交通运输领域的汽车轻量化替代品。

（2）以风电叶片为代表的新能源玻璃纤维需求也增长较快。在风电行业，玻璃纤维主要被应用于制造风电叶片与机舱罩部分，其中叶片占风机成本的 20%，我国目前已经成为世界规模最大的风电市场。

截至 2020 年底，我国可再生能源发电装机容量中，风电装机达 2.81 亿千瓦，其中陆上风电累计装机 2.71 亿千瓦、海上风电累计装机约 900 万千瓦。政策是我国风电产业发展的驱动力，同时也是导致市场供需关系变化的根本原因。2021 年 3 月 1 日，国家电网公司发布碳达峰、碳中和行动方案，其中主要提到将大力发展清洁能源，预计到 2025 年和 2030 年，电能占终端能源消费比重将达到 30%和 35%以上。这对玻璃纤维企业是一个潜在的增长空间。

自 2019 年底，玻璃纤维龙头企业纷纷对产品结构进行调整，加大对风电用玻璃纤维纱的生产。虽然在 2021 年底后海上风电的中央财政补贴取消，但不少地方政府已积极出台海上风电投资、度电补贴等激励政策，总体来说算是一个新增的长期赛道。

风电需求的增长，主要依赖于度电成本的下降，发电成本下降才是普及的必要因素，目前大容量、长叶片、高塔架被认为是降低度电成本的主要手段。这都需要加大对玻璃纤维的用量，目前 1 吉瓦风电叶片约需 1 万吨玻璃纤维用量。

除了风电，另外一个新的领域是汽车轻量化，汽车轻量化是指在保证汽车的强度和安全性能的前提下，尽可能地降低汽车的整车重量，从而提高汽车的动力性，减少燃料消耗，降低排气污染。相关研究证明，若汽车整车重量降低 10%，燃油效率可提高 6%~8%；汽车整车重量每减少 100 千克，百公里油耗可降低0.3~0.6 升；汽车重量降低 1%，油耗可降低 0.7%。近些年，随着汽车的节能减排以及新能源汽车的推广，该需求快速增长。

目前，汽车上应用的玻璃纤维增强复合材料包括：玻璃纤维增强热塑性材料（QFRTP）、玻璃纤维毡增强热塑性材料（GMT）、片状模塑料（SMC）、树脂传递模塑材料（RTM）以及手糊纤维增强复合材料（FRP）制品。玻璃纤维在汽车及厢内设施制造方面应用广泛，占到全球玻璃纤维总消费量的 20% 左右。欧美平均每辆轿车使用增强塑料达 117 千克，占轿车重量的 5%~10%，其中 42% 为玻璃纤维增强热塑性塑料；国内轻型轿车增强塑料用量为每辆 16~20 千克，载货汽车为 20~30 千克，还有较大的空间。

对公司上下游有了基本了解后，我们再来看看行业竞争格局。 全球范围内玻璃纤维行业集中度较高，中国巨石、美国欧文斯科宁、日本电气硝子公司（NEG）、中国泰山玻璃纤维股份有限公司、中国重庆国际复合材料有限公司（CPIC）、美国佳斯迈威（JM）这全球六大玻璃纤维生产企业的玻璃纤维年产能合计占到全球玻璃纤维总产能的 75% 以上。国内三大玻璃纤维生产企业的玻璃纤维年产能合计占到国内玻璃纤维产能的 70% 以上。

中国巨石目前的规模排在全球第一，国内现有桐乡、九江、成都三大生产基地，国外在美国南卡罗来纳、埃及苏伊士均有生产布局，收入中 66.23% 来自国内，32% 来自国外，1.77% 来自其他方面。目前，美国工厂还在亏损阶段，2020 年实现收入 3.19 亿元、亏损 1.84 亿元，主要原因是受新冠疫情影响，公司预计正常情况下美国工厂年收入约 9 亿元。美国的人工成本更高，但是天然气和电力成本相对较低。

到这里公司靠什么赚钱，上游原材料和下游需求，以及行业的情况我们都已经了解，下面我们来看看财务数据。

二、定量分析：基本财务数据

从净利润看，2016 年增长 54.91%、2017 年增长 41.14%、2018 年增长 10.52%、2019 年下滑 11.40%、2020 年增长 14.06%（见表 5-10）。

表 5-10　中国巨石的净利润增长情况

单位：亿元

年份	2011	2012	2013	2014	2015	2016	2017	2018	2019	2020
净利润	4.55	2.48	3.34	4.73	9.87	15.29	21.58	23.85	21.13	24.1
增长率		-45.49%	34.68%	41.62%	108.67%	54.91%	41.14%	10.52%	-11.40%	14.06%

从营业收入看，2016 年增长 5.54%、2017 年增长 16.20%、2018 年增长 15.95%、2019 年增长 4.59%、2020 年增长 11.19%（见表 5-11）。

表 5-11　中国巨石的营业收入增长情况

单位：亿元

年份	2011	2012	2013	2014	2015	2016	2017	2018	2019	2020
营业收入	50.38	51.03	52.1	62.68	70.55	74.46	86.52	100.32	104.92	116.66
增长率		1.29%	2.10%	20.31%	12.56%	5.54%	16.20%	15.95%	4.59%	11.19%

中国巨石的营业收入基本稳定，但是净利润波动较大，到底是什么原因引起的呢？我们来简单看一下。**2016 年营业收入增长 5.54%，净利润增长了 54.91%。这里面有几个影响因素**。营业收入增加了 4.46 亿元，材料部分支出几乎没有增长。产品价格上，公司的年报原文是：报告期内，风电、热塑等下游市场回暖，玻璃纤维行业供需关系好转，一些产品出现结构性、区域性、季节性供不应求。

2017 年营业收入增长了 16.20%，净利润增长了 41.14%。这一年材料成本增长了 23%，销售价格上，公司年报的原文是：玻璃纤维行业供需关系好转，一些产品出现结构性、区域性、季节性供不应求，使得公司主要产品玻璃纤维纱销量增长较快，主要是因为报告期内国内市场需求强劲。

2018年营业收入和净利润基本相符我们就不详细看了。2019年营业收入增长4.59%，但是净利润下降了11.40%。 这一年材料成本上涨了14.88%，销售价格上，公司的年报原文是：全球经济发展不稳定因素增加，国内经济增长放缓压力加大，中美贸易摩擦出现以来，市场需求放缓，经济发展受到一定影响。

从以上的数据可以看出，企业的销售端和原材料端都会有一些波动，但是原材料因素影响基本还算可控，主要是销售价格波动较大。查到的数据是，2016—2021年玻璃纤维行业均价分别为4942元（2016年）、4457元（2017年）、5114元（2018年）、4501元（2019年）、4271元（2020年）、5950元（2021年）。价格最低的一年和价格最高的一年的价差近40%。**从以上数据得出：企业有一定的周期性，且周期变化也比较快。**

再看看其他数据，ROE基本保持在15%左右，收入质量也不错，经营活动产生的现金流净额和净利润的比值，基本都大于1，自由现金流在2015年之后均为正值。

毛利率：2019年以前在45%左右，2019年之后在33%左右。

净利率：从2016年开始在20%左右。

公司2019—2020年毛利率下降主要源自会计准则改变，部分销售费用调整至营业成本所致，公司的净利率在2016年以后基本保持在20%以上，能达到这个净利率水平很不错了。

将其和同行业的上市企业山东玻纤做了个简单的对比，2020年中国巨石的毛利率为33%、山东玻纤的毛利率为28%。三费占比上，中国巨石为13%，山东玻纤为16.45%，其中管理费用占比差不多，山东玻纤主要高在了财务费用和研发费用上。中国巨石从 2016 年开始财务费用大幅下降，公司的有息负债在 2015 年开始下降，从最高的近 70%，下降到 2020 年的 30%。

其他方面，中国巨石的应收账款不少，截至 2020 年公司应收账款为 11 亿元，这个数量比较大了，但大部分都是一年期以内的，预收账款为 1.46 亿元，销售模式大部分是先货后款。应付账款为 17 亿元，上下游一起看没占到太大便宜。

中国巨石的分红率在 30%左右，分红率较低是因为企业在高速成长期，还需要不断扩建、改建，公司目前在建工程合计 19 亿元。其中，年产 6 万吨电子纱和年产 3 亿米电子布的项目为 8.5 亿元，年产 15 万吨玻璃纤维的智能生产线扩建项目为 7.1 亿元，新总部大楼建设为 2.18 亿元。

总体来说，中国巨石的过往数据还是不错的，但是企业有一定的周期性。不过相比一些强周期企业，企业的周期变化影响不是非常大，虽然会造成业绩的波动，但整体还是稳步成长的。下面我们再一起详细了解一下企业的商业模式，看看企业未来的发展空间和方向。

三、 预判未来的发展空间

1. 在供给端，行业集中度已经比较高

目前，玻璃纤维行业全球市占率前三企业合计达 46%、行业前五企业合计达 63%，靠集中度大幅提升带来业绩提升显然不太容易。同时经过我们前面的分析，下游消费端有一定周期性，也比较难以持续涨价来带动业绩增长。行业集中度提升很难，持续涨价暂时不具备基础，那么基本上就只能靠需求量提升来带动

业绩增长。那么行业还有没有需求增长空间呢？

前面我们介绍了玻璃纤维的主要用途，主要应用领域集中在建筑建材、电子电气、交通运输、管罐、工业应用以及新能源环保等领域。虽然下游有一定的周期性。但是因为玻璃纤维的使用领域越来越广泛，总的需求量一直在稳步提升。

2020 年中国巨石的粗纱及制品产量为 200.72 万吨，销量为 208.59 万吨；电子布产量为 3.81 亿米，销量为 3.78 亿米创下历史新高。除了传统渠道，电子纱、电子布也用于电子产品和一些其他高增长行业。玻璃纤维细纱指单丝直径在 9 微米以下的玻璃纤维纱。玻璃纤维细纱可应用于工业领域（汽车结构件、体育器材等）和电子电气领域，应用于电子电气领域的玻璃纤维细纱称为电子级玻璃纤维纱，简称电子纱。电子布全称为电子级玻璃纤维布，由电子纱在喷气织机上经、纬交织而成。在电子产品领域有需求的行业有，计算机、服务器/数据存储、通信、消费电子、汽车电子、工业、医药电子、军事/太空等（见图 5-5）。这些基本都是一些还在高成长的行业。目前，中国巨石在电子纱及电子布行业规模排名第一。

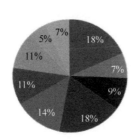

图 5-5 电子产品领域分布情况

玻璃纤维起源地美国的下游应用种类超过6万种，是我国的10倍，我国玻璃纤维需求增长仍有巨大空间。

2. 智能制造，另一个潜在增长点

除了需求端的增长外，生产线改造也是中国巨石未来的增长潜力之一。参考桐乡智能制造基地建成后，成本降幅在12%左右，基本上可以得出中国巨石智能制造产能占比每提升10%，产品吨成本将降低1.2%。截至2020年底，中国巨石智能制造产能为70.6万吨，占总产能199.1万吨的35.46%，未来还有不小的提升空间。

四、 可能的负面影响

1. 碳中和的影响

玻璃纤维产业碳排放主要来自电力、天然气等能源的能耗。玻璃纤维纱生产原料包括石灰石、纯碱等含碳材料，生产过程包含高温熔制，又需要消耗大量的电力和天然气能源，因此其吨产品碳排放量较大，未来可能会有一些成本影响。目前中国巨石桐乡智能制造工厂的单耗已达到0.34吨标煤/吨，已经低于"十四五"规划的行业粗纱单耗0.35吨标煤/吨的目标，其他生产线陆续改造后实现达标不难。这个过程也会清退一些不达标的中小企业，对于头部企业也算是有益的。同时公司也会受益于碳中和，比如玻璃纤维是风电叶片的重要材料。

2. 海外复产后造成的短期压力

这两年，制造业基本的情况都是国内全负荷生产，海外在停滞或半生产状态，但是随着海外疫苗接种率的提升，并逐步放开后，可能会造成短期价格下行。

五、行业有没有特别明显的护城河

最后，我们再来讲解行业的护城河，首先要有一定的规模效应，规模提升会带来成本下降，公司的原材料采购价格低于同行，主要原材料叶蜡石采购价格低于山东玻纤、泰山玻纤 10% 左右。技术上，中国巨石自主研发新型玻璃配方、浸润剂配方、废丝回收技术等进一步优化原材料成本。辅材损耗方面，中国巨石通过攻克大漏板加工技术，提升拉丝效率，降低漏板重量，减少了铂、铑贵金属的单位损耗。

我们前面了解到，该行业是有一定的周期性的，大规模企业的抗周期能力更强，玻璃纤维生产线池窑一旦点火，7~10 年不能停窑，否则会造成耐火材料和铂铑合金漏板的耗费及良品率下降。这对企业的抗周期能力要求比较强。也因为这个特征，厂商在需求旺盛期扩产，但在需求低迷期无法轻易停窑减产，库存累积会对玻璃纤维价格形成压力，加上本身下游的一些产业自己也有周期性，所以造成了产品价格有一定的波动。本身的周期波动加上无法轻易停窑，小企业周转压力就比较大。

六、总结

总体来说，行业供给端进一步集中能力有限，但行业整体发展还有不小空间，中国巨石在规模和技术方面也有不小的领先，加上行业前期投入大，目前的龙头企业还是有足够优势的。

对周期企业我们如何估值呢？像中国巨石这样的企业，周期不是非常明显，虽然有波动，但是基本还能保持增长，我们可以把未来的增长取一个折中的速度，这样我们以三年为一个周期动态观察，再留有一些安全边际，犯大错的可能就会小很多。

第四节　三一重工：强周期企业如何观察

本文首发于 2021 年 3 月 2 日。

三一重工创办于 1989 年，深耕工程机械领域 30 年，现已成为国内最大的工程机械制造商，产品涵盖混凝土机械、挖掘机械、起重机械、桩工机械、筑路机械等，其中混凝土机械稳居全球第一品牌，挖掘机产品连续蝉联行业年销售冠军，2019 年销售超过 6 万台，市场占有率超过 25%。国内市场方面，三一重工目前市场占有率最高，是毋庸置疑的行业龙头。行业格局方面，目前集中度已经比较高，前三企业合计占比 52%，前五企业合计占比 66%。

一、定性分析：企业的商业模式

从三一重工 2020 年半年报的营收构成可以看到，其主营工程机械，细分领域中挖掘机械占 37.91%，混凝土机械占 27.46%、起重机械占 19.17%、桩工机械占 7.63%，国际业务占 13.00%、国内业务占 84.89%（见表 5-12）。

表 5-12　三一重工主营业务情况

2020-06-30	主营构成	主营收入(元)	收 入 比 例
按行业分类	工程机械行业	481.48 亿	97.89%
	其他(补充)	10.40 亿	2.11%
按产品分类	挖掘机械	186.49 亿	37.91%
	混凝土机械	135.06 亿	27.46%
	起重机械	94.27 亿	19.17%
	桩工机械	37.52 亿	7.63%
	路面机械	15.01 亿	3.05%
	其他	13.11 亿	2.67%
	其他(补充)	10.40 亿	2.11%
按地区分类	国内	417.56 亿	84.89%
	国际	63.92 亿	13.00%
	其他(补充)	10.40 亿	2.11%

　　行业下游主要是：基建、采矿、房地产和其他（制造业）（见图 5-6）。如果我们回顾过去的数据可以看到，该行业有明显的周期性。行业上一轮景气周期是 2008 年至 2011 年上半年，本次景气周期是 2016 年下半年至今（见图 5-7）。2008 年的"四万亿"政策虽然短期刺激了经济，但也透支了部分未来对工程机械的需求。2012 年以后，固定投资放缓，加上工程机械的使用周期比较长，因此对新机械的需求下降。所以 2012 年至 2016 年上半年是行业比较困难的时候，但此期间也淘汰了众多中小企业，行业集中度明显提升，2016 年下半年开始，公司迎来了集中度提升和行业复苏的双重受益。

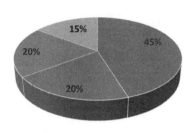

■ 基建　■ 采矿　■ 房地产　■ 其他

图 5-6　工程机械行业下游分布情况

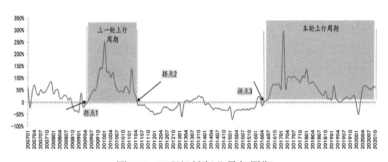

图 5-7　工程机械行业景气周期

二、定量分析：基本财务数据

三一重工的经营业务并不复杂，我们看一下基本的财务数据。

从净利润看，三一重工 2016 年开始净利润持续三年高增长，2019 年前三季度净利润为 124.5 亿元，同比增长 34.69%，当然这几年的高增长源于企业的景气周期。收入质量也不错，近 10 年合计经营活动现金流是净利润的 1.22 倍。分红方面，如果上市时买入三一重工，不考虑分红再投的情况下，年化股息收益率为 10.21%。三一重工在 A 股募集资金 39.7 亿元，分红 141.6 亿元，分红是募集资金的 3.57 倍，分红率基本保持在 30%~50%。

ROE、毛利率、净利率等指标就不一一赘述了，基本上都有明显的周期性。值得注意的一点是，三一重工的应收账款是比较高的，2020 年三季报应收账款达到了营业收入的 38%。我们可以进一步看三一重工应收账款的组成，按账龄披露的话，绝大部分都是一年内的，但是初看计提标准却比较宽松，一年内计提比例只有 1.94%，这么宽松的计提标准是另有原因，还是企业忽略风险呢？我们深入寻找一下这个问题的答案。

通过阅读相关资料我们发现，短期应收账款高，计提标准宽松，这和企业经营模式有关。**三一重工大概是这样一个经营模式：**对于国内顾客，大致分三种销售方法。

（1）信用销售。通常信用销售的信用期为 3~6 个月，客户需支付产品价格一定比例的首付款后发货。

（2）分期销售。对于分期付款销售，付款期通常为 6~24 个月，客户需支付产品价格一定比例的首付款后发货。

（3）融资销售。客户需支付产品价格一定比例的首付款后发货，同时公司为客户的融资提供按揭及融资租赁担保，公司会监控客户向融资机构的还款情况，必要时协助金融机构对客户的款项催收工作。此外，信用评级较低的客户还需提供诸如房产等不动产、设备车辆等动产或第三方保函等作为抵押。

融资销售大概的模式是：客户向银行贷款，然后把所购设备抵押给银行作为按揭担保。三一重工承诺如果客户还不上钱，自己向银行回购按揭质押标的物。这就有点像我们贷款买房，不同的是贷款买房还不上，大部分情况下和开发商是没关系的，银行会收回房产并向社会拍卖。贷款买三一重工的产品还不上，三一重工会负责把质押物买走。

海外用户销售方法和国内类似，但少了融资销售这种方法。因为大部分产品都是分期销售，所以也造成了三一重工的应收账款是比较高的，同时因为还款周期一般都是 6 ~ 24 个月，所以 1 年内的计提标准是比较低的，但是 3 年以上达到了 35%，4 年以上达到了 75%，5 年以上为 100%，这么看基本上还算严格。对于三一重工来说，大部分销售是以分期付款的形式进行的，所以要求企业对顾客的信用和实力要进行一些审查。

公司年报中的描述是这样的：本公司仅与经认可的、信誉良好的第三方进行交易。本公司管理层会持续监控应收款项的信用风险，以确保采取跟进措施收回逾期未付款项。针对应收账款及其他应收款，本公司对所有要求超过一定信用额度的客户均会进行个别信用风险评估。该评估关注客户背景、业务开展能力、财务能力以及过往偿还到期款项的记录及现时的还款能力，对境外客户还会考虑有关客户所在地的经济环境。

这个生意模式比较辛苦，赚着卖机器的钱，操着放贷款的心。从以上的数据来看，2017 年开始行业进入了一个明显的景气周期，但是对于有一定周期性的行业，我们也不能完全看景气周期的数据，然后简单地把它当作常态，三一重工是否值得投资，我们接着往下思考。

三、周期企业在行业景气时买是否安全

工程机械有一个特点就是设备使用周期较长。用同样是基建相关的水泥用量打个比方，盖 A 的时候用水泥，盖 B 的时候还要用新水泥。当行业集中度提升以后，行业周期性就大幅减弱。但机械工程产品寿命长达 10 年左右，就会出现这样的情况：建设 A 的时候要用工程机械，A 建设完了去建设 B 时，依然可以用当初建设 A 的工程机械来建设 B。这就造成了一段非常景气的时期后，市面上的工程机械会增多，除非出现老化和建筑规划激增，否则就会出现行业需求降低的情况。

这也导致了该行业具有一定的周期属性，几年的景气意味着未来几年的不景气。如图 5-8 所示，虚线是基础设施建设投资增速，2012 年开始基建投资其实还是有一个较大提升的，但是挖掘机的销量却出现同比下滑，为什么会出现这样的情况呢？

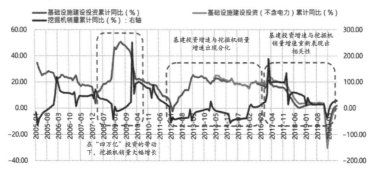

图 5-8 基础设施建设投资与挖掘机销量对比

在 2008 年经济刺激计划下，挖掘机等工程机械销售数量激增，虽然到了 2012 年基建投资提升，但是基建整体没超过 2008 年，现存的机械数量依然可以满足建设，所以对新产品的需求并没有大幅增加。

反观到了 2016 年基建增速放缓，挖掘机销量却大幅提升，这是因为 2007 年和 2008 年销售的工程机械到了 2016 年已经有近 10 年，进入到了一个更替的周期。

所以在机械工程行业景气的时候，我们反而要谨慎一些，这几年业绩好证明销售的新工程机械多，但工程机械并不需要每年更换，现在卖得多了，未来几年市场存量机械够用，新的需求就会下降，除非未来有持续更大建设需求的情况，否则行业就会进入不景气周期。

四、预判未来潜在增长点

本轮三一重工的业绩增长我认为来自于两点：一是 2008—2010 年销售高峰后已经有 10 年，产品替换需求加大；二是 2012—2016 年的行业低谷使行业集中度大幅提升。替换需求和行业集中双重受益，未来依然有几个潜在的增长点，行业集中度继续提升、替换需求、新增使用场景、基建投资提升、海外销售增长，我们依次看一下潜在的可能性。

1. 集中度提升

在集中度方面，目前前三企业合计占 52%，前五企业合计占 66%，这也意味着未来受益于行业提升的空间大幅度减小了。

2. 替换需求

工程机械的使用寿命基本在 10 年左右，按 2008—2010 年是上一个消费高峰来看，我认为替换需求至少还能维持一两年。但这一两年后，可能又是一个较长的等待周期。

3. 新增使用场景

工程机械大多运用于大型基建，长期来看这方面的需求是下降的。使用场景中，一些研报比较看好小型挖掘机由机器人替代。挖掘机是工程机械行业应用范围最广、技术密度极高的机种，也是三一重工的重点产品。在欧美等国家小型挖掘机占总机械的60%，国内目前只有30%，长期看还有一些空间。这里面还有一个逻辑是，之前的近 20 年我国的基础建设需求大，大型机械需求多，导致小型挖掘机看似占比低，所以也不能直接按欧美国家的小型挖掘机占比来估算增长空间。

4. 基建投资提升

即使 2020 年疫情影响下，我国的刺激手段也是比较温和的，2018—2020 年基建投资增速都在1%~3%，地产投资增速也在个位数。我认为基建像 2008 年"四万亿"的情况很难再次出现，基建刺激次数越多效果也会越差，并且也是对未来的一种透支。未来最好的情况无非是维持一个平稳的建设量，基建规模大幅提升的概率不大。

5. 海外销售增长

目前，中、欧、美、日是挖掘机的主要市场，合计份额占全部销量的 70%。在已经成熟的市场中，提高占比难度不小，欧美市场已经被其他品牌占领，以欧洲为例，前十企业基本都是日本和欧洲本土品牌，占比前三企业分别是久保田、卡特和沃尔沃。**亚洲邻国可能是潜在的增长区域，**印度、东南亚国家人口基数大、城镇化水平较低、经济发展较为活跃，与中国 10~20 年前的工程机械市场较为类似，同时这些国家对性价比的追求更高，可能会成为潜在增长目标。2019 年印度市场排前三的挖掘机企业份额：日立（日）30%、杰西博（英）17%、现代（韩）14%。三一份额由 2011 年不足 1% 快速升至 2019 年的 10%。取代小松排名第四。

五、总结

在估值方面（2021 年 3 月 2 日的数据），我们基本看不到行业和企业出现巨变以弥补周期性的可能，如果参考历史估值。假设三一重工 2020 年全年和前三季度一样为 35% 的增速来算，全年差不多有 170 亿元净利润，对应目前 3700 亿元市值，差不多 22 倍 PE。

历史估值方面，除了 2014—2017 年因为行业不景气导致估值上升以外，三一重工大部分时间的估值都在 15 倍 PE 左右，估值上没什么优势。

对比同行的话，世界上最大的工程机械和矿山设备生产厂家卡特彼勒公司成立于 1925 年，其总部位于美国伊利诺伊州。目前市值是 1158 亿美元，差不多 7800 亿元人民币，如果按 2019 年正常年份业绩计算的话，差不多 20 倍 PE。同时我们也要注意到，即使在欧美发达国家，工程机械企业比较成熟，运用范围更广，销售范围更大，也难以完全避免行业周期性。

虽然三一重工目前在估值方面不算太贵，**但我们不能忽略企业周期性潜在的增速方面，行业能否摆脱周期性的影响，长期维持一个较为稳健的增速，值得思考。**

三一重工的挖掘机销量自 2016 年下半年以来已经维持 50 个月的正增长（见图 5-9），我认为有两个主要因素，一是行业集中度大幅提升，二是进入老旧产品替换高峰期，这两个正面影响我认为未来几年会减弱。

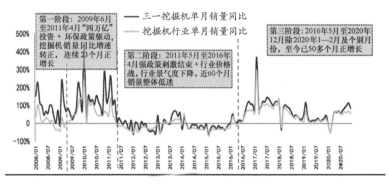

图 5-9　三一重工挖掘机销量走势

工程机械行业受基建政策性因素影响比较大，大家需要谨慎，新增使用场景和海外销售增长是一个平稳的增长状态，很难出现突然爆发的情况。我认为三一重工长期保持如同近几年的高增长不容易，行业集中度提升和产品替换的正面影响会逐步减弱。我们投资三一重工既要关心基建政策，又要时刻担心行业周期变化，并且三一重工的产品大多是分期付款，还要担心周期快速变化后带来的经济纠纷。我个人不太喜欢这类企业，我更喜欢买那些行业平稳受政策调控影响小的企业。

对于周期属性强的企业，我们还可以采用席勒估值法，罗伯特·席勒是耶鲁大学的金融学教授，他认为自己的估值方法源自格雷厄姆，简单地说就是对于周期企业估值时取过去十年公司的平均利润，然后结合市盈率。这种估值方法比较适合行业整体需求和行业格局都没有较大变化的周期企业。

巴菲特说过，一笔好的投资可以让你夜夜安睡，如果对一家企业你既要时刻担心政策变化，又要担心行业周期的转变，即使能赚一些钱，可能也会很辛苦。我对三一重工的整体看法是，其基本面尚可，但生意模式我个人不是非常喜欢，且景气已经持续了很长一段时间，大概率会逐步迎来不景气，估值方面又没有低估到可以弥补我对生意模式缺陷的担忧。

第六章

避开投资的陷阱

第一节　如何应对黑天鹅事件

人生或投资总会遇见一些大大小小的出乎预料的事情，好的是惊喜，坏的是意外。我们难免会遇见一些黑天鹅事件，尤其是在投资这件事情上，这一节我们就来解析投资中遇见黑天鹅事件的问题。

黑天鹅事件的定义大家应该都很熟悉了，所谓黑天鹅事件，是指那些超出我们认知，在发生之前我们无法预测的事件。黑天鹅比喻源自一个故事，在以前人们的认知里，世界上所有的天鹅都是白色的，于是人们把天鹅是白色的作为一种常识写进了课本和百科全书。但是，随着大航海时代的到来，人们发现了澳大利亚居然有黑色的天鹅！由于黑天鹅的发现，以往那些关于天鹅的知识和常识都被颠覆了。

这件事情告诉我们一个道理，**以前一直没有发生的不代表永远不会发生，未知的才是巨大的风险**。路上有一个大坑人人都看到了，也有警示标识和围栏，这其实就算不上风险，真正的风险是我们没看到的坑。

我们作为股民，要做的决策次数明显会多于其他行业，但任何人的认知都是有边界的，一定会出现我们不知道却存在的风险，同时漫长的投资生涯中也会有很多突发事件，因此我们就更需要具备风险思维。

面对未知与不确定的事情，我们需要做些什么呢？如何摆脱想当然的思维，对未来发生的事情做出预测呢？

一、暂未预见，不代表不会发生

为什么我们总是忽略黑天鹅事件？在《黑天鹅》一书中，塔勒布发现，人类总是倾向于对已经发生的事情做过度解释，总想着寻找一个原因，有了这个原因，我们就以为对过去的事情有了更深刻的理解，甚至觉得那些事情都是可被预测的。

在一个较短时期内看，绝大部分的规律总结可能是正确的，于是我们在思维上也开始逐步忽略其他结果发生的可能，最终当我们遇见意料之外的结果时，就会变得手足无措。

我们是比较倾向于总结短期规律来投资的，但这些简单的短期规律总结，往往在对其深信不疑的时候，就会很快失效。

比如2006—2007年那波牛市，我家里有个亲戚刚开始只是投一点钱随便买买，后来在牛市的上涨中他逐渐总结出一个规律，每次下跌调整之后都会上涨更多，所以他开始试着在下跌时加一些仓。

在那几个月的时间里，这个方法屡试不爽，从刚开始的将信将疑，每次下跌多投点试试，到最后深信不疑地认为股市逻辑就是这么简单，跌一跌就会涨更多。

然而，这个规律在6124点时却发生了变化，指数一路从6000多点，跌回了1000多点，按照之前规律操作的结果，也可想而知。

又比如，2021年ST股一度表现是很不错的。有一个读者给我发来私信说自己总结出了一套方法，ST股大跌后去埋伏一下，一般退市前都会反弹一波。当他信心越来越足，认为找到了独特方法的时候，2022 年的 ST 股画风变了，很多只 ST 股都是一路暴跌直接跌到退市。

在股市，我们最常犯的错误，就是总结几个月的规律，然后把它当作常态，并认为自己有了更深刻的理解，忽略了其他结果发生的可能。

为什么 4 元的分众传媒没人买，10 元的分众传媒却有很多人看好？为什么 2600 元的茅台直呼错过了，跌回 1500 元却不敢买了？因为有意无意中，过去一段时间的规律对我们的判断造成了影响。

股价很低的时候我们充满了不安，这个时候看到的是下跌的股价，更愿意相信的是不好的新闻，于是越来越悲观，总结出这家企业没前途了。

同样，上涨的时候是越涨越兴奋，越涨越觉得安全，越涨越自信。因为在当时看到的是上涨的股价，我们也更容易去相信正面的新闻和消息。在股价和正面消息的互相影响下，我们会总结这家企业会一直涨下去，它一定前途远大。

实际上，我们大的亏损往往都出现在别人兴奋自己也兴奋，以过高的价格买入企业股票。大的盈利往往都出现在别人恐慌但自己足够理性，在一致看空中找到了未来会更好的企业，并且时间证明自己的判断是正确的。

无数大师告诉我们一定要有逆向思维。**那些已经大涨，且人人关注，并且透支未来的股票，不是我们理性投资者的机会；相反，那些被他人唾弃的企业中，反而蕴藏着巨大的机遇。投资中，我们得学会独立思考，不能简单依靠过去一段时间的规律总结。**

人类的历史本身就是由一系列不确定的、不可预测的事情推动的，黑天鹅事件在将来也必定会再次发生。我们看到很多大师回顾过去好像一切都在掌握之中，这里面有一个原因就是**叙述谬误**，正是在这种叙述谬误的诱导下，使我们忽略了黑天鹅事件的发生，认为只要知识足够就能掌握一切。

我个人的观点是，不要盲目迷信成功人士的成功学，他们的优点我们要学习，但不要轻易上升到盲从的地步，自己要有筛选地吸收和学习。原因在于，这些成功学案例，往往是人们回忆过去而记录下来的，很可能遗漏一些当时的不可预测、发生后被合理化的事实记录，我们通过他们的表述，很难看到真实而完整的经历过程。

在我从事投资的这十来年，也关注过很多投资界顶尖投资者的业绩，至今我没有见过永远判断正确的人，哪怕巴菲特、芒格也有看错的时候。**那些成功的投资者只是对出现的黑天鹅事件提前做好了准备，并且大多数判断是正确的。**如果一个人把自己包装得过于完美，从不犯错，我们反而要警惕他别有用心。

二、永远对坏结果做好准备

这个观点在本书中也多次表达过：人在回顾自己过往的时候，一定会有意无意地忽略运气的成分，同时放大自己的努力。潜意识中会加强自己成功时决策的重要性，也会忽略自己犯过的一些错误，这使得每个人的传记都显得那么传奇。但我认为，人生其实有很多偶然性，完美且伟大的人是极少数的。

打个比方，战场上有 1000 个人冲锋，最后 10 个人活了下来，不可否认这 10 个人的身体素质和反应能力等都是优秀的，但这里面也一定有随机和运气成分。对幸存者采访的时候，人们往往会把重点放在自身能力的展现上，说出各种各样的生存诀窍，其实同样的冲锋再来一次，活下来的可能又是另外 10 个人。

想要最后成功，首先要有对应的能力。 比如有足够冲刺到对面的体能，有足够快的反应能力，但也不能不防止致命打击的出现。**即使对自己的能力信心满满，也要防止未知风险的发生。** 比如两个身体素质以及各项能力相当的人，有一个人穿了防弹衣，戴了头盔，他活下来的概率就会大很多。

在我的投资体系中，一笔投资的成功率有高低之分，但是不存在 100% 成功的机会，对任何一笔投资我都会先考虑看错怎么办。如果有人告诉你某只股票 100% 赚钱，那你先要问问他是否把自己所有的资产都押注在上面。

我是一个保守派，无论是不要轻易丢下自己赚现金流的能力，还是不要满仓一只股票，**之所以做出这些决定，都是因为我们的认知是有边界的，在漫长的投资生涯中从不犯错，也不遇见黑天鹅事件，是根本不可能的。《黑天鹅》一书中有这样一句话："冒险通常不是出于自信，而是出于无知和对不确定性的无视！"**

我们之所以会忽略风险的防护，是因为人都是有自视过高倾向的，对于我们成功的事情，我们会忽略运气成分，觉得完全是自己的决策正确。对于我们失败的案例，我们会忽略是因为意料之外的风险发生，为了摆脱自身的责任，我们会把失败归咎到一些其他原因上，比如不该看某某人的分享。因此，我们就会忽略任何事情都要先对坏结果做准备。

我们常常忽略对可能的黑天鹅事件做准备,除了谜之自信外,还有很大的原因是虽然很多人都知道预防比治疗更重要,但预防总是要付出成本的。 预防风险就意味着我们要付出一些,放弃一些机会,减少一些回报等,然而意外毕竟是小概率的事件,所以更多人选择铤而走险,认为自己一直会好运。

没错,如果单看某一个黑天鹅事件,发生的概率确实很小,但如果我们从全局考虑某一类黑天鹅事件的概率,那就很大了。

有一种情况会让我们低估黑天鹅事件的发生概率,用统计学的话来说,叫"选择性偏差"。意思是说,在统计分析的时候,可能会因为选择的样本不够随机,没办法代表整体的情况,导致得出错误的结论。

投资这件事要伴随我们大多数人很多年的时间,这不是长跑,而是攀岩,如果没有做好安全防护,无论我们之前爬得有多高,遇见一次黑天鹅事件,就会跌落原点,甚至粉身碎骨。

所以,当大家用了各种技术指标、神奇战法,并且觉得真的管用,请不要着急押重注,多试一段时间确保这不是因为运气,因为就算是黑猩猩随意扔飞刀选股,也会有概率选到上涨的股票。

所以当我们顺风顺水,觉得自己无所不能的时候,请多想想自己有没有对黑天鹅事件做好应对,没有哪个优秀的投资大师是让世界一直在自己的意料之中的,他们成功的原因是保持着每笔交易之前都对意料之外的坏结果做好应对。

第二节　在一致看好中寻找机会是否可行

价值投资是一个需要逆向思维的事情,在大部分人不看好一家企业或一个行业的时候去买入，确实会有点压力，每次暴跌我们都会有一种孤立无援的感觉。人就是这样，大家一起错还好，只自己错就会有无数的人来指点我们。

投资就是这样，在一致看好中寻找好的投资机会是不可能的，我们要想获得超额收益，只能是在分歧中寻找那些被大众误判的企业，为什么这么说？我们接着往下分解。

虽然通过买入优秀且有长期稳定分红的企业，最终也能得到优秀的回报，但我们不得不承认的是，最快最有效的赚钱方法，还是来自股价的上涨。那在什么情况下，我们有可能在一家企业上获得股价大幅上涨，从而带来优秀的回报呢？简单地说就是在大众悲观的时候，我们和大众的判断有分歧，发现了一些被错杀的企业，并且最终证明自己是对的。

股价上涨的逻辑并不难理解，想买入的人超过要卖出的人，更多人愿意买入，买入的人为了得到股权愿意给出更高的价格，因此股价就上涨了。那么，我们把股票的价格想象成一个杯子里的水位，当有人看好企业，并选择买入，就往杯中注入了一些水，当大家都认可一家企业选择买入的时候水位就不断上升了。

在大众悲观的时候，杯子里的水是最少的，这个时候我们发现了一家企业的价值，选择买入，后续企业确实证明了自己的优秀，于是更多人选择买入，水位不断上涨，于是我们就赚钱了。

相反，大家都一致看好一家企业的时候，都已经把自己的水投入到这个杯子里，虽然这个时候觉得最安全，但实际上能新进来帮自己推高水位的人已经少之又少，我们在这个时候选择买入，是很难赚到钱的。

通过上面这个例子我们知道了，在大众一致看好一家企业的时候，给我们带来的感觉是安全的，但实际上获得优秀收益的机会是渺茫的。相反，在大众不看好一家企业的时候独立思考，并找到机会，当下的感受可能是安全感不足，但这却是获得超额收益的唯一方法。

一、市场时而无效，我们才有好的投资机会

有的朋友经常会问，为什么选择价值投资的人那么少，或者某某企业明明那么便宜，为什么大部分人看不到它的价值。实际上就是因为这个市场不是人人都选择价值投资，就是因为这个市场会存在分歧，才会给价值投资者们创造好的投资机会。

如同前文中的例子，当市场统一认可一个资产的价值的时候，我们是很难找到高收益的机会的。

那我们怎么知道市场对哪些企业的定价趋于一致呢？除了我们深入分析企业后的估值对比，市场一致认可的企业基本上也都有以下四个特征。

（1）企业广为人知，并且有一大批追随者。

（2）在企业的看法上大家是普遍认可的，而不是具有争议性的。

（3）企业给人一种优势清晰易懂且毫无缺点的感觉，每个人都在说它的优点。

（4）会从不同的渠道经常看到这家企业的各种信息。

我们回想一下 2021 年初的白酒，2021 年底的新能源，是不是都具备以上特征？这里不是说这些企业不好，而是说当市场一致看好一家企业的时候，企业的股价往往都会有一些溢价。如果

我们在这个阶段跟随众人的看法买入，那么很难在这个资产上赚取超额收益，并且很大概率会经历一个较长的调整周期。

所有获得超额收益的投资，都是在市场分歧中产生的，获得这份收益的前提是我们要学会独立思考。白酒只有不到 10 倍 PE 的时候，大众的认知是年轻人不喝白酒，洋河的股价在 80 元的时候，有文章说洋河喝出"粪水味"，分众传媒的股价在 4 元的时候，电梯里所有人都在看手机不会看广告是普遍共识，互联网行业暂遇困境的时候，很多人认为这个行业会进入夕阳期。

大部分股民对一家企业的看法是很难不受股价影响的，但只有市场对一家企业负面舆论比较多的时候，才可能会出现不合理的定价。这个时候我们通过独立思考和深入调研发现，市场所担心的风险大多是杞人忧天时，那么一个好的投资机会就出现了。

二、市场有效，并不代表市场正确

说到从市场的错误看法中寻找机会，很多人可能会想到有效市场假说。有效市场假说是尤金·法玛于 1970 年提出并深化的。有效市场假说认为，在法律健全、功能良好、透明度高、竞争充分的股票市场，一切有价值的信息已经及时、准确、充分地反映在股价走势当中，其中包括企业当前和未来的价值，除非存在市场操纵行为，否则投资者不可能获得高于市场平均水平的超额利润。

市场是否有效，这也是一个经常产生争论的话题。我个人的看法是市场至少不是一直有效的，同样一个消息在牛市和熊市，市场都会给出不同的反应。即使在同样时期，同一家企业的同一个消息，因为认知偏好、研究能力和喜好度的不同，每个投资者的反应也不相同。巴菲特曾说过：**如果市场总是有效的，我只会成为一个在大街上手拎马口铁罐的流浪汉。**

《投资最重要的事》一书也专门讲述了市场的有效和无效，书中有一个例子，雅虎在 2000 年股价是 237 美元、2004 年股价是 11 美元，这几年间企业的基本面和业绩并没有这么剧烈的变化，但它的价格却是天壤之别，这两个时刻至少有一个是错误的。

作者霍华德的观点是，我们面对的市场是一个有效性与无效性并存的市场，我们既应该尊重市场的有效性，同时也应当利用第二层次思维，**充分挖掘市场无效时带来的机会**，以此取得超额收益。

市场总是有效的前提是大多数人总是正确的，但显然这并不可能。霍华德也有类似的看法，他对有效市场假说进行了进一步的诠释。他认为"有效"这个词，更多指的是它"迅速、快捷地整合信息"的含义，但并不代表"正确"。投资者会努力评估每一条信息，资产价格能够迅速反映出多数人对于信息含义的共识，然而这些共识不一定就是正确的，很多时候市场也会有错误的共识。

我们来看看市场一直有效的必要条件。

（1）有许多努力且认真的投资者，他们努力思考每一个信息。

（2）他们聪明、勤奋、客观且认知足够，面对信息总能得出正确的思考。

（3）他们都有获取信息的途径，并且获取途径大致相同。

（4）他们都能公开买进和卖出每种资产。

显而易见，在投资市场上并非人人都是理性投资者，我们都会受贪婪、恐惧、妒忌以及个人认知差异的影响，面对同样一个信息也会得出不同的判断。并且大多数人都是从众的，人们会互相影响，抱团取暖，所以这个市场的悲观和乐观程度，往往都是超过事件本身的。因此，这个市场一定会经常出现一些错误定价的机会。

也正因为市场经常会犯一些错误，这也给了理性客观的价值投资者低价买入优质企业，并且获得超额收益的机会。**在一致看空中寻找机会，在一致看多中发现风险，这就是我们价值投资者应该做的事情。**

拿贵州茅台为例，2013 年至今市场给茅台的定价就有很大的差异，2013—2017 年之间市场给茅台的估值只有 10～20 倍 PE，2014—2015 年基本就在 10 倍 PE 左右，这个阶段可以理解为市场无效阶段，股市并没有认识到贵州茅台这家企业真实的价值。在这个阶段就是我们利用分歧发觉投资机会的好时候。

相反，在 2021 年初，茅台达到 40 多倍 PE 的静态估值，在股价站上 2600 元高峰的时候，众人看法空前一致，这个时候看似给了当时选择茅台的投资者足够的安全感，大部分人也都觉得茅台好，但实际上却算不上一个好的买入时机。虽然未来茅台大概率还会再创新高，但也不能避免在过高溢价买入后，会经历一个较长的等待估值回归的过程。我们从文字上看，股价调整一两年好像感觉还好，但真要想去实际经历，这对于大部分人来说还是很难熬的。

在投资中，我们很容易看到市场一致性的观点，有时候大多

数人都觉得一家企业一文不值，有时候大多数人又觉得一家企业完美无瑕，这其中有一些是正确的，但也经常会出现错误的观点。想要战胜市场，我们必须有自己独特的、非共识性的观点，从市场的错误中去寻找机会。

当然，这并不是一件容易的事，在与其他人拥有相同的信息并且受到相同心理影响的情况下，依然能持之以恒地独立思考，这需要自信和足够的认知。这也是所有投资大师无论什么派别都建议大家多读书的原因，**只有我们的认知足够了，才能坚信自己的观点。**

这也不是说，我们就要盲目地当个"杠精"，所有暴跌的股票我们都觉得它有价值，都觉得是市场错了，我们至少要做到以下三点。

（1）为什么大部分人不看好这家企业，找出定价错误的原因。

（2）深入研究企业，理顺其商业逻辑，为自己和大部分人不同的看法，找到有效的逻辑支撑。

（3）理清自己投资逻辑的风险所在，有没有可能自己忽略了某些隐性风险？自己是否为可能的看错做好了准备？和大众不一样的时候，并不意味着我们就永远是正确的一方，我们一定要为自己是错的这个可能的结果做好充分的准备。

大部分企业很难长期保持超高速的增长，当我们自认为找到了超额收益的好机会，那一定是除了赚取业绩增长的钱，还要赚定价错误的钱。如果我们坚信这是个机会，一定要找到市场定价错误的原因，而不是盲目交易。

可能有的朋友会想，市场真的会错吗？**举一个极端一点的例**

子，每一轮熊市中，大部分企业的估值都会降到很低的位置，但这些企业中的很大一部分，未来都会发展得更好。**我们需要的是在大众悲观的时候，去寻找那些未来依然优秀的企业。**

通过本文我们可以知道，一家人人都喜欢的企业，它的定价大概率是合理甚至偏贵的，我们很难享受错误定价带来的超额收益。**既想获得超额收益，又想从人人都喜欢的企业中找机会，本身就是相互矛盾的。**在这个市场获得超额收益的关键是独立思考和正确思考，对自己可能的错误做好风险防控，最后敢于逆流而行。

第三节　投资需要规避五大误区，坚守五大原则

投资这件事最重要的是什么？我认为是认真的态度，平时不要说买房、创业这样的大事，哪怕是买菜我们也会认真选一下，甚至讲讲价，但到了投资上几十万上百万元的资金转入账户，我们好像觉得这就不是我们赚来的血汗钱了，经常去盲目交易。对于做投资的朋友，我觉得下面十条建议是应该牢记的。

一、投资者要避开的五大投资误区

误区 1：过度自信

股市是一个需要终身学习的地方，这个市场就是这么神奇，一旦我们觉得自己非常完美，市场马上就会教育我们。不要说用一两次的有效规律当永恒，哪怕入市稍早一些的投资者，也无非十多年，要说已经了解了这个市场的所有规律，也难免有些过度

自信了。并且这个世界总是在不断变化的，有些经验过去有用，但现在可能就逐渐失效了。

这些年，我看到了一批批曾经辉煌的投资者倒下，他们大多有一个特点，比较偏执。**成功是因为自信，失败是因为过度自信，一旦人自信过度了就会变得偏执**。偏执的态度在人顺风顺水的情况下，容易放大成果，但到了逆境，也往往因为偏执，因此没对坏结果做准备，把自己逼入绝境。投资股市和大部分事情不一样的地方在于，我们从事的时间长且决策的次数多，不注重风险，就早晚会面对风险。所以在做任何一笔交易前，我们至少要问自己三个问题。

（1）我们是否充分了解企业的商业模式，并确认它的商业模式未来依然稳定可行。

（2）我们是否是在合理的估值范围买入，无数的案例告诉我们，哪怕是优秀的商业模式，在估值太高的时候买入，可能也很难熬过那一两年估值回归的调整期。

（3）我们是否对最坏的结果，做好了准备。

误区2：选基金比选股票容易

我个人的建议：**如果想省心获得一份稳定的收益，在市场低估的时候，定投指数基金就好**。但对主动基金要更加紧慎，选主动基金的话，实际上比选优秀的企业更难，主要有以下四个原因。

（1）基金的数量更多。 A股上市企业无非4000多家，基金有大大小小几万只。

（2）获取信息的渠道更少，判断难度更大。 去了解一个基金经理的想法和体系，不仅要花费更多的时间，有效的渠道也很少，我们个人投资者能看到的，只有一些他平时的发言、采访和书籍，而这些渠道往往都是报喜不报忧的，所以我们很难了解他的缺点。

(3) 相对来说上市企业财报披露，信息监管要更严格一些。 企业做决策还有董事会和其他大股东的制衡，但基金经理往往都是一人独大，可能一念之差就会犯下大错。

(4) 信任个人，比信任企业更难。 我们可能还能接触到企业的产品，还有悠久的历史和品牌沉淀，但大部分人对基金经理的信任，无非是看他过去一两年的业绩，那么也很容易在基金业绩波动的时候失去对基金经理的信任。

我写过一篇文章，**你越在意短期业绩，越想获得超额收益，越不能按过去一年的涨幅选基金。** 基金圈有个"冠军魔咒"，当年的冠军，之后表现往往都非常差；相反，长期看收益好的基金，单看某一年基本都不是特别优秀。这个道理很简单，要取得某一时段非常好的业绩，就需要所有持仓都表现优秀，但是除了在极端的牛市，所有行业都表现好是不可能的。那么短时间内跑得快，就需要持仓非常集中到某个行业，然后因为运气好或者远超众人的见解，踏准节奏获得优秀的收益。但实际上运气一直好，一直能看准市场节奏这基本不可能，所以选择重仓押注一个行业的基金，往往是好的时候特别好，差的时候特别差。

2022 年这个魔咒再次被印证，2021 年一些重仓单一行业的基金，在 2022 年的回撤都非常大，出现 40% 或 50% 回撤的基金有很多。这对于基金里的老用户其实还算好，但更多人都是看到业绩好才决定买的，买入就回撤 50%，这意味着明年、后年翻倍也只是回本。

误区3：用感性做出投资决定

投资中其实很多决策都不是我们深入思考后的结果，更多是感性因素，比如看到大涨后的企业，我们就会自然而然觉得其基本面更好，看到下跌的企业我们就更愿意相信其不好的信息。

比如，这次下跌没现金加仓，我们就容易得出要保留一些现金的认知，下次保留了现金，直接上涨了，我们又会得出应该在潜在收益满意的时候就满仓的结论，这其实都是基于当下感受做出的感性判断。**深度思考和感性决定的区别在于三点。**

（1）深度思考的第一个原则：需要拥有较长的思维逻辑链。也就是说，我们能以较长的周期做出观察，并以此决策。而感性的决定，往往是基于当下的感受。

以较长的周期看，这个市场没有一直都能顺风顺水的投资体系，即使符合我们投资体系的企业连续一两年有亮眼表现，当其股价涨幅远远高于了业绩涨幅，就会逐渐变得高估，然后进入一个调整阶段，等待业绩逐步赶上估值。如果这是深度思考后的理性结论，应该懂得自己的投资体系就是一两年好做，一两年需要耐心等待。

当一个人用感性做决策的时候，往往会在一种体系连续一两年表现很好，相关企业都已经有巨大涨幅变得高估的时候，得出这是一个好的方法或这种趋势可以长存的结论，然后买入相关企业。结果可想而知，我们在花开得最灿烂的那天买入，迎接我们的就是逐渐凋零。

比如，2021年下半年至2022年上半年，这一次调整的周期比较长，很多人得出结论，应该长期保持30%的现金，让自己在极端的情况下还能捡更多便宜货。

但下一次调整的周期比较短，保留了七成仓位，结果30%现金踏空，可能又会得出另一个结论，对于个人投资者没有业绩压力应该无视波动。**投资中，我们总会得出这种互相矛盾的结论，是因为我们没有以长周期的视角去思考，在用当下的感性做决定。**

当我们用更长的一个时间维度去观察时就会发现，这个市场长期看，很少有完美的最优选项。我们能做的，只能是稳妥地赚到其中符合自己投资体系和认知的一部分钱。**我们更容易用感性做出投资决策，是因为当下的感受是最深刻的，所以我们也更容易以当下的感受总结规律，做出改变。**

（2）深度思考的第二个原则：跳出自我，以不同的视角去看待问题。

在投资上，我们更要学会跳出自我看待问题，我们都会有一种倾向，持有企业的坏消息，会被我们以各种理由弱化；持有企业的好消息，会在我们心中被放大效果。当企业基本面出现较大变化的时候，我们要学会站在一个非持有人的视角，去考虑自己的持仓。

除了企业，我们对自己也是如此，要学会跳出自己看自己，有一句老话：当局者迷，旁观者清。因为一旦事情和我们本身有关，我们就很难理性，而股市是一个非常需要我们认清自己的地方。**知人者智，自知者明，向上的人生不是只盯着别人，也要懂得认识自己。**

（3）深度思考的第三个原则：在复杂的信息中心，保持自己的思维能力。

在股市长期看，"7亏2平1赚"是基本规律。在这个市场，胜利只属于那些理性坚持真理的少数人。但是我们的人性中有个天生的弱点，就是从众。这使得我们更愿意跟着大多数不理智的人做决策，对少数坚持正确理念的人嗤之以鼻，最终也就成了被市场收割的"韭菜"。

尤其是对价值投资者来说，想买得便宜，一定是要在大部分人还没意识到其价值的时候出手，同时往往在大众都觉得一家企业优秀的时候，企业也会被逐渐高估，我们可能需要暂时卖出离场。

在大部分人不看好一家企业的时候，我们看到的肯定是负面消息居多；在大部分人都看好一家企业的时候，我们看到的肯定是正面消息居多。能独立于大众的情绪去思考，是一个非常重要的能力。**真正的理性弥足珍贵，能心平气和地听取反对意见，也能不被他人的意见干扰，这很不容易。**

误区4：追逐高估企业

这个市场总会存在一些几百倍 PE 的企业，这是很明显的高估，但是在其疯狂上涨的时候，大家都依然会觉得它很优秀，觉得这种情况会持续。这种交易更容易发生在那些具有生动故事的股票上。

高估值意味着高期待，也很容易被证伪，一家上百倍 PE 的企业，有多高的增长才能符合投资者的预期？从商业逻辑上来说，很少有一种商业模式每年都能以翻倍的速度增长，尤其是上市的企业，往往已经进入一个比较成熟的阶段，持续超高增长的概率就更是微乎其微。

人们喜欢追逐高估值的企业，原因在于高估值股票的背后通常都伴随着美丽的故事蓝图，同时经过一波大涨的企业，也会有很多同路人，给人一种很安全的错觉。

《大钱细思》一书的作者对此有一个总结，越远离我们生活的行业越容易讲故事，因为普通投资者对专业行业的知识匮乏，所以就更容易人云亦云，比如生物医药和科技领域。在科技领域，往往会有这样生动的故事：一位超级科学家有了一个绝妙的点子，并将它转化为一种受青睐的产品，然后批量生产，占据市场主导地位，而且这一产品还不会被其他产品替代。而事实是，一个绝佳的发明创造，从有概念到成为成功的产品并投入市场，有可能需要十几年甚至几十年的时间。然而生动的故事往往很难长久持续，最后还是会成为击鼓传花的游戏。

误区5：陷入估值陷阱

（1）只考虑赔率不考虑概率，以小概率的事作为估值依据。如上文所说，有些事情看似企业做成了获利丰厚，但成功的概率并不高，以此作为买入依据，大概率是故事过后一地鸡毛。所以在买入逻辑的梳理中，我的建议是，未来一两年不能确定为企业带来利润的项目，我们把它当作意外之喜就好，千万别把它作为估值基础。

（2）周期和夕阳企业。

2005—2008年，巴西石油公司业绩大涨，股价也上涨了10倍。到2008年6月，巴西石油公司的股价接近70美元，股票市值超过2500亿美元，市盈率超过30倍，市值和市盈率指标均超过了当时的微软公司。

以当时的业绩看，这个估值也不算贵，同时连续的上涨给人们造成企业会一直涨下去的幻想，无数的投资者疯狂买入，并编织了无数未来还能继续增长的理由。但2008年巅峰过后，油价下降，由于面临巨大的开采成本，该公司的债务持续增长，但是人们还是无法从过去企业优秀表现的幻象中醒过来，投资者互相安慰，相信这一切只是暂时的。

最后的情况是，随后几年巴西石油公司的股价一路暴跌，让无数在错误道路上坚持的投资者倾家荡产。周期企业是比较容易让投资者犯错的地方，大部分投资者经过一段时间的学习，还是能理性地认识到不去买高估企业的。但是遇到周期企业的景气顶点，并站在当时的静态估值看，好像估值并不高，加上前面一两年企业的景气表现，很容易让我们忽略了周期的变化，认为当前状态可以持续，买入后才发现企业开始面临下行周期，低估值变成了高估值。

除了以上，另外一种估值陷阱是，以便宜的价格买了逐渐失去赚钱能力的企业。如被众人熟知的柯达公司，曾经是市场最具吸引力的投资对象之一，但是科技进步以及强劲的竞争对手，使它最终以破产告终。无论当时买的估值多么低，这笔交易都会是失败的。

作为价值投资者，我们要寻找低估企业，但是不能盲目地觉得当下低估就是安全，比如有的企业虽然被低估，但是处于一个衰落的行业，或在行业周期的顶点，现在的低估会被企业未来长时间的业绩下降变成高估。**不考虑企业未来发展，单纯做静态估值对比是没有意义的。**

二、投资者要遵守的五大投资原则

原则 1：保持理性

不要情绪化、凭感觉地投资，要耐心、理性地投资。理性的投资者通常具备以下特点：**不盲目相信别人，能客观面对持仓企业的负面信息，对一笔失败的投资敢于承认自身的错误，独立思考，乐观对待问题，不随波逐流。**

当大多数人都不敢面对真实的自我，不能理性地看待问题，不能克制自己的情绪和欲望时，我们做到了就会超过大多数人。有耐心的投资者往往比心浮气躁的投资者更能做出正确的决定。这种耐心可以通过投资者的操作频率看出来。三天一个小想法，五天一个大决策，一定做不好投资，没人能在这么短的时间内做到深入了解。只是随便想想就能从一家企业赚钱，基本不可能。

现在是个信息爆炸时代，会有很多博主为了流量迎合大众的需求，去分享一些看似能快速致富，又很简单的投资机会和方法。最后导致的就是，我们盲目相信，然后在各种试错中亏光本金。交易频繁大概率只能贡献负收益，中外投资大师都反复证明过。

巴菲特认为，每个人的一生有 20 次重大投资机会足矣。理性、耐心、专注的投资者才能准确地把握这 20 次投资机会。事实上，有些投资者在交易的第一周就用完了这 20 次宝贵的机会。当然，一生用 20 次机会显得有些太苛刻了，但我们至少要保证自己每一笔交易都是认真梳理过逻辑，对各种结果做了充分预案之后做的。

原则 2：投资熟知的领域

不熟悉的行业不碰，不看好的行业不碰，尤其是远离那些步履维艰的行业。坚守自己的能力圈，这个忠告很多投资大师都说过，因为我们很难在自己不擅长的领域成功。其实人生也一样，想要取得成功，就是要把自己的优势发挥到淋漓尽致，而不是把时间浪费在自己本不擅长的事情上。这也是我近两年对人生最重要的一个新感悟。

以往我们总觉得要补足短板，不要躺在舒适圈。但现在我更深刻的感受是，不要执着于补足自己的弱点，因为弱点再怎么补，也赶不上在这个领域有天赋的人。每个人都有自己擅长的地方，有人身体素质好，有人艺术细胞强，有人逻辑思维超群，有人表达能力特棒。在自己没天赋的领域，练一练可能会有所改善，但很难成为我们的绝对优势。

人要想更进一步，一定是把时间用在自己擅长的领域上。因为人的精力和时间总是有限的，我们将大把的精力和时间都浪费在不擅长的事情上，也就意味着你给自己擅长的事留下的时间变得很少，最后反而减少了自己的优势。找到自己的优势，不断更迭强化，把它发挥到极致这很重要。

人的一生有三次成长：第一次是发现不可能事事完美的时候；第二次是发现很多不擅长的事，再怎么努力也无能为力的时候；第三次是接受这个现状，接受自己的平凡，知道自己不可能事事擅长，开始去享受平凡，发现并专注于自己优势的时候。

投资其实也一样，别盲目羡慕别人，投资医药的人可能从上学到毕业都在这个行业深耕，投资科技的人可能本身就是业内精英。懂的参与，不懂就暂时放弃，千万别因为不甘心和眼红别人去投能力外的企业。永远记住那句话，**只在自己的能力圈内反复复制胜利。**

在筛选股票时，我们应该根据自己现有的知识储备、投资经验和职业经历，从中选出自己要研究的行业。对于个人投资者，很难有精力成为所有行业认知最高的那部分人，所以一定要建立自己的能力圈，寻找几个感兴趣的行业，然后深耕。**任何人的能力边界都是有限的，任何人都不可能赚到超出自己认知的钱。**

原则3：去寻找已经具有极大优势的企业，而不是去寻找会讲故事的企业

有一些企业的规划有很多，每条都让人看得热血沸腾。但一条都还没做时，无论是其真的想做，还是为了讲故事圈钱，我们都没必要去陪它冒这个险。我们一定要明白，我们不是来做风险投资的，我们是来积累资产的，上市企业的赔率不足以让我们对一次就可以覆盖几十次的错误，所以追求确定性是我们唯一的选择。

对于大部分人来说，犯一次大错就意味着，我们前半生的积蓄付之一炬，这个结果是我们承担不了的。并且能有一些闲钱投资股市的人，生活也并不差，没必要去冒险搏一搏。所以我们要投资那些已经建立优势，并且有宽广护城河的企业。

原则4：别让股票成为满足自己多巴胺的工具

赌博和做短线，其实都有一个共同的特点，能带来刺激，并且能快速清零，重新再来。打牌时，这局输了，重来一局又可以充满希望，这只股票赔了，卖出离场，就可以再买入一只，并有所期待。

有的人刚开始打牌，1元、3元，后来5元、10元，最后成了赌博；有的人刚开始用一点钱随便买股票，后来一分钱不放入股市都不行；还有的人喜欢网购，但很多东西买来其实也没用。之所以迷恋这些，是因为生活太空虚，生活无聊了，让这些成了多巴胺唯一的释放途径，迷恋上这种快乐。所以我常说，投资是生活的一部分，我们不能让它成为我们的全部，谨防自己变成为

了追求刺激和期待，而不是为了真的投资赚钱。我们深入思考过利弊，认真学习过知识，做投资也没什么，怕的就是不知不觉中以做投资为借口，实则是为了满足自己释放多巴胺的欲望。

原则5：坚持安全的投资，短期赚得多不如活得久

在金钱面前，人都是贪婪的，极少有人能招架住意外之财的诱惑。也往往因为对意外之财的渴望，忽视了本金的安全。在诱惑面前，投资者无论如何都要劝说自己坚持安全的投资，并且认真执行自己买入资产的安全标准。

结合本文我们至少要避免以下五个问题。

（1）避免做草率的决定。一笔投资前，详细写下自己的交易理由，这不仅可以强制自己思考，还能在将来结束这笔交易时复盘当初的决策，改善自己的投资体系。

（2）避免忽略事实。比如买入后就忽视或抵触企业的负面观点。

（3）避免投资已经大幅透支未来增长的企业。

（4）没有十足把握的情况下，避免投资容易产生估值误区和高风险的企业（如大宗商品和高杠杆的企业）。

（5）避免投资未来发展无法预期的企业。

本节的五个误区和五个原则，加起来一共十条建议，我认为这是我们做好投资的根本。

第四节　阻挡股市致富的六大心理误区

投资的基础知识并不是非常难，只要你用心学，有个半年时间足以掌握。投资的难点在于克服自己的心理误区，股市是一个人性的放大器，我们常见的一些心理弱点都会在这里展现得淋漓尽致。这一节就和大家分享一下投资中常见的心理误区，除了之前章节我们讲到的选择性偏差、证实性偏差等心理误区外，这一节再补充六种投资中我们经常有的心理误区。

一、从众心理

从有人类以来，我们基本都生活在群体中，自然不可避免会受到他人的影响，这种行为的背后，就隐藏着普遍存在的"从众心理"。

从众是人类的本能，因为在原始社会一个人是很难独立生存的，在人类几百万年的发展历史中，我们的祖先每天都要面对饥饿、猛兽、风暴、洪水等恶劣条件，族人随时都可能覆灭，个体的力量是渺小的，只有协同一致才能生存。不仅如此，在群体中也减少了面对危险时的风险，大家可能都听过一个笑话，如果在野外遇见了老虎怎么办？答案是不用比老虎跑得快，能比同伴跑得快就可以了。在恶劣的生存条件下，群体行动可以大大增加存活的概率。所以人在基因层面上，本身就是欠缺安全感的动物，我们会通过从众来降低风险，让自己处于安全境地。

即使到了现在，我们已经克服了大多数自然灾害，也很难在野外遇见野兽，基本的生活需求也可以轻易得到满足。但我们潜意识中依然会觉得和大众选择一样会更安全，总觉得一件事情大家都做了，就会降低自己承担的风险。

从众心理是指个人受到外界人群行为的影响，而在自己的知觉、判断、认识上表现出符合公众舆论或多数人的行为方式。从众心理是个体普遍存在的心理现象。

生活中，很多商家都会利用我们从众的心理，比如一家饭馆开业雇一些人来排队，会让路过的人觉得这家店生意火爆，这么多人都选择了，想当然地认为这家店味道不错；同样楼盘开业雇人看盘，商品刷销售量，都是为了让我们因为从众心理做出更有利于商家的决定。甚至有些时候并没有人刻意为之，我们的从众心理也会互相影响，看到别人都抢购某件物品的时候，即使搞不清原因也会跟着买一些。

生活中，从众心理在大部分情况下对我们影响不大，无非是吃了一顿并不可口的饭，买了一些无用的商品，或者付出了一些溢价。但在股市盲目从众就是致命的缺陷，因为我们在股市不但需要经常做出决策，而且这个市场大多数人都是亏钱的。盲目从众做出决策，会为我们带来大量的损失。

我们更倾向于买入一家人人都说好的企业，对一些大家厌恶的企业同样会嗤之以鼻。**而实际上投资的真谛是寻找和市场的分歧，在我们和市场有分歧的时候才会出现好机会**。相反，一家企业即使真的不错，但每个人都说它好的时候价格往往已经超额体现了价值。

我们要明白，中外股市的历史都证明，这个市场只有小部分人可以赚钱，从众虽然可以减轻犯错后的压力，以及给我们带来暂时的安全感，但却很难获得最终的成功。

二、损失厌恶

大家有没有遇到这种情况：假如当初以 1 万元买进了两只股

票，我们简单称为 A 和 B，A 现在涨到了 1.2 万元，B 现在跌到 7000 元。这时候如果我们需要用一笔钱，是选择卖掉 A 股票呢？还是卖掉 B 股票呢？

这种情况下，大部分人会选择卖掉盈利的 A，保留亏损的 B。因为一旦卖出 B，就等于承认了这笔投资失败，要面对损失，而卖掉 A 就没有这样的烦恼。人们往往会根据当前决策是否造成即时性的损失来考虑，不会理性地思考两只股票到底哪只发展潜力更大。甚至我们在并不需要钱的情况下，也会因为损失厌恶做出盲目的决定。

我们不能以短期的盈利或亏损来判断一家企业的好坏，而是要从企业的基本面出发，一家企业基本面没有发生恶化的情况下，价格降低，其赔率和成功的概率反而是上升的。

其实，我们会因为损失厌恶犯错，本质上还是因为对企业了解不够。比如，当我们知道一罐红牛价值 6 元的时候，我们一定会欣然地接受 2 元钱的买入价格，因为即使低于市场价仅仅用 4 元卖出，也是有盈利的。同样我们也不会因为手中 2 元买入的红牛有人出价 3 元就轻易卖出，因为我们知道自己可以很容易地把它卖到 4 元钱。如果我们足够了解企业，越下跌就会越兴奋，而不是产生厌恶，同样如果我们足够了解企业，现价和其价值还有巨大差距时，也不会因为担心回撤盲目卖出。

三、现状偏差

现状偏差又叫安于现状偏差，指的是人类倾向于维持现有的状况。即便现状客观上劣于其他选项，人们还是会做出维持现状的决定，而且倾向将任何改变都视为一种损失。

这种情况在投资中也经常出现，比如账户有某只股票浮亏30%，手中又有大把现金，但是既不想卖出这只股票，也不愿意用现金加仓。按理智来思考，如果我们看好这家企业，价格更便宜了，应该买入更多；如果我们不看好这家企业，我们应该卖出。**但我们往往既不愿意卖出，也不愿意买入，我们更愿意维持现状，因为我们担心新的改变会造成更大的损失。**

我们可能会想，如果卖出了它却出现反弹了呢？如果买入了它又继续下跌了呢？最后的选择往往就是不做任何改变，维持现状逃避决策。

解决这种情况的方法是，买入前就做好规划，即使某种情况出现的概率很小，也做好对应的准备，而不是盲目认为自己买入后就能迅速赚钱，或者走一步看一步。

我新买入一家企业股票的时候，一般都会做一个加仓计划，最后无非三种可能。

第一种看错了企业，这属于能力的问题，要克服损失厌恶，不要有侥幸心理，发现错了就认赔出局。投资时犯错很正常，我们要做的是不能白白犯错，每次犯错后能吸取教训，弥补自己的某个思维漏洞也是值得的。

第二种看对了基本面，但股价持续下跌，到了事先规划好的加仓价格就果断加仓。这种情况下，整个交易的过程会比较长，但优点是我们可以买到足够多的便宜货，最终获利的绝对值会大幅增加。

第三种看对了基本面，并且股价持续上涨，这一种虽然仓位比较低，但是资金的使用效率是最高的。因为买入后股价就开始上涨，剩下加仓计划中的资金我们可以用于下一个机会。

对每一个可能出现的情况都做好预案、严格执行，这样可以有效克服自己的现状偏差。

四、小数定律

小数定律认为人类行为本身并不总是理性的，在不确定性情况下，人的思维过程会系统性地偏离理性，而更倾向于走捷径，思维定势和表象思维会使人出现系统性偏见，采取并不理性的行为。

大多数人在判断不确定事件发生的概率时，往往会违背概率理论中的大数定律，而不由自主地使用"小数定律"，即滥用"典型事件"，忘记"基本概率"。

小数定律的影响会导致我们忘记事情的概率，而盲目觉得小概率的事情会发生在自己身上。比如我们选基金的时候，会理所当然觉得今年的基金业绩排行榜上的第一名会非常厉害，这就是低估了长期的波动性，而高估了短期数据的说服力。实际上，往往短期业绩特别牛的基金经理，放到长期看都是昙花一现的。

长期的数据证明，在股市达到20%的年化收益率就已经是非常高的了。但是很多人却对此嗤之以鼻，看到了某某牛人三年十倍，甚至一年N倍，就觉得自己好像也能这样。记得之前网上有个帖子，A的观点是，20%的年化收益率是很厉害的投资成绩；B的观点是，这表现一般，某某人完成了三年十倍。之前有人问我怎么看，我相信有这种投资收益的存在，但我也知道这是小概率的情况。这不仅需要超强的能力，更需要极好的运气，而且两

三年的高光表现，不能代表在二三十年中可以一直保持，对这种
极小概率的事我们是没办法复制的。

投资这件事有两条路。一是选择飙车，最终一定有少数快速
到达终点的人，但也一定有很大一批人在路上出现问题。选择这
条路的前提是，要确定自己一定是能力超群，并且运气极佳。谁
也没办法保证自己是幸存者。另一条是稳健前行，速度会慢很
多，但需要的能力门槛也低，只要自己步伐不乱，别被别人干
扰，大部分人最终都能有不错的结果。

问我选哪个？当然选后者，选那条大概率成功的路。因为我
承担不了前几十年积蓄付之一炬的后果，所以只能选择稳定地慢
慢积累。我们一定不能把小概率的事件当成理所当然，把其当成
可行的捷径，理性的人不应该寄希望于小概率的事情改变自己的
现状。总寄希望于抄近道，最终会发现，时间浪费了，但却比踏
踏实实走路的人落后更多。

五、韦伯定律

韦伯定律的解释有点复杂，简单地说，同样的刺激差在不同
的事物上会给我们不同的感受。

举个生活中常见的例子，如果我们买了一杯奶茶比平时贵了
5元钱，会觉得贵了很多。但如果我们吃了一顿火锅比平时贵了
5元钱，可能就没太大感觉。同样是5元钱，在不同的事情上感
受就不一样。或者在家时勤俭节约，但在旅游的时候，机票和酒
店花了几千甚至上万元，我们会觉得好不容易出来一趟，在当地
消费的时候不能亏了自己。

又比如，如果在一间有 10 支蜡烛的房间里再点亮 1 支蜡烛，在我们的感觉中，房间就明显变亮了。如果我们在一间有 100 支蜡烛的房间再点亮 1 支蜡烛，那么，这在我们的眼睛里几乎不会造成什么差别。同样是 1 支蜡烛，对我们带来的感官体验却不一样。

我们去买一杯奶茶，店员告诉我们步行 10 分钟去他们新开的连锁店，可以便宜 10 元，可能有很多人会选择步行 10 分钟。如果是买一辆几千元的自行车，同样的情况，步行 10 分钟去分店可以便宜 10 元，选择为了 10 元步行 10 分钟的人就会减少，因为很多人会觉得：几千元都花了，再多花 10 元钱，这已经不重要了。

"这已经不重要了"这句话往往是"钱财损毁者"。比如，我们不在意交易佣金，从而频繁交易，因为单看一次交易几万元的股票，佣金和我们几万元的交易额相比微不足道。但实际上，如果佣金是万分之一，一个人有 5 万元资产，每天买卖一次，加上卖出时千分之一的印花税，一年下来按 250 个交易日算，费用是 13750 元，这是不菲的摩擦成本。

又或者一只股票本来亏了 20%，反弹后只亏 1%我们会欣然卖出，不但心中没什么负担，还感觉自己挽回了重大损失，相比之前亏 20%，只亏 1%显得微乎其微，因为并没有对自己造成太大的心理负担，所以也不会想着去改正错误。

六、锚定效应

最后一个是最常见的，也最容易造成我们损失的锚定效应。

生活中我们经常遇见商家这样的套路，一个商品先标了高价，然后再打折，我们就觉得自己占了便宜，然后疯狂购买。这就是商家先用高价在我们心中建立了一个价格的锚，打折后就会造成便宜的错觉。

同样在股市，一只股票大幅上涨后，我们就会在潜意识中把高点的价格当成其价值的锚，涨了几倍的股票跌20%我们就会觉得很便宜，而不是从基本面思考其价值。一家企业股价20元的时候不敢买，涨到40元，然后跌回30元，反而觉得安全了。

相反，有时候我们发现了一家不错的企业，但是一个月前的低点只有20元，现在已经25元，这个时候可能就会犹豫，因为我们把之前的低价当成了价值的锚，首先考虑的不是这笔交易未来还有很大的获利空间，而是不甘心比之前的低点多付出了5元。最终可能因为不甘心多付出这5元，从而放弃了一个还有巨大潜在收益的机会。

锚定效应是造成股市亏损的罪魁祸首，这也是我们最需要克服的心理误区之一，一定要忽略短期价格带来的锚，而去观察企业的内在价值。

七、最后总结

除了上述的六种常见心理误区，还有很多心理误区都会对我们的投资造成影响。

比如光环效应。如果一个人看起来英俊潇洒、穿着得体、举止不凡，我们就会轻易相信他说出的观点。于是各种各样的荐股大师诞生了。

又比如可得性偏见。我们对时常看见、听闻、特别是亲身体验到的事，倾向给予更高的概率估计。因为可得性偏见，我们会在下跌的时候觉得股市会一直跌，上涨的时候觉得股市会一直涨，显然这个思维是错误的。

还有定型效应，人们往往会用自己头脑中的关于某一类人或事件的固定印象作为判断依据。因为定型效应，我们会产生傲慢与偏见，用自己固有的思维去考虑问题。比如，一些行业经过十多年的发展可能和之前的行业格局、商业情况已经完全不一样，但我们依然不愿意去改变自己的想法或深入思考，最终错过很多投资机会。

几乎所有心理学中的人性缺陷，我们都会在股市遇见对应的问题，所以芒格说过一句话："**追求理性应该成为投资者的一种道德标准！**"股市投资为什么这么难，因为其真的是一个人性验证器，我们可以想到的所有性格缺陷，都会在股市体现得淋漓尽致，在股市我们要不断接受反人性的考验。不但要学习相关知识还要克服人性的弱点，所以在这条路上，我们必须保持谦逊，不断学习，不断提高认知，克服心理误区，不要抱有侥幸心理。

第七章

是投资也是人生

巴菲特说过这样一段话：要想获得投资的成功，并不需要顶级的智商、超凡的商业头脑或秘密的信息，而是需要一个稳妥的知识体系作为决策基础，**并且有能力控制自己的情绪，使其不会对体系造成侵蚀。**

对于投资这件事，心态和投资体系是同样重要的，投资体系是我们决策的基础，但一个良好的心态才能让我们游刃有余地使用自己的投资体系。我们看到过很多优秀的运动员一到大赛就发挥失常，也看到过聪明的人因为激进犯下大错，他们都具备成功的实力，但他们缺少一个良好的心态。

我认为投资只是让生活变得更好的工具之一，如果我们没有一个良好的心态，没有一个健康的三观，没有对生活积极向上的态度，哪怕是赚到了一些钱，可能也很难得到快乐，甚至可能因为满眼都是钱，反而毁了现在不错的生活。好的心态是成功的开始，健康的三观是快乐的根基。

第一节　理解时间的意义

一、 不真心热爱，不可能长久

我曾经看到一篇文章，文章的开头大致是这样的：很早就意识到了锻炼的重要性，后来没坚持下来；曾经很喜欢养乌龟，最多的时候阳台上养了20多只，每天都在买乌龟、买龟缸，后来只剩下了一两只；也有过一段时间特别喜欢盆景，大大小小养了一屋子，最后只剩下了一盆。

看到这篇文章的开头时，我差点以为是我自己曾经写的，这爱好和结果与我的经历也太一致了。**这个世界唯有时间不骗人，**

直到我们坚定的东西被自己放弃了，才明白没有什么可以是永恒的。

曾经以为"长大"是很遥远的事情，慢慢地也开始担心变老了。

那个说永远不会离开你的人，有一天突然说了"对不起"。

你以为自己会热爱一生的事物，逐渐也没了兴趣。

有一刻我们有些怀念过去，更多时候我们又对新的事物充满了期待。

慢慢地，我们不再相信誓言，而是更加相信时间。后来我想了想，很多事为什么做不长，最主要的原因是，**我期待的只是结果，并不享受事情的过程**。我并不是热爱锻炼，只是不想生病，因为某篇文章、某个视频给我带来了健康的焦虑，所以才想去运动一下。无论是养乌龟，还是养盆景，我热爱的也不是这件事本身，无非就是想朋友来了展示一下。

时间长了展示的兴趣越来越低，文章和视频带来的健康焦虑感也逐渐散退，但换水、浇花、施肥，各种麻烦的事却一点也没少，最后自然从喜欢变成了负担，也就不了了之了。

后来，我唯一坚持了 10 多年的运动就是羽毛球，因为这件事对我没负担，打球的过程本身就是快乐的。**其实无论是投资还是生活都一样，如果不是真的认可，只是功利地去做一件事，往往是做不长的，因为装一天可以，装一生太难。**所以在投资上，我们不妨换一个思路，不要满眼功利只想着赚钱，不要一入市就想着财务自由，而是去感受自己不断学习不断成长的过程。投资是认知的变现，你的认知足够了，赚钱就不再是问题，学会享受过程，就不会觉得过程煎熬，自然而然也会得到好的结果。

二、眼睛识人面，时间验人心

大部分人在说谎话的时候眼睛都会躲闪，但有些谎我们却说得坚定有力。我们曾经买入一家家企业，上涨的时候我们都坚定地认为自己真的看懂了企业，一定可以陪伴企业风雨兼程一起成长，但稍有不顺，我们就选择了放弃。

我们要知道，这个世界大部分事物的发展都是螺旋式上升前进的，它不可能总是一帆风顺地给出正反馈，如果稍遇困境，我们就选择换条路重新开始，那我们就永远都无法积累自己的优势。

不断给自己希望，不断因为暂时的困境而失望，失望过后又寻找下一个希望，然后继续失望。最后无奈地说出一句，人间不值得，感叹自己生不逢时。**实际上，所有厉害的人都有一个共同点，他一定是长期主义者**。以长期视角去观察事物，不投机取巧，不搞机会主义，不求一战定乾坤，并且能够理解事物短期的波动性。从而选择步步为营、不断积累，用时间做杠杆，在自己的微弱优势上不断积累，最终取得成功，这才是成功的唯一逻辑。

做事无非有两种思路，一种是短期主义，急功近利想要快速解决问题，常常想着走捷径，最终发现看似好走的捷径，实际上越走越艰难。另一种是长期主义，肯吃苦，沉得住气，愿意慢慢积累，最后发现看似难走的路，反而越走越轻松。这个世界上人人都求快，可是时间总会告诉我们：慢即是快。**做有意义的事，经过时间的打磨，一定会闪闪发光。**

在股票市场独立思考、逆流而行并不那么容易，但这就是投资的常态。在光芒万丈之前，我们都要欣然接受眼下的艰难和不易，接受逆流而行带来的孤独和无助，但只要认真做好眼下的每一件事，最终优秀的企业总会给我们带来想要的结果。选择踏实做事的人，某一刻可能还比不过幸运儿，但人生并不是为了和别人比较，更不是一刻的比较就能代表一生。杨绛说：**"我们曾如此渴望命运的波澜，到最后才发现，人生最曼妙的风景，竟是内心的淡定与从容，我们曾如此期盼外界的认可，到最后才知道，世界是自己的，与他人毫无关系。"**

别因为大部分人都选择快就忽略了时间的意义，人生不是和别人的对比，每个人也都处于不同的阶段。没有一朵花，一开始就是花，也没有一朵花，最后仍是花，我们总会有最好的时光，也会有低谷期出现，最重要的是要坚持长期主义，理解时间的复利。

三、假如一切没有开始

我们要知道没有一个道理适合所有选择，凡事分轻重缓急，不触及底线的事，那选择的标准只有一条，就是自己的快乐第一。

不再对暴富有幻想，不再对小概率有期待，不再把希望押注在不靠谱的方法上，懂得了积累和时间的重要，但是我也还会为自己的心动埋单。某一刻看了一个运动的视频，看了一张盆景的照片，还是有冲动的感觉。理性告诉我，算了吧，反正你也坚持不久，但内心告诉我，没关系，在能承受的范围内大大方方地为心动埋单，重蹈覆辙也无妨，毕竟能让一个人心动且投入的机会不多，毕竟那一两个月的快乐也是快乐。

有些事，如果我们真的想做，又能承担结果，那就去做。结果是好的最好，结果不好也别老沉浸在假如一切没有开始的闷闷不乐中。如柏拉图所说：**"无论你从什么时候开始，重要的是，开始后就不要轻易停止；无论你从什么时候结束，重要的是，结束后就不要悔恨。"**

人不可能一直理智地活着，有些事我们做过了，就会发现其实自己也不是那么想要做。但是我们不做，就一直会以为那才是自己的终极梦想，以为自己错过了天大的机会。然后在回忆中不断幻想，把美好的期待都加到这件得不到的事情上，最后反而带来更大的伤害。

人有欲望和梦想是正常的，如叔本华所说：**"生命本身就是一团欲望，欲望得到了满足就会无聊，欲望得不到满足就会痛苦，人生就像是钟摆，在痛苦和无聊之间摇摆。"**

时而因冲动而选择也不用焦虑，一个人至少要拥有一个喜好。哪怕有些不切实际，哪怕喜好经常变化，但它至少能让自己在平凡的生活中找到一点希望。到了现在这个年纪，我的宗旨就是：**正经的事正经做，普通的事选快乐。做一个温暖的人，不卑不亢，清澈善良。**

第二节　你总说时间还很多，你可以等我

股市是一个有魔力的地方，一旦进入股市，我们好像就会慢慢变得功利，满脑子都是赚钱这件事，但我想说投资并且期望赚

到更多的钱，是我们让生活更幸福更快乐的一个途径我们不能本末倒置，因为急于赚钱失去了快乐，失去了对家人的关心，有些人是不可能永远都等你的。

2020年末，我荣获某网站的十大新锐用户，那是我第一次获奖，毫不避讳地说，我心里是非常想拿这个奖项的。对我个人来说这是一种肯定，自然很高兴，但对我最大的意义是能给父母带来那么一点点快乐。可能大部分人不能理解这份心情，但如果关注我久了的朋友应该知道，小时候的我可以算得上是一个"奇葩"孩子，同学都去上大学的时候，我非要去技校学网络工程。学完网络工程后，别人都留在大城市，我却回到小城市开网吧，别人都大学毕业，去找一份稳定的工作，我却开始卖起了家乡特产，每天穿梭在田间地头。最后，人人都说股市骗人，都说股民不务正业，而我成了一名全职股民。这些年虽然也赚了些钱，但我知道，对于父母，给他们多少钱都不如自己孩子能被别人认可让他们高兴，对他们来说这才是最大的快乐。

从投票开始，我妈每天来数个电话问情况，不会用智能手机的老爸为了每天能给我投一票，竟然为此学会了使用智能手机，原来很多我们曾经以为自己做不了的事，其实只是缺一个奋不顾身的理由罢了。这件别人可能不是太在意的事情，对他们却是那么重要。

这些年我一直在奔跑，一刻都不敢停留，因为从一开始我就选择了和别人不一样的路，我怕被别人笑话，怕别人说："你这不是特立独行，是愚蠢至极。"直到今早，我看到朋友圈里的一段文字：

曾经那么温柔的手，如今却那么冰冷僵硬，再也不会牵紧我的手，在我遇到任何困难的时候对我说"没事，有我"。怎么能这么狠心，抛下我们一句话都不留就走了，你是太累了吗？为父母、为兄弟、为妻儿操碎了心，你对朋友会倾尽全力，就算是陌生人你也会力所能及地给予帮助，像个陀螺转个不停，你好好歇歇吧！我会慢慢学会独立、照顾这个家，你安心走吧，愿你一路走好，永别了！那个最宠我最护我的人，谢谢你曾经的陪伴。

发文的是媳妇的同事，全篇没有华丽的语言，却感人至深。就在前几天的一个早晨，他们依然像往常一样，一起下楼，互相道别，各奔岗位。期待着晚上回来，可以一起吃饭，一起聊天，一起散步。然而，这一次道别竟然成了永远的分离。可能因为我们年龄相仿，又性格相似，更能感受到这段文字背后的痛彻心扉。旁观的我都哭了，故事里的人，该有多痛啊！

前段日子在网上看到一段小诗，据说是徐志摩微诗歌大赛的二等奖作品。具体出处我也没去考证，但在我心里这就是最好的诗，短短四行字，让我泪如雨下。

爷爷

爷爷还活着的时候，

这个世界的风雨，

都绕过我，

向他一个人倾斜。

真的想对大家说一句：别跑了，别忘记，身后还有人等你。莫泊桑说过这样一段话："**生活不可能像你想象得那么好，但也不会像你想象得那么糟。人的脆弱和坚强都超乎自己的想象。有时，可能脆弱得一句话就泪流满面；有时，也发现自己咬着牙走了很长的路。**"有时候我们执着向前，为了满足自己的虚荣、欲望忽略一切，有时候我们自卑自弃，觉得被整个世界抛弃。但这都不重要，我们活着的意义不是和别人竞争，和别人比赛。求不得，是常态；不圆满，是生活；所求非所得，未必是遗憾。重要的是你我身边那个永远默默地支持自己的人，有一天我们以为自己成功了，转过身来发现，我们最想分享的那个人不在了，我们终于有能力报答自己最想报答的那个人了，可是，已经没有机会了，那所做的一切又有什么意义呢?

我们经常会怀念过去，觉得那时的生活无忧无虑，其实哪有什么岁月静好，只是，那时的风雨，有别人帮我们背负了。现在我们长大了，我们需要为别人遮风挡雨，需要不断前行，但也别忘记抽出一些时间，去看看那个依然还在等自己的人。

小时候学骑自行车，妈妈在后面抓着我，慢慢松手，不断叮嘱："我放手了!""我真的，放手了……"跟着我跑了一段，渐渐体力不支，看我慢慢远去。像不像我们的人生?最爱你的人陪你走过一段路，他们用劲全力推着你，然后松手，看着你的背影渐行渐远。我们愿意耗尽半辈子去换一场辜负，却不愿意回头看看那个等自己的人，期待自己的人。

第三节 人生快乐，投资成功只因不与他人比较

一、 人生的快乐是把对手设定为自己

每到季末、年末，我们可能会给自己做个总结，总结是一件很有意义的事。一年过去，365 天飞逝，回顾自己过往一年的表现，优秀的地方继续保持，不足的地方努力改进，让自己始终保持进步，才能更快实现梦想。对于总结这件事，我的核心观点

是，**总结很有必要，但也无须与他人比较，**每个人处在不同的人生位置，有不同的起点和不同的目标，没有办法类比。只要确定过去一年的自己，和以前相比进步了就好。

芒格总结的 25 条误判心理学中有一条，**对比错误反应倾向，**人类的神经系统并不是精密的科学仪器，所以它必须依赖某些更为简单的东西，比如比较。不但感知如此，认知也是如此。结果就造成了人类的对比错误反应倾向。比如大部分人对幸福与否的判断不是基于自己的内心，而是周围的人是否比自己更好。

一旦我们开始在意比较，就会开始着急，往往也会因为着急的心态去做一些急功近利的事，最后反而得到更差的结果。但我们要知道，**这个世界上一定有比我们更成功的人，也一定有不如我们的人，**我们厌倦的生活，何尝又不是很多人的终身目标。比较这事没意义，一旦我们在意比较，那么除非自己是最好的那一个，不然我们永远都不知足，永远都不甘心。

相反，当我们的情绪不再被别人左右，当我们不再通过比较判断自己的好坏，当我们把比较的目标换成过去的自己，这个时候我们的心灵就会慢慢地成熟起来，会发现每天得到的都是正反馈。到了最后我们会懂得，能让我们迈向成功的，不是和别人比较，而是不断努力的自己。

二、投资的成功源于不与他人比较

很多股民最关心的一件事就是当天收益有没有跑赢市场，持仓股票有没有超过他人，过于在乎短期的盈亏，导致的结果就是频繁看盘。投资者都有一种心理状态，短期损失厌恶。这几天行情这么好，别人都赚钱，自己赚得少，甚至还亏钱，就变得坐立不安，于是就开始频繁操作，想持仓时时刻刻都表现优秀。

其实一家企业价值的变化，并不会像股价那样每天大幅波动，短期涨跌更多是因为人们的情绪。价格像人牵在手里的小狗，有时候向前，有时候向后，但它始终会围绕着主人（价值）转。短期看，即使再优秀的企业也不会每天都是市场上表现最好的；长期看，价格最终的走向依然是由价值决定的。作为价值投资者，我们更关心的应该是企业的价值，而不是短期的涨跌。

不停地与他人比较，结果一定是心态失衡，着急卖出虽然低估但近期涨势不好的企业，匆匆买入那些已经涨到高位的股票接盘，最后就形成了失败股民最普遍的特征——追涨杀跌。但实际上，持有一家企业想要获得大幅收益，这个时间常常是以年计的，这期间一定会有大量的时间无法战胜市场。如果我们期望持仓每天都表现好，然后频繁换股频繁操作，除了得到券商的喜爱，最后的结局一定是被市场淘汰。

我看过一个统计，交易越频繁的账户，贡献的佣金越多，但实际的收益却越少，因为每隔三五天就要换一次股票的人，不可能深入地去了解企业，结果就是涨了拿不住，跌了不敢拿。同样大部分长期收益不错的账户，都是常年拿着几家优秀的企业很少换股，对了解的企业才能做到风轻云淡地耐心持有。当然，券商不会这样宣传，因为我们交易越频繁，其赚取的佣金越多，我的客户经理曾经告诉我，虽然我的资产不少，但是我对营业部的贡献，甚至还不如一个十万元资金量频繁交易的账户。

第四节　在股市坦然就赢了

无论投资还是人生，想要事事完美是很难的，尤其在股市，股市赚钱为什么这么难？难的其实不是知识，股市的投资逻辑就那么多，哪怕慢一点专心学几年也就掌握了。股市的难点在于，无论我们学了哪种方法都不可能时时完美，这个市场总有适合自己投资体系的时候，也有不适合的时候，因此市场给我们的反馈总是时而有效，时而无效，时而痛苦，时而快乐。

大多数人投资失败是因为在逆境期无法坚持原有的投资体系，总想去寻找一个时时刻刻都是正反馈的方法，于是把大量的时间浪费在了寻找和重新开始上。

想要做好投资，我们要坦然面对一个现实，那就是无论是投资还是人生都是会有波动的，再好的投资体系也有不适合市场的时候，我们要接受事与愿违，要接受不可能事事完美，要懂得在低谷和逆境期依然做正确的事，这才是我们成功的基础。**我们理解了所有投资体系都有顺风和逆风的日子后，才能在等待的日子不骄不躁，才能在一个体系或方法上不断深耕，不断建立自己的优势。**

投资这件事按年看，每个人都有收益很不错的年份，长期看年化20%的收益就足以成为世界顶尖的投资大师。因为投资的收益不是均匀发放的，在投资中我们要摆脱上班工作的思维，在这个市场不是干一天活就会赚一天钱，而是80%的日子都是在默默付出和等待，20%的日子才会出现丰收和回报。

一、你越期待的事情，就越会折磨你

我什么时候开始稳定赚钱的？就是从我对投资这件事期待变低的时候。相反，我刚入市的时候，对股市充满了期待，恨不得进入股市一年就财务自由，总希望每天的上涨行情都和我有关，得到的结果却是不断亏损。

因为过于期待就会急功近利，怕错过每一个上涨，不愿意承受一点回撤，最后就变成了追涨杀跌，频繁交易。好在我比较幸运，入市不久就接触到了价值投资理念，当我学会了忽略短期、尊重规律、享受生活、静待花开，这条路就变得越来越好走。

这些年，因为忘记自己持有了某只股票，若干年后想起来反而赚了大钱的新闻，我们看到过不少，有时候我们赚钱缺的不是能力，而是一颗平常心。拔苗助长的故事我们小时候应该都听过，在一件事情上越着急反而越容易颗粒无收。我们特别在意一件事情的时候，得到最多的反馈就是折磨。

所以在股市，如果我们已经认真选择了优秀的企业，那么不需要太过于频繁关注，时时刻刻去看其走势，而是要懂得享受生活。用优质的龙头企业构建一个组合，然后去过喜欢的人生。如果大多数人持仓账户一年一看，反而会获得更好的回报，一家企业的发展不会是以天计的频繁变化。

二、坦然面对已经发生的事

投资中，我们做到完美决策是很难的，首先本身我们就会看错；其次我们也无法预测市场情绪，可能一家企业你觉得高估了，卖出后它依然会上涨，可能一家企业你觉得已经非常低估，买入后它还继续下跌。这种情况经常发生，因为影响股价短期走势的除了价值外，还有很大一部分是情绪。如果用后视镜的视角观察，做到完美几乎不可能，所以这种懊悔是没意义的。

如果我年初清仓了，如果我等一等再买某某企业，如果我当初买的是另一家企业，我会不会赚得更多？可能会。但是，如果真的回到过往，也有可能是另一种情况，你卖出了，股价继续上涨，你换了一家企业，结果回撤更多。**这种纠错是没意义的，因为股价短期的涨跌本身就有很大的随机性，我们应该纠正原则性的错误，比如因为贪婪做了不符合自己投资体系的交易。**

同时，我们要知道，即使我们遵守投资体系，也一定有看错的时候，因此也不用耿耿于怀。我们买了 10 家企业，其中有一两家看错了这很正常。什么都不做，就永远不犯错，可是同时我们也放弃了自己得到的资格。

在生活中和投资中，会有很多事情都能让我们想起"如果""当初"这四个字。一旦我们执着于这四个字，它就会成为我们前进中最大的负担。**因为当我们的精力都放在了这个现状是谁造成的上，就会忽略真正应该思考的问题：如何解决这个现状。**一直纠结，如果我当初没听某某的建议，如果我当初卖掉了一些持仓，如果我当初选了另外一家公司等，如果我当初怎样，现在就不会怎样。**可是我们回不到当初，我们还要面对未来**，总结过往的经验教训是有必要的，但我们不能总是念念不忘。我们的困境可能确实是别人造成的，我们就是比别人出身贫寒，就是遇见了一个不好的领导，确确实实怀才不遇。但最终我们还是要明白，

无论自己的问题是谁造成的，解决问题的只能是自己，因为我们的人生只有自己能负责。

《被讨厌的勇气》一书中有这样一个例子。

假设你感冒、发烧去看医生，医生告诉你：你之所以感冒是因为昨天出门穿得太薄。

这样的诊断结果，你会满意吗？

当然不会！

因为你是要解决问题，除了警示自己下次别穿那么少之外，更重要的是解决目前发烧的困境。

是的，好的医生应该解决你的问题，给你打针或者开药，而不是一直说：你昨天出门应该多穿点。

那么面对人生是不是同样的道理呢？

三、坦然面对自己的缺点

我们想做好投资，就要学会在每笔交易之前把投资逻辑写下来，这是一个非常好的习惯，**坦然面对自己，就是把自己逃避的范围尽量缩到最小**。把交易时的所思所想写下来，每过一段时间去复盘一下，看看当初的决策有没有被股价影响，是不是做到了知行合一，当时有没有忽略的地方。直面自己可能会让我们有些难受，但非常有效，**只有我们认识到了真实的问题出在哪里，才有可能解决问题**。现在有小问题不愿意面对自己，将来出了大问题就不得不面对自己。**成长就是无数次地直视人性，让三观崩塌，再把它重建成理性的状态。**

我们违背自己的内心，抑或不敢面对真实的自己，为的就是

在别人面前留下一个良好的形象。实际上没有多少人真正在乎你我，我们强撑出来的美好，也很容易被别人识破。理性面对自己的情绪和欲望并坦然承担错误的人，反而值得尊重。成年人的任何一次选择，都有其对应的筹码，我们选择了虚伪地面对自己，就失去了成长的可能。

我们在投资这件事上学会了坦然，才能站在太阳下坦荡。自知且坦然，是一个投资者最完美的状态。苏格拉底那句"认识你自己"。虽然只有短短五个字，但做到并不容易，能让我们认识自己的是那份坦然，坦然面对自己的不完美，坦然面对自己真实的想法，才会有勇气和机会认识自己。一个人的真正伟大之处，就在于能够认识到自己的渺小。

第五节　大多投资失败都是因为不够纯粹

股市是一个失败率很高的地方，尤其是个人投资者，在股市亏光本金，甚至还外欠债务的案例比比皆是。本节通过一个真实案例来分享一下投资中我们亏钱的主要原因。

这位股民大致的亏损经过如下，年初 50 万元的资产最后亏的还剩下 10 多万元，更重要的是，这 50 万元资金里只有 20 万元是他自己的，剩下的都是借来的。也就是说，他不仅亏光了本金，还欠亲戚朋友十多万元。原文很长，为了保护作者隐私就不详细描述了，结合文章中的几个观点，我们聊聊投资中常犯的几个错误。

一、投资失败后的经验总结，永远停留在不该买某某企业

投资这件事比亏钱更可怕的是，亏钱之后我们也没学到应有

的经验教训，大多数人投资失败以后，在潜意识中都更愿意把失败归咎于自己能力以外的原因。比如这个事件的当事人，他事后对问题的总结如下。

赔得最惨的一次是买 A 企业，简直是大坑！一次亏了超过 30%！明明 PE 不到 10 倍，怎么股价会是这种德行？也许是洗盘吧，但这也洗得太狠了，大资金真是缺德，或许这就是命吧。本以为借着低估能就此翻身，不曾想赔这么惨。其实想想年初的时候，如果满仓押注 B 企业，那年中资产可能就上了 300 万元了。当初怎么那么傻，赚不到 5% 就卖了！错过了一只涨五六倍的大牛股。

他对自己错误的归因主要是以下两点：首先觉得是受到大资金故意针对，导致他持有的企业股价下跌；其次是懊悔当初如果满仓另外一只股票，自己就会赚很多钱。

这份事后的总结，既没有考虑自己的投资体系是否有问题，又没有反省不该借钱炒股，虽然过程很痛苦，也带来了很大损失，学到的经验却只有当初不该买 A 企业，如果买了 B 企业就好了，以及责怪一股神秘的力量和自己作对。这种总结能带来的帮助无非是，希望自己下次再猜的时候，运气能好一点。

不断地懊悔以前的选择和决策，不断给自己心理暗示，如果我没有这样肯定就会那样，感叹要是当初没这么选择就好。实际上大多事情的发展不是非 A 即 B，股市中 4000 多家企业，即使当初没选 A 企业，也可能选了其他企业中更差的一家。

我如果当初买了谁，或者当初没买谁，这完全不是事后的经验总结，只是我们不敢面对自己的逃避行为。如果真的选错了，我们要解决的是选股体系的问题，只要选股的认知没改变，哪怕真的穿越回去还是会这么选。

二、没有解决如何应对下跌的问题

没有哪家企业的股价在买了后就会不断上涨，我们先不讨论投资体系的对错，无论一个股民信趋势还是信价值，都要有应对下跌的策略。比如趋势投资者可能有自己的止损规则，下跌5%或者到止损点就卖。价值投资者则选那些长期一定会更具价值的企业，然后忽略短期的波动。无论选哪条路，我们都要解决如何应对下跌这个问题。

在任何买入之前，我们一定要先问问自己，如果这家企业的股价下跌20%或30%应该怎么办？我们不能买了再说，跌得实在受不了就卖，那我们投入的钱能够进行几次这样的试错？

无论是什么样的投资体系，我们买入股票后股价就一路上涨，投资很多年都不遇见下跌，这都是不可能的事情。不考虑如何应对下跌的问题，只希望买了就一路上涨，其实还是不断地试运气，哪怕运气很好，大概率也没意义，为什么这么说，我们继续往下看。

三、我们很难跳过了解企业赚大钱

当事人在做经验总结时有这样一段话：其实想想年初的时候，如果满仓押注B企业，那年中资产可能就上了300万元了。当初怎么那么傻，赚不到5%就卖了！错过了一只涨五六倍的大牛股。

为什么错过了大牛股。因为买的时候，并不知道它是大牛股，大牛股是涨完才知道的。如果这是三根金条，别人出价 100 元，我们一定不会便宜地卖给别人，为什么我们经常会便宜卖出企业的股权，因为我们没深入了解过企业的价值。

我们没有深入了解过的企业，即使曾经拥有过，即使有一刻猜对了，也不可能拿得住。我们也不知道自己买的是啥，稍微有人出个高价，我们想的肯定是先落袋为安。

四、觉得投资就是静态 PE 的对比

当事人的另一个疑惑是，明明买的某企业是 10 倍 PE 为啥还下跌。原因有二：首先，哪怕真的低估，也不代表着市场会马上理性认识到企业的价值；其次，更重要的是，投资并不是单纯地对比 PE。

很多刚接触价值投资的朋友，对价值投资有个误解，认为价值投资就是买低 PE，如果投资就是做简单的静态 PE 对比，那随便一台电脑就能战胜众人。实际的投资中，完全有可能 30 倍 PE 或 40 倍 PE 的企业比 20 倍 PE 的企业还便宜。因为投资考虑的是未来，企业未来的业绩如何才是关键。一家 20 倍 PE 的企业业绩下跌 30%，会变成接近 30 倍 PE，一家 30 倍 PE 的企业业绩增长 30%，第二年就是 23 倍 PE。**投资跳过未来，只做当下的 PE 数值对比是毫无意义的。**

五、无法做一个纯粹的投资者

大多数人还会犯的一个错误，就是对自己的投资方向没有一

个准确的定位。我常说，投资的第一步是搞明白自己想要什么，想要赚的是哪一份钱。知道了自己想要什么，我们才能去衡量能否承担负面结果。

我们是安全第一，赚取一份稳定的收益，还是就做一些高风险、高回报的事情，且愿意承受看错后的大幅损失？**我们失败往往是因为不够纯粹，既要、又要、还要。** 想要赚取超额收益，但自己又没能力承担高风险。嘴上说着基于价值，又经常被当前的热点吸引。总想做市场上最靓的仔，不断横跳，不断变化，但是又没有深入去研究，每一次以为的好机会，仅仅是因为别人的一句话，或者看到已经大幅上涨的股价，仅此而已。

比如，很多人虽选择了价值投资，但看到别人买题材赚钱又不甘心。实际上，人家高风险、高赔率是正常的，我们只看到了少部分选择这条路的人获得高回报，却没看到更多选择这条路的人承担了高风险。

六、自我安慰式的买入理由

我们千万不能自我安慰式地找买入理由，简单地把一个新闻、一句话作为投资依据。有人说要喝奶，我就买奶企；有消息说缺芯，就认为买芯片企业能赚钱；某某企业都 30 倍 PE 了，所以 10 倍 PE 就一定有价值。如果投资真的这么简单，那么亏钱的人是家里没电视，还是不会做 100 以内的数值对比呢？

有人可能会说："不是啊，上次我听了某某新闻买了某某企业，虽然我没拿住，但是它确实涨得不错。"实际上，大家只要交易够频繁，不用听新闻就算闭着眼睛瞎买，一周换两三次企业，一年下来回顾看看，也一定有曾经买入过的企业股价出现大涨。如果所有稍有难度的思考我们都跳过，又总想着能赚大钱，最后选择的只有一条路，就是拼自己运气好。但是不了解的企业又拿不住，因此运气好也白搭，所以结果大概率不会好。

我们想要做好投资这件事，先要做到纯粹，诚实面对自己很重要，生活中我们逃避面对自我可能影响并不大，因为我们大部分人的工作就是出卖时间赚钱，人家让我们做啥我们就做啥而已。但在投资中，我们要独立做出决策，此刻逃避自我，就会因为对自己的错误定位，做出错误的决策，自然也要承受错误的结果。所以我们在股市首先要学会做一个纯粹的投资者，走正确的路不被他人的情绪干扰，在正确的方向深耕。

第六节　有意义的并不只是结果

投资是一件伴随我们终身的事，它很难靠咬牙坚持挺过去，我们要学会将投资融入生活，要懂得享受过程，一件事如果每天都给我们带来巨大的压力，这件事肯定是做不久的。

有一次小外甥来我家，我陪他玩了一晚上游戏机，临走的时候他突然说了一句："舅舅，我可太幸福了。"我想随口问一句：你这么小，知道什么是幸福吗？话到嘴边，又没说出来。是的，他知道。

对于孩子来说，幸福是很简单的，他们从不为没发生的事情担忧，只要当下做了想做的事就是幸福，今天他开心了，明天不一定还能来，但是今天很满足，所以他先享受当下的快乐和幸福。幸福或者有意义，对他们来说，并不是非要追寻一个结果。

度过了一段无可替代的美好时光，难道就不是一种幸福吗？

相比之下，我们成年人好像还不如孩子。**得不到的时候，我们朝思暮想，得到后，又患得患失，稳定了，又变得不再满足。**是我们把幸福想得太复杂了。终有一天我们会明白，家人和睦，身体健康，这就是幸福，其他一切都是锦上添花而已。

平时除了写投资相关的文章，我也经常会写一些投资以外的文章。首先我认为投资是一个人综合认知的体现，需要通过阅读了解基础知识，通过实战总结经验。当然，我们最终还要有一个良好的心态把它发挥出来。能让我们赚大钱的，一定不是今天猜对赚3%，明天弄错亏2%，而是和一些优秀的企业走过了光辉岁月，和它们一起成长。但这条路并不平坦，起起伏伏充满了坎坷，我们需要有一个平静的内心，不贪婪，懂取舍，知感恩。**更重要的是，别因为着急和目标远大，忘记了感受当下的幸福。**

一、不消极，也不着急

很多人不能接受价值投资，是因为这件事好像太慢了，总会有人说：我钱少，我不激进怎么办？一年15%或20%，不能解决我的问题呀。有这样的想法，是因为我们一旦进入股市，好像就必须要财务自由，必须要快速暴富。因此我们宁可冒着让生活变得更糟的风险，也要去做激进的事情。但去做小概率的事，往往又不会有太好的结果，最后本来还算不错的生活，反而因为股市平添很多烦恼。

正如前面的章节所说，我们不妨换个思路，先把投资当成一种理财的手段，别动不动就想一年十倍，或者快速改变命运之类的事情。这个世界诱惑太多，总让我们慌慌张张，又没有明确的方向，于是我们就跟着迷失了。

我们需要先静下心来，找到我们的核心需求。有一天想通了，股市只是生活中很小的一部分，有没有皆可，并不是达不到财务自由的人生就叫失败的人生。能和三五好友聊聊天，下班后能做做自己喜欢做的事情。心情好时买一件自己喜欢的物品，不开心时能和朋友一起聊天，这不就是大部分人的正常人生吗。别因为执念，错过日出和夕阳，人生哪能多如意，万事只求半称心，做最大的努力，做最小的期待，不消极，也不着急。

二、包容是幸福的体现

我们生活中与人相处时其实很少出现大的纠纷，更多的无非是同事、朋友之间一些鸡毛蒜皮的小事，这时候选择包容，多去看好的一面，自己快乐，也会为别人带来更多鼓励。其实我们可以发现一个规律，**越幸福的人越包容，越不幸的人越苛刻**。王小波说过一句话：有些人生活的乐趣，就是发掘别人的"毛病"，然后盼着人家倒霉。现在有了互联网，这种情况就更加明显，有一种人你发现他看什么内容都在抬杠，你这个不对，他那个不好，否定之后又说不出什么见解。为什么会有这种心态，因为对于失败的人，只有通过贬低别人，然后暗示自己别人也不好，才能让自己的失败有一点点安慰。

尤其进入股市之后，很多人太在意股价的短期波动，太执着于快速致富，因此自己的情绪也跟着股市大幅波动，股价一跌看啥都不顺眼，看什么都想杠两句，自己的幸福感也大幅下降。

我们要学会不被股市影响情绪，所谓越幸福的人越包容，同时越包容的人也越幸福，包容和幸福是相辅相成的，越包容的人越容易吸收别人的长处，也就越容易提升自己。不断提升的人，自然也越来越接近幸福，也会让投资这件事更加游刃有余。

三、示弱是一种"不屑"的境界

我们如果观察周围大概率会发现这样一个现象，越是有能力的人，越能尊重不同的意见，越是没能力的人，越执着于自己才是唯一的正确。

我们自己其实也一样，对一件事刚了解皮毛的时候，最喜欢和别人聊这件事，着急想把自己懂的一点点皮毛展示给别人。当真的了解一件事的时候，反而不太敢发表观点，越了解就越知道一件事的复杂性。俗话说得好："越是成熟的稻谷，越懂得低头。"生活中成功的人，往往显得低调、谦和、平易近人。他们从不炫耀，却在暗地里默默地提升自己的能力。正所谓，示弱是一种"不屑"的境界。

尤其在投资这件事上，我们对企业的看法和对投资体系的看法，很难以对错划分。企业未来怎么样，是三五年后的事，谁也不能保证自己的看法就一定正确。对于投资体系，之前的章节也讲过，左侧还是右侧，要不要止损，基于不同的投资体系都有可能是正确的。在投资上，我们要有"示弱"的心态，知道我们的认知是有局限的。敢于示弱的人，眼里有高山，胸中有丘壑。他们不会在别人的眼光中找存在感，更不屑于在别人的言论里逞英雄气概。

四、自信是专注的根源

专注是我们做好一件事的根本。大部分事情专注不难，因为成功的路径基本就一条，只要做到坚持即可。投资这件事难在它看似有很多道路，这个时候我们想要专注就不那么容易。因为我们总是会受到外界的吸引和干扰，投资中即使我们的方法再好，也会有逆风期，在逆风期就容易变得不自信，也更容易被别人吸引。然后就变成不断换赛道，不断换方法，不断浪费时间。

前面的章节中我讲过，先不讨论有效性，基于价值还是基于情绪，在投资的行为准则上会有很多相互矛盾的地方，如果不够专注和纯粹，我们就没办法形成自己的投资体系，也会经常做一些互相矛盾的操作。

自信是专注的根本，真正的强大不是躲避而是接受，我们走得越靠前，同行的人就越少，同样理解我们的人也会越来越少。所谓知足常乐，不消极但也不着急，不急功近利，也不放弃努力。对别人时，懂得包容，做自己时，学会谦逊，自信且专注就是我们的格局。

幸福感是我们不断前行的动力，撕下虚伪，放下功利，这个世界可能某一刻会让我们觉得不满意，但它都不值得让自己放弃当下的快乐，当我们幸福感满满的时候，会发现做投资也变得容易起来，自知且坦然，热爱生活，充满自信，做一个阳光乐观的投资者。

第七节　来日不方长

这些年，我越来越秉持一个观点，人生不"摆烂"，正经的事正经做，但也别太为难自己，普通的事选快乐。拼搏向上固然好，懂得享受生活也重要。我们要接受不可能事事都满意，也要接受不可能所有人都喜欢自己。

有人说人生是加法，要不断学习让认知越来越高，要不断努力让生活越来越好。有人说人生是减法，在这个世界的日子，过一天就少一天，不用非要励志向上，当下的状态让你舒服就好，别总想着欲擒故纵，有爱的人就去深深爱。

好像每个人说的都有道理，我们到了一定的年纪就会发现，这个世界没什么好较真的，因为我们很难感同身受。

一、通透点，别活在别人的眼光里

人的很多烦恼都来自太在意别人的眼光。太在意别人的看法，总想证明自己一定是对的，于是每天和不同的人争执。太在意别人的看法，在家里自己不舍得吃喝，出去给别人大方，就为了满足那一点点虚荣心。太在意别人的看法，总期望从别人那里得到肯定，别人夸你一句，你就心花怒放，别人贬你一句，就变得垂头丧气。**实际上，你就是你，别人虚伪地说一句你好，你并不会更好，别人刻薄地说一句你差，你也不会更差。**

看到一个网友特别好玩的总结，生活中总会遇见一类人，觉得自己高人一等，执着于对别人挑刺，虽然看似是关心，实则却总带着些许暗讽。对于这种人，最好的回答不是辩解和争执，而是"我故意的"四个字。

你这衣服不搭啊！

我故意的。

你午饭就这么简单？

我故意的。

你今天这个妆，不太好看！

我故意的。

你咋还没对象啊！

我故意的。

那么你为啥故意？

关你啥事！

有些人就是那么讨厌，你越给他解释，他越有成就感，你不在意他了，他才发现自己啥也不是。我写分享这些年也深得此道，面对"喷子"，只需要回复四个字——"向你学习"，他马上就会消失不见。

我们不活在别人的眼光里，也别总用自己的眼光去评判他人。那个公园里独自荡着秋千的人，那个看着大海独自发呆的人，那个独自对着蛋糕许愿的人，那个马路边抱着吉他唱歌的人，人家也许不是孤独和流浪，也很可能是在享受独处和自由。

已经凌晨了，我们还躺在床上辗转难眠，却执着于定义别人是否幸福。独处和孤独对有些人是煎熬，对有些人是礼物。

二、自私点，请优先考虑那些优先考虑你的人

有一句话说得特别好，治得了你脾气的是你爱的人，受得了

你脾气的是爱你的人。到了一定的年纪我们要知道，大多朋友只是玩伴，能真正优先考虑你的人微乎其微，人都是自私的，能做到优先考虑你，那是真的在意你，请不要辜负他们。

我们往往对陌生人客客气气，克制脾气，面对在意自己的人却把压力、愤怒和烦躁发泄给他。美其名曰，在信任的人面前才会展示真实的自己，合着爱你的人，照顾你情绪的人，就活该受委屈？

我们不能总让爱我们的人成为我们情绪的垃圾桶，我们要学会自己化解负面情绪，春风也有春风愁，不劳春风解我忧。毕竟那些愿意接受我们负面情绪的人，也许并不是没有压力，只是他们更愿意把阳光、乐观和向上的一面留给我们。

我很喜欢一段话：人生就是这样，走得越远，见识得越多，认识的人越多，你就越能体会到，人这一辈子，你真的在意同时也在意你的人，就那么几个，这几个人就是你全部的世界，三两知己，爱人在侧，父母康健，听起来平平无奇，但何尝又不是人生的最佳状态。

三、来日不方长

我有一个特别好的朋友，从小学到高中，我们形影不离。上初中时我们在一个班，他是班里第一名，我是班里落后生；上高中时我们在一个学校，他是尖子班的培养对象，我还是普通班的落后生。

我俩性格相仿，都很内向，也不爱说话，经常能坐在一个地方互不聊天地待很久。寒暑假他来我家一起玩游戏，我们可以默不作声地玩一下午。我妈很惊奇地问，你们是靠什么建立的深厚友谊，同学们也常说，怎么会有你俩这样奇怪的人。

两个怪胎，竟然还找到了同类，可是这种默默的陪伴，对我们来说就是一种交流。

高三的时候，教导主任找我谈话，"别跟他玩了，耽误人家学习"，我说"行"。随后那半年他每次找我，我都刻意回避，深知自己落后，不能影响兄弟。

很快高中时光就结束了，看了看学习成绩普普通通的自己，心想就别多混四年了，出来依然不好找工作，去学个一技之长吧。于是我选择去北京学网络工程，出发的前一晚我去找他，然后我们默默地在路边坐了一个晚上，他没说话，我也没说话，天色渐晚。他说"回?"我说"好!"

一起回家的路上，不知道是因为第一次离家，还是和朋友分别，情绪有点低落，到了要分开的地方，他突然扭头和我说："你先去，我随后就来。"

当时我内心有点激动，心想，看吧！真正的友谊，经得住时间的考验，半年没怎么联系，不也一样是兄弟。但是嘴上还是故作镇定地说，记得你以前一直说你喜欢四川，想去四川上大学，你别来了，我这个是技校，两年后大概率还得滚回来。

他没回答我，转身进了小区。

后来，他还是选了北京的大学，可是北京太大了，大得完全超出我们的想象，我俩的学校竟然有三个小时的车程，一年我们也见不了一两次。

时光飞逝，我也确实没能留在北京，收拾东西的时候才发现，东西多到自己根本拿不完，于是我给他发短信，问能来送一下我吗。他回了一个字："好。"

第二天我拎着两个箱子，他背着一个行李，历经艰难险阻终于摸到了火车站，好不容易上了车，突然收到了他的一条短信，短信很长很长，好像认识的前十几年没见过他说这么多话。现在只记得一点了，大概的意思是："我知道你也许要回去，但我还是选择了来北京找你，既然选择回去了也别有压力，好好生活，我混得好了，你来北京找我，我混得不好，我回去找你。"

这一刻我觉得，生死与共也不过如此吧。

之后，每年寒暑假他回来，我们还是会一言不发地玩一下午游戏，默不作声地一起吃饭。再后来，他在外漂泊了几年，选择回来考了公务员。终于，我们又回到了一个城市。

很顺利，他考上了，然后他上班，我依然开着自己的小店，再后来我全职投资，他还是朝九晚五地工作。

不知道什么时候，我发现我们的爱好已经不一样了，进入了职场的他，越来越擅长社交，选择了全职投资的我，依然保持着以前喜欢安静的生活状态。

我们在人生的岔路上越走越远，他想带我一起喝酒，我滴酒不沾，我想和他一起安静地坐坐，他说一会儿单位还有事，每次拒绝对方的时候，我们都说，没事没事，来日方长，能聚的日子很多。

但渐渐地从一周一见，变成一月一见，后来变成每年过年一起吃饭，最近两年因为疫情原因，过年的饭局也取消了。很难想象，我们都生活在这么一个小小的城市，却变得少有交际。

我相信，有事我们一定还会全力以赴地帮助对方，但我也知道，我们的爱好和人生的选择已经不同了。任何关系想要长久，一是没负担，二是双方都能得到反馈，当我们的兴趣和爱好已经不同的时候，就很难花费较多的时间和对方相处了，但我相信我们的友谊还在。

真正的离别并没有告别，可能就是某个时刻，不约而同，充满默契，我们都终于接受了，我们不再是有着同样爱好的人。友情如此，亲情、爱情也如此，哪有什么来日方长，重要的是抓住当下。

不辜负相遇，不懊悔过去，我们要接受有些关系会越来越淡，要接受有些人会突然失去。当你做什么都改变不了的时候，能做的就是让自己过得好一点，能做的就是珍惜眼前人。

来日并不方长，要懂得珍惜当下，连天气都阴晴不定，谁又能保证身边的一切都不会变。我们既叫不醒那个装睡的人，又无法感动那个不爱自己的人，但我们可以好好地对自己，好好对那些在意自己的人。

第八节　过怎样的一生

2022 年国内上映了一部感动了很多人的电影《隐入尘烟》，这部电影没什么悬疑的剧情，也没有逆袭的人生，没有主角光环，也没有很多好运发生，就是记录两个人普普通通的一段生活。**他们比大多数人的起点都低，但仍未放弃生活的希望。**但就是这种普通而真实的生活，也更容易打动人心。

故事的主角是马有铁（老四）和曹贵英，他们只是见了一面，互看了一眼，家长和媒人彼此愿意，这婚就订了下来。刚开始他们有些不适应对方，新婚的第一个晚上，贵英紧张到尿床，就这样，两个人一个睡了一宿，一个坐了一夜，甚至面对坐了一夜的媳妇，老四都没有问一句为什么不睡。

但就是这样两个不善言辞的人，却慢慢有了爱的火花。从不敢说话的贵英，第一次张口并拒绝别人，是因为她不想让老四去献血。结婚后老四第一次进城帮忙，买几百元种子都要赊账的他，想到的是给贵英买一件新衣服。而半夜回到村里的老四，看到的是怀揣一瓶热水在村口等待自己很久的妻子，寒风中被冻到瑟瑟发抖，只为了能让他早点喝上一杯热水暖和一下身子。

他们的爱，有点像我爷爷那辈人，很少交流，默默陪伴，没有甜言蜜语，却彼此关心。他们很少用嘴去说爱你，但他们的爱又无时无刻不体现在行动上。他们知道彼此是个整体，是个家庭，不会计较谁付出得更多，只想在力所能及的范围内，让对方更好、更轻松。从陌生，到熟悉，再到相依为命，两个被嫌弃的人互相找到了希望，为对方带来了一道光。

剧情我就不详细透露了，如果有时间，大家看看总没错。看了我们就能知道。

人不分贵贱，不同的是你有没有勇气变得更好，爱不分贵贱，只要你真的用心。

我们看的是两个多小时的电影，但这就是很多人每一天的生活，是他们一辈子的人生。

我们被电影里的苦感动哭了，他们面对这样的苦，却在认真地活，在绽放着笑容。

有人住在高楼大厦里，坐在舒适的电影院里看着电影，不用为一日三餐发愁，却总不满足于现状。有人住在泥土盖成的房子中，坐在驴车上忙着播种，偶尔在河边抓到一条小鱼就能开心许久，却从未放弃希望。**我们抱怨的生活，又是多少人向往的人生。**

一、幸福不在于家里多有钱，而在于被人放在心上

　　当下有一种言论，这个年代，爱很廉价，钱才重要，爱情这件事好像不那么纯粹了，我们首先考虑的不是三观，不是互相的感觉，而是有没有车，有没有房。

　　如果这种思维形成，我们会把所有失败的恋情，不幸的婚姻，都归咎于没有钱，我们很少去反思是不是没有关心和体谅对方，是不是自己不够努力，总之一切都是钱的错。后来，女孩觉得有钱有房、家境好才可以，男孩觉得，等我有了钱，漂亮姑娘还不是随便选。**但那是买卖，不是爱情，是我们弄脏了爱情，侮辱了婚姻。**

　　有人说，没有钱怎么能幸福？我想说，只要两个人目标一致，互相扶持，生活总会越来越好，相反两个人各怀心思，互相猜疑，生活大概率会每况愈下。

　　有一天你会发现，钱可以努力赚，车可以晚点买，但错过了那个真的把你放在心上的人，那就永远错过了。生活中任何事都能将就，但爱不可以。

　　时间最终会告诉我们，简单的喜欢最长久，平凡的陪伴最安心，这个世界上真正你在意，又在意你的人没几个。

　　幸福不在于家里多有钱，而在于被人放在心上。

　　幸福不在于拥有了多少，而在于拥有了你真正想要的。

　　父母健康，夫妻恩爱，孩子懂事，无病无灾，足以。

时光清浅，安静和热闹我都喜欢，最重要的是有你在身边。

二、每个人的起点都不一样，重要的是别放弃往前跑

村里有个疯子常说一句话：对镰刀，麦子能说个啥呢？对啄它的麻雀，麦子能说个啥呢？对磨盘，麦子能说个啥呢？被当成种子，麦子又能说个啥呢？

老四说：小时候都觉得他是个疯子，长大了才发现他看得通透。**我们都希望自己能成为那个可以决定一切的人，但你总会发现，自己其实是那么渺小。这就是人生，有人出生在终点，也有人努力了一辈子还达不到大多数人的起点。**

当你逐渐意识到，抱怨改变不了现状的时候，也就没那么多抱怨的情绪了。我们能从自己的起点上，通过努力前进了一大步，这就是英雄。**人生要从你现在所在的地方开始，而不是从你想要达到的地方开始。没人能选择自己的出身，但可以决定以什么样的态度面对今后的人生。**

我们总是会遇见很多大大小小又无可奈何的事。有件事特别好笑，我平时写文章用的是公众号自带的编辑器，因为可以边写边把版式弄好，觉得这样方便点，但是这个编辑器有个缺点就是自己不点保存，就不会自动保存。

我之前也遇到过一次忘记保存，浏览器崩溃导致文章都没了的情况，之后很长一段日子，我基本写 20 分钟就会保存一下，后来一直也没出问题，保存的习惯又忘记了。没想到过了一段日子这事又出现了，连续两次写了几个小时的文章就没了。

第一次写到 11 点，突然停电了。隔了一天又是 11 点多，媳

妇过来让我给孩子在网上订一下校服，我切换网页的时候不小心按到了关闭键，上边还提示：你尚未保存要关闭吗？我莫名就点了个"是"，辛苦了一早上，又白干了。然后我给孩子订了校服，默默地又打开空白的文档重新写起来。这时媳妇惊讶地问我，是不是生气到极致是沉默，你怎么毫无情绪波动。

首先是我自己忘记保存了，我也没愤怒的对象；其次愤怒也没用，愤怒完了还是得做这件事，还不如节省时间赶紧重新写起来。

人生就是这样，很多事情如果没发生我们会更好，很多事情我们和身边的人比，没那么幸运。**人生总有不如意，世界也不会迎合我们**，那怎么办呢？基于现状尽量做到最好。**如果我们总是盯着眼前的不满，又怎么有空闲去看远处的美景。**

三、重要的不是对比，而是自己欢喜

剧中老四唯一一次生气，是因为贵英没办法帮他把麦子放到车上，因为贵英有些残疾不是很有力，试了几次都失败了，看着一次次从高处摔下的麦子，掉了一地的麦粒，老四有些心疼了。这个时候镜头拉远，展示了邻居家的媳妇很轻松地做着同样的动作，人一对比心态多少都会有些失衡。

前几天网上流行一个问题，不可否认的是大多数人，肯定比二三十年之前的生活水平提升了，但是为什么很多人的幸福感却下降了呢？

其实这个原因不难理解，因为现在我们更容易比较了，以前我们可能连几十公里以外的另一个村子都不知道是啥样，在自己的小圈子里大家都是种地、吃饭，只要整体一天比一天好，大家都是开心的。

随着社会的发展，首先是差异化形成了，不是所有人都靠种田吃饭了，有人做了小买卖，有人开了工厂，付出了时间换来的回报不一样了。其次，现在我们更容易见识到别人的生活，刷一刷手机就可以看到天南地北、世界各地。差异化更大了，对比又更容易了，心中也就更容易产生不平衡了。**虽然我们的生活水平也提升了，但是不如别人提升得快，不甘就会把幸福抹除了。**

学会调整心态，跟今天的别人比，不如跟昨天的自己比。如果我们用自己的正常生活，去比较社交媒体上别人发出的精选时刻，比较的开始，也就是悲惨生活的开始。在与他人的比较中，我们失去了自信和生活的勇气，甚至会产生嫉妒与怨恨，让这种情绪来折磨自己。

这个世界上有这么多人，单比某一刻，一定有人比我们更幸运、更出色。欲望和比较就是人的宿命，一旦满足了某一项，我们就会去追求下一项，可以追求的东西太多了，我们就忘记了自己要什么，什么时候从欲望和比较里走出来了，幸福就真的来了。

四、比黑暗更可怕的是曾经看到过光明

贵英说：她从来没想过能有自己的家，有自己的炕。他们一起畅想着未来，等收获了，去买电视，去看病，去省城浪漫一下。

但这些美好的畅想，都因为一场意外变得毫无意义。那一夜，老四杀了两只鸡，为了供奉贵英，那一天老四第一次吃鸡蛋，为了压一压农药的苦。

以前每次闲下来，他都会在贵英手上用麦粒按出一朵花，他说：这样你就走不丢了。贵英去世的那个晚上，他依然在贵英手上按出了一朵花，他是希望他们在另一个地方还能相遇吧。还了欠别人的土豆，还了欠别人的鸡蛋，还了种子、化肥和农药钱，放生了跟了自己很多年的驴。他总说一码归一码，不能欠人的，哪怕到了他最悲伤的时刻，他依然记得不能让相信过他的人失望，我很喜欢一句话：**除了善良，我不承认世上还有其他高人一等的品质**。新房也有了，粮食也有了，买电视的钱也有了，但最重要的人却失去了。

有人说老四死了，有人说并没有，我想他至少也是心死了吧。压垮人的往往不是没有希望，而是曾经看到过希望，以为找到了出口，却又消失不见。

比黑暗更可怕的是，曾经见过光明。如果贵英不曾出现，老四也就这样平平淡淡地过一生了，可是她出现了，让老四在平淡的生活中看到了一点光，尝到了一点甜。贵英走了，也带走了老四的希望。所以，**短暂的陪伴到底是奖励，还是惩罚呢？**

我们爱的人，爱我们的人，总有一天要离我们而去。**人挺可怜，喜欢的得不到，得到的不珍惜，在一起时怀疑，失去后怀念，别人爱我们的时候，我们肆无忌惮，不能再爱我们的时候，我们又满怀遗憾。**

在人生和命运之下，我们是那么渺小，未来会发生什么我们都没办法确定，如果认真回忆一下，总会有些遗憾吧，没有勇气争取一下我们最爱的人，为了赚钱没能回报爱我们的人。**可惜世**

界没有反方向的钟，交替的四季在告诉我们，只能向前走。我们能做的，唯有珍惜当下，珍惜眼前人，尽量让他们在当下多快乐，这样我们未来才能少些遗憾。

我们要过怎样的一生呢？

把每一个今天过好，连在一起，就是很好的一生。

后记：人生如海，祝你有帆有岸

本书是我真诚的所思所想，我相信，真实的思考总会为别人带来一些启迪。我经常用一句话鞭策自己：**假装完美可以吸引到更多关注，但只有真诚才能交到更多朋友**。短短十几万字和我十多年的投资生涯，也许不足以帮助大家成为投资大师，但我希望通过本书的知识分享，至少能在投资路上给大家带来一些方向的指引。如果我的文字能让大家对生活的态度有所转变，那就再好不过了。毕竟投资只是人生的一部分，乐观、快乐、幸福更重要。

早晨打开窗户，放了一首淡淡的音乐，通过这篇文章和大家做个暂别，谢谢你耐心地读到本书的最后一部分，谢谢你让我的文字没有被辜负。写这本书是我过去一年几乎每天都要做的事情，今天到了最后一篇，突然不知道要说些什么，就以 2021 年终总结的片段做个开头。

时间可真快，自己也步入了中年，长大后唯一的愿望就是多赚点钱，多带父母出去走走，多让他们看看这个世界。年轻的时候我总觉得自己是大人，以为自己什么都懂，可有那么一刻，我的想法突然变了，不那么想长大了。

不仅因为长大意味着要承担更多的责任，还因为长大就代表着父母变老。当我不再想长大的那一刻，也许才真正长大吧。我很喜欢一段话，略做修改分享给大家。

8 岁的时候，饭桌上有只鸡，不用想，鸡腿肯定是你的。那时的我们，天真无邪，充满快乐，总盼望着快点长大，好去看看大人的世界。

18 岁的时候，我们不用考虑生活的一切，想打游戏就打游戏，想出去玩就出去玩，虽然还拿着父母给的生活费，但总觉得他们还不够出色，面对很多问题时都会想，如果是我，应该会做得更好些吧！

又过了几年，当我要考虑如何才能让桌子上有只鸡，当我要考虑如何才能让家里人不为生活发愁。是的，我们终于长大了，但这好像有点难。

于是，我们又开始怀念童年，觉得以前的人好、环境好、邻里关系好，等等。实际上，我觉得童年简单快乐，是因为那时有人为自己撑起了一片天，为自己扛下了所有生活的压力。现在，我觉得有些难，只是因为撑起那片天的人变成了自己。

十几岁的时候，我逢人就说，爱和自由比什么都重要。

早餐店老板问我要什么。

我说：我要肆意妄为，我要志得意满，我要遨游山川和湖海，我要世间所有的浪漫。

老板笑了笑，我也笑了笑。

好吧，开个玩笑。

我现在长大了，我要豆浆和油条……

长大的过程虽有困难，但也有快乐，酸甜苦辣总要面对，为了这份责任我总在奔跑，想找到赚更多钱的方法，想让父母生活更宽裕，想让孩子更幸福，想让自己得到别人的认可。我有幸进入了股市，给平凡的生活多带来了一份希望。有幸以本书和大家相识，在投资这条艰难的道路上多了一群志同道合的战友。

股市是一个比较容易产生争论的地方，我们顺风顺水的时候总想去指点别人，我们不顺的时候又反感别人的指点。虽然在能力圈外，我们的认知都是片面的，但人就是这样，指点别人是获得自信最快的方式。投资这件事经常产生分歧，因为它没有一个标准的方法，如果是道数学题，答案有分歧很好办，大部分数学题总有一个公认的标准的答案。但投资这件事，未来没到来时，没人可以有效证明自己是对的。实现成功的路径选择上，也有很多人有不一样的看法，有人在意短期，有人在意长期，有人在意价值，有人在意情绪，所以总是争执不断。

有些事我们可能觉得不合理，但要接受其存在，有些事我们可能不喜欢，但不能剥夺别人喜欢的权力。说到底，投资体系是要围绕我们自身情况而构建的，自己能不能赚钱才重要。**不接受他人的定义，但也不轻易定义他人。**

一个长期在股市生存的人，大概率都会有值得我们学习的地方，所以对待分歧时要理性思考，兼听则明，偏听则暗，相同的观点顶多是为我们打气，不同的观点才有可能帮我们找到思维的漏洞。**格局是看不见别人的坏，境界是总能看见别人的好。看人之短，则天下无一可交之人；看人之长，世间一切尽是吾师！**

分享越久，就越能明白一个道理，**成年人只能相互吸引，很难相互改变。**能读到这里的朋友，大概率我们都是三观相似的人，未曾谋面，但已神交。希望未来的日子里我们依然能保持乐观，保持热爱，把投资这条路坚定地走下去。本书的开始我分享了几个对我重要的词语，本书的结束依然用两个词语和大家做个告别。

乐观。凡事分两面，如果我们只看悲观的一面，一定不会快乐，**更重要的是悲观不仅不会让自己快乐，实际上也解决不了问**

题。在《理性乐观派》一书中有这样一段话：**不知是基于什么样的原理，我们明明看到了身后除了进步别无他物，却仍认为眼前只有堕落，再没有其他。**

乐观一点，快乐就多一点，我们要先选择相信，才能有动力坚持，最后才有可能看到。人生这条路就这么长，不被情绪裹挟，凡事乐观一点，这才是最高级的自由。

热爱。一件让我们煎熬的事我们一定做不好也做不久，能让我们不断付出时间学习，不断努力精进自己的一定是因为真的热爱。

热爱是一件事成功的前提，我经常会问问自己，是热爱生活，热爱投资，还是仅仅对金钱充满了贪婪和欲望。如果不爱一件事，只是功利地为了满足欲望，是很难达到目标的。

人最大的动力往往来自于热爱，热爱会给我们克服困难的勇气，会给我们坚持的动力，会让我们相信未来。我们要学会热爱，我们要学会享受投资的过程，享受自己不断成长的感觉。

经常有人问，读书和赚钱哪个更重要？在我看来，一定是读书，读书是提高我们认知最有效的途径，如果认知不够，其实是很难赚到钱的，因为这个世界上没门槛又能赚大钱的事情并不多；相反，当我们认知够了，赚钱就不再是一件很难的事。一个精神富足的人，至少会觉得生活足够充实，一个心态平稳的人才能做出理性的决策，只要我们保持热爱，保持努力，赚钱便是水到渠成的事情。

终极奥义，之前有读者问："你觉得人生最重要的是什么？"年轻的时候我也经常问这个问题，我是谁？我的使命是什么？什么才是最重要的？后来也得到了许多答案，有人说最重要的是不断努力，有人说是干出一番事业，有人说是结婚生子，甚至有人说要帮助人类前行。

那些年我一边努力，一边迷茫，我离别人的要求是不是更近了一些？但我为什么不快乐呢？直到有一天我发现快乐不是源自被别人接纳和认可，而是我们自己愿意接纳自己。

如余秀华在《无端欢喜》中所说："世界能不能接纳一个人是次要的，首先自己接纳自己才是根本。因为快乐实际上从来不是来自于外部，而是来自于我们的内心。很简单的一个道理，我接纳了这个不接纳我的世界，这个问题就迎刃而解了。"

从那一刻，我人生的选择好像变得简单了，人生最重要的是什么？其实没那么复杂，无非是，在不伤害他人的前提下，尽量去做自己想做的事。钱多也好，钱少也罢，做了一番大事业，或者安于当下的小成绩，只要你快乐，就是正确的。

来到这个世界，看看这个世界花怎么开，水怎么流，太阳如何升起，夕阳如何落下，多做让自己开心的事，尽量规避没必要的烦恼。毕竟这世界是因为我们而存在的，如果有一天自己都不在了，那这个世界其实什么意义也没有，最终我们什么都带不走，我们做到的只有在最后回顾一生时，少遗憾，多快乐。

这些年我陆陆续续写了几百万字的分享，有朋友问："你总说自己学习不好，为什么能写出那么多好文章。"我的经历再次说明一个道理，哪怕起点低一些，那也没关系，只要能坚持，总会比过去的自己好，只要能坚持，我们会发现有耐心就能超过很多人。

写作这事看似有些枯燥，但对我却意义非凡，记得有一次看节目，有一位选手被淘汰的时候，他说："**虽然我只是匆匆过客，但我留下了一些作品，这就足够了。**"我也是同样的想法，作为一名 80 后，可以无忧无虑做一件事的日子可能并不多，也许某一天我就需要开始照顾父母，也许有一天要帮孩子带她的孩子，也许有一天自己也没有精力再去写些什么。

总有一天，分享这件事会被迫停止，所以我希望在还能无忧无虑做事的日子里多努力一些，多留下一些稍微让人有些印象的作品。也许它不是最好的，但只要有一个人产生共鸣，这也值得！

我希望，未来的五年、十年，甚至更长的日子，有一些人脑海里偶尔还会出现终身黑白这四个字，有一些人把我当成过志同道合的朋友，有一些人因为我的感染也开始动笔写些什么，有一些人因为我的分享可以用更平和的心态面对投资，有一些人和我一样更愿意相信善良，对生活保持热爱。

是的，如果还有人和我有着同样的爱好、同样的三观，那么有一天即使我会离开，但我们一定还在。一样相信善良，一样拥有梦想。

人其实是很渺小的，就如巴尔扎克所说：

一星陨落，黯淡不了星空灿烂；

一花凋零，荒芜不了整个春天。

我不奢望有多少人喜欢我，但我希望有人想起我的时候，用的不是"他"，而是"我们"。到这里这本书就结束了，希望能为大家带来一丝丝的帮助，这是一本书的结束，也希望可以是我们成为朋友的开始。

当知无有岁月可回首，且以温柔待此生，愿你当下所有的遗憾，都是未来惊喜的铺垫，人生如海，祝你有帆有岸！

终身黑白